Sabrina Karlem

Die Finanzmarktkrise

Eine besondere Betrachtung von staatlichen
Eingriffen in den Finanzsektor in der BRD
und mögliche Wettbewerbsverzerrungen

disserta
Verlag

Karlem, Sabrina: Die Finanzmarktkrise: Eine besondere Betrachtung von staatlichen Eingriffen in den Finanzsektor in der BRD und mögliche Wettbewerbsverzerrungen, Hamburg, disserta Verlag, 2014

Buch-ISBN: 978-3-95425-544-3
PDF-eBook-ISBN: 978-3-95425-545-0
Druck/Herstellung: disserta Verlag, Hamburg, 2014
Covermotiv: © carlosgardel – Fotolia.com

Bibliografische Information der Deutschen Nationalbibliothek:
Die Deutsche Nationalbibliothek verzeichnet diese Publikation in der Deutschen Nationalbibliografie; detaillierte bibliografische Daten sind im Internet über http://dnb.d-nb.de abrufbar.

© disserta Verlag, Imprint der Diplomica Verlag GmbH
Hermannstal 119k, 22119 Hamburg
http://www.disserta-verlag.de, Hamburg 2014
Printed in Germany

Inhaltsverzeichnis

Abbildungsverzeichnis 6

Abkürzungsverzeichnis 7

1   Einleitung 9

2   Finanzmarktkrisen 16

   2.1   Bankenkrise 1931 16

   2.2   Finanzmarktkrise 2007 bis 2009 18

   2.3   Vergleich Bankenkrise von 1931 und Finanzmarktkrise von 2007 bis 2009 23

3   Staatliche Eingriffe in den Finanzsektor 29

   3.1   Möglichkeiten von staatlichen Eingriffen in den Finanzsektor 29

   3.2   Staatliche Eingriffe in den Finanzsektor 2008 / 2009 in Deutschland 32

   3.3   Mögliche Wettbewerbsverzerrungen durch die staatlichen Eingriffe in den Finanzsektor (2008 / 2009) in Deutschland 43

   3.4   Mögliche Auswirkungen der staatlichen Eingriffe bei Privatbanken auf Sparkassen und Genossenschaftsbanken 56

4   Interviews mit Experten aus der Finanzwirtschaft 64

   4.1   Experteninterviews: Theoretische Grundlagen 64

   4.2   Zielsetzung der Experteninterviews 67

   4.3   Leitfragebogen 68

   4.4   Durchführung der Experteninterviews 70

   4.5   Auswertung der Interviews 71

5   Ergebnisse der Experteninterviews im Hinblick auf Wettbewerbsverzerrungen 75

   5.1   Wettbewerbsverzerrungen auf dem Finanzsektor 75

   5.2   Wettbewerbsverzerrungen für Sparkassen und Genossenschaftsbanken 80

6   Fazit 86

7   Ausblick 91

Literaturverzeichnis 93

Anhang 103

Abbildungsverzeichnis

Abbildung 1:   Das Bankensystem in der Bundesrepublik Deutschland 10

Abbildung 2:   Grundkonzept von Basel II... 14

Abbildung 3:   DAX von 2007 bis zum 30.06.2009 22

Abbildung 4:   Maßnahmenpaket zur Stabilisierung der Finanzmärkte 35

Abbildung 5:   Finanzmarktstabilisierungsfonds (SoFFin).. 36

Abbildung 6:   Finanzierung des SoFFin... 37

Abbildung 7:   Leistungen und Auflagen 38

Abbildung 8:   Leitzinsänderungen der EZB 42

Abbildung 9:   Vertrauen in die Finanzdienstleistungsbranche von November 2008 46

Abbildung 10:   Auswirkungen der Finanzkrise auf Kunden von Februar 2009 46

Abbildung 11:   SoFFin garantierte Emissionen... 48

Abbildung 12:   Vertrauensbilanz: Kunden von Sparkassen von Dezember 2008 59

Abbildung 13:   Vertrauensbilanz: Kunden von Genobanken von Dezember 2008... 59

Abbildung 14:   Vertrauensbilanz: Kunden von Großbanken von Dezember 2008 ... 60

Abbildung 15:   Zusammenarbeit mit einem Geldinstitut von Februar 2009 61

Abbildung 16:   Beurteilung der Professionalität von Bankengruppen...................... 61

Abbildung 17:   Wettbewerb mit staatlich gestützten Instituten................................. 77

Abbildung 18:   Angebote mit nicht-marktgerechten Konditionen 78

Abbildung 19:   Wettbewerb zu Lasten von Sparkassen und Genobanken.............. 82

Abkürzungsverzeichnis

ABS	Asset Backed Securities
AG	Aktiengesellschaft
BVR	Bundesverband der Deutschen Volks- und Raiffeisenbanken
CDO	Collateralized Debt Obligations
DSGV	Deutscher Sparkassen- und Giroverband
dwpbank	Deutsche WertpapierService Bank
EU	Europäische Union
EZB	Europäische Zentralbank
Fed	US-Zentralbank
FMS	Finanzmarktstabilisierungsfonds
FMStBG	Finanzmarktstabilisierungs-beschleunigungsgesetz
FMStErgG	Finanzmarktstabiliesierungs-ergänzungsgesetz
FMStFG	Finanzmarktstabilisierungsfonds-gesetz
FMStFV	Finanzmarktstabilisierungsfonds-Verordnung
FMStG	Finanzmarktstabilisierungsgesetz
Genobanken	Genossenschaftsbanken
HRE	Hypo Real Estate
IHS	Inhaberschuldverschreibungen
IWF	Internationaler Währungsfonds
KI / KIs	Kreditinstitut / Kreditinstitute
KSC	Kundenservicecenter
Mio.	Million
Mrd.	Milliarde / Milliarden
RettungsG	Rettungsübernahmegesetz
SoFFin	Sonderfonds Finanzmarktstabilisierung
VW-Bank	Volkswagen Bank

1 Einleitung

Ausgangssituation

Im Jahr 2008 hat sich aus der ursprünglichen Immobilienkrise in den USA eine Bankenkrise entwickelt. Eine Finanzmarktkrise, die eine weltweite Dimension erreicht hat.[1] Die Krise ist bislang in ihrer internationalen Trageweite im Vergleich zu vergangenen Krisen beispiellos.[2] Viele Experten meinen, dass diese Krise die schwerste Bankenkrise seit der Weltwirtschaftskrise 1929 sei.[3] Der Internationale Währungsfonds (IWF) schätzt den globalen Schaden momentan auf 4.000 Milliarden (Mrd.) US-Dollar. Die Tendenz ist steigend.[4] Durch die Finanzmarktturbulenzen kam es zu einer Vertrauenskrise der Kreditinstitute (KIs) untereinander. Dies führte dazu, dass der Handel am Interbankenmarkt kaum noch stattfand und die Krise sich zunehmend zu einer Liquiditätskrise des Finanzsektors verschärfte. Diese Vertrauenskrise unter den Banken veranlasste die Bundesregierung mit verschiedenen Maßnahmen, in den Finanzsektor einzugreifen.[5] Die Finanzmarktkrise dauert, während dieses Buch entstanden ist, immer noch an, und die Auswirkungen auf den Finanzsektor bzw. auf die Realwirtschaft sind noch nicht endgültig abzuschätzen. Zukünftige Ereignisse können die Ergebnisse dieser Untersuchung ergänzen, und es können sich weitere Untersuchungsfelder ergeben. Es wurde eine rein qualitative Analyse durchgeführt, die das Kundenverhalten und das Verhalten von KIs auf mögliche Wettbewerbs-verzerrungen hin untersuchte. Eine quantitative Analyse war in diesem Zeitraum noch nicht möglich, da die Jahresabschlüsse der Finanzinstitute für das Jahr 2009 sowie aussagekräftiges Zahlenmaterial noch nicht vorlagen bzw. verfügbar waren.

Zielsetzung und Abgrenzung der Untersuchung

Das Ziel der Untersuchung ist es, u.a. durch Experteninterviews herauszufinden sowie herauszuarbeiten, ob es in Deutschland durch die staatlichen Maßnahmen der Bundesregierung während der Finanzmarktkrise in den Finanzsektor, insbesondere bei Privatbanken, zu Wettbewerbsverzerrungen für Sparkassen und Genossenschafts-banken (Genobanken) kommen kann bzw. bereits gekommen ist. Die Ausgangsthese lautet: „Wenn ein Staat monetäre Hilfen bzw. Garantien nur für manche KIs zur Verfügung stellt, dann kommt es zu Wettbewerbsverzerrungen auf dem Finanzsektor."
Danach wird eine zweite spezifischere These überprüft: „Wenn es staatliche Hilfen nur

---

[1] Vgl. Wahlers, G. (2008), S. 5; oder vgl. Müller, D. (2009), S. 87.
[2] Vgl. o.V. [Monatsbericht EZB] (2009aai), S. 71.
[3] Vgl. Wahlers, G. (2008), S. 5; oder vgl. Müller, D. (2009), S. 87.
[4] Vgl. Wintzenburg, J. (2009), S. 98.
[5] Vgl. o.V. [SoFFin] (2009aa), Web.

für Privatbanken gibt, dann entstehen Wettbewerbsverzerrungen für Sparkassen und Genobanken."

Bankensystem in der Bundesrepublik Deutschland

In Deutschland ist der Bankensektor durch eine „Drei-Säulen-Struktur" geprägt. Private Geschäftsbanken bilden die erste Säule, die öffentlich-rechtlichen KIs die zweite und genossenschaftliche Banken die dritte Säule. Diese Universalbanken betreiben alle Arten von Bankgeschäften wie z.B. das Einlagen-, das Kredit- und das Wertpapier-geschäft. Diese KIs können Risiken in den unterschiedlichen Geschäftsfeldern oft besser ausgleichen als ganz stark spezialisierte Banken.[6] Neben den Universalbanken gibt es in der Bundesrepublik noch die Spezialbanken. Spezialbanken sind die Realkreditinstitute, die Bausparkassen und die Banken mit Sonderaufgaben (siehe Abbildung 1).[7]

Bankensystem in Deutschland

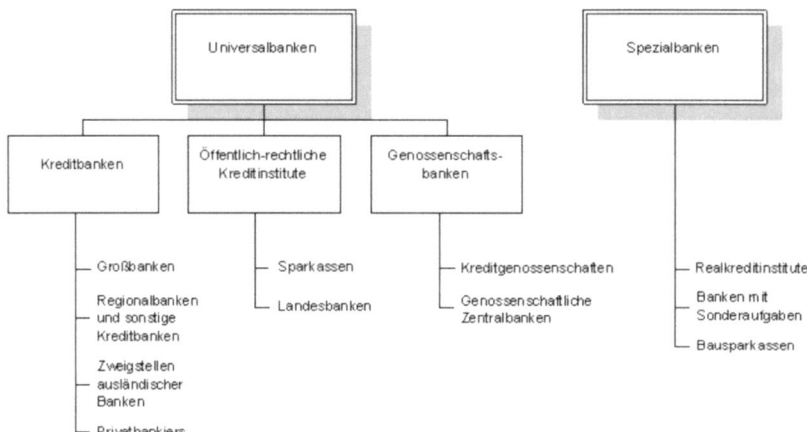

Abbildung 1: Das Bankensystem in der Bundesrepublik Deutschland[8]

Die Unternehmen des Finanzsektors haben auf der einen Seite die Aufgabe, Ersparnisse aufzunehmen und auf der anderen Seite der Wirtschaft Gelder für notwendige Investitionen bereitzustellen.[9]

In der vorliegenden Studie erfolgt lediglich eine Betrachtung von Universalbanken. Hierbei wurde untersucht, ob staatliche Eingriffe bzw. staatliche Unter-

---

[6] Vgl. o.V. [SoFFin] (2009z), Web.
[7] Vgl. Richard, W., Mühlmeyer, J., Wefers, G., Bergmann, B. (2001), S.17.
[8] Vgl. o.V. (2009), Web.
[9] Vgl. o.V. [SoFFin] (2009z), Web.

stützungsmaßnahmen bei Kreditbanken insbesondere bei privaten Großbanken Wettbewerbsverzerrungen bei den öffentlich-rechtlichen KIs sowie Genobanken hervorrufen.

Systemrelevanz

Systemrelevant bedeutet, dass ein Unternehmen notwendig ist, um ein System aufrecht zu erhalten. KIs sind systemrelevant für das Finanzsystem, damit der Kredit- und Geldkreislauf nicht zusammenbricht.[10] Schwieriger ist allerdings die Beurteilung, ob ein bestimmtes Institut für den Finanzsektor systemrelevant ist. Hierbei kann bei der Beurteilung der Systemrelevanz z.B. die Bilanzsumme als ein Kriterium herangezogen werden.[11] Problematisch wird es für das Finanzsystem, wenn große KIs oder Investmentgesellschaften zahlungsunfähig werden. Dadurch könnte das gesamte System in Gefahr geraten. Der Zusammenbruch eines KIs kann über Nacht weitere Unternehmen des Finanzsektors in Mitleidenschaft ziehen und einen weltweiten Dominoeffekt auslösen.[12]

Staatliche Eingriffe

Ein Staat kann auf unterschiedliche Art und Weise in das Marktgeschehen eingreifen, z.B. können Steuern erhoben, Höchst- und Mindestpreise festgesetzt oder Subventionen gewährt werden. Dabei werden nachfrage- und angebotsbetriebene Maßnahmen unterschieden. Die Ausarbeitung fokussiert ausschließlich den Finanzsektor und wird daher nicht auf die Konjunkturprogramme der Bundesregierung eingehen, soweit diese nicht den Universalbankenbereich betreffen. Die Studie geht weniger auf die Geldpolitik der Europäischen Zentralbank (EZB), sondern insbesondere auf die staatlichen Maßnahmen der Bundesregierung im Bankenbereich Ende 2008 bis zum Ende des zweiten Quartals 2009 ein.

Finanzmarktkrise

Auf den nationalen oder internationalen Finanzmärkten wird ein Handel mit Geld betrieben. Auf diesen Märkten werden Anbieter von Finanzierungsmitteln mit Nachfragern nach Finanzierungsmittel zusammen gebracht.[13] Als Finanzmarktkrise wird eine Krise bezeichnet, die das Vertrauen in das Finanzsystem beschädigt und eine Kettenreaktion auszubrechen droht, dass KIs und ganze Volkswirtschaften

---

[10] Vgl. Meckel, M. (2009), Web; oder vgl. Hüther, M. (2009), S.8.
[11] Vgl. Friedrich, D. (2009), Web.
[12] Vgl. Martin, H., Schumann, H. (2007), S. 127; oder vgl. Paul, S., Stein, S. (2008), S. 13.
[13] Vgl. o.V. [Bundeszentrale für politische Bildung] (2009x), Web.

geschädigt werden können. Um eine Kettenreaktion im deutschen Finanzsektor zu vermeiden, hat die Bundesregierung diverse Maßnahmen ergriffen. Durch diese Maßnahmen sollen KIs die Möglichkeit erhalten, wieder zur normalen Geschäftstätigkeit zurückkehren zu können.[14]

Wettbewerb

Die Teilnehmer auf einem Markt stehen im Wettbewerb zueinander. Dabei konkurrieren die Anbieter von Produkten und Dienstleistungen um die Gunst der Käufer. Dieser Wettbewerb ist das wichtigste Gestaltungselement der Marktwirtschaft. Die Steuerungsfunktion des Wettbewerbs sorgt dafür, dass die volkswirtschaftlichen Produktionsfaktoren den bestmöglichen Verwendungen zugeführt werden. Somit bedingt der Wettbewerb die bestmögliche Güterversorgung in der Volkswirtschaft. Darüber hinaus sorgt dieser für technischen Fortschritt, neue qualitativ hochwertige Produkte und für das Bestreben der Unternehmen nach möglichst kostengünstiger Produktion. Unternehmen können im Wettbewerb nur bestehen, wenn diese wettbewerbsfähig produzieren oder wettbewerbsfähige Dienstleistungen anbieten.[15]

Die Gewinnerzielungsabsicht ist die Triebfeder allen unternehmerischen Handelns. Gewinne lassen sich mit guten Dienstleistungen oder Produkten erzielen, denn nur dafür zahlen die Nachfrager entsprechende Preise. Um Gewinne zu erzielen, müssen die Unternehmen zum einen die Kundenwünsche erforschen und ihre Leistungen daran ausrichten und zum anderen alle Kostensenkungspotentiale zur Erbringung kundengerechter Leistungen ausschöpfen. Dieses Gewinnstreben der Anbieter zusammen mit marktwirtschaftlichem Wettbewerb führt zu bedarfsgerechter und effizienter Befriedigung der Kundennachfrage.[16] Wie stark der Wettbewerb auf einem Markt ist, hängt bei gegebener Nachfrage vor allem von der Anzahl der Anbieter und der Art der angebotenen Güter und Dienstleistungen ab. Je mehr Anbieter, desto stärker ist der Wettbewerb auf dem Markt.[17] Durch die Konzentration von Unternehmensmacht in einer großen wirtschaftlichen Einheit sowie durch staatliche Eingriffe in einen Markt kann der oben beschriebene Mechanismus des Wettbewerbs gestört werden, und es können Wettbewerbsverzerrungen entstehen.[18]

---

[14] Vgl. o.V. [SoFFin] (2009z), Web.
[15] Vgl. o.V. [Bundeszentrale für politische Bildung] (2009y), Web.
[16] Vgl. Wöhe, G. (2005), S. 52.
[17] Vgl. Wöhe, G. (2005), S. 481.
[18] Vgl. Wöhe, G. (2005), S. 303.

Goldene Bankregel

Die Goldene Bankregel fordert eine Fristenkongruenz zwischen der Mittelbindung auf der Aktivseite und der Kapitalverfügbarkeit auf der Passivseite von KIs. Da diese Finanzierungsregel im Bankgewerbe entstanden ist, wird sie Goldene Bankregel genannt. Auf der einen Seite wünschen Kreditnehmer eine lange Zinsbindung, um das Zinsänderungsrisiko zu minimieren. Auf der anderen Seite bevorzugen Anleger kurzfristige Anlagen, um flexibel Liquidität zur Verfügung zu haben. Wenn Banken langfristige Kredite mit kurzfristigen Einlagen refinanzieren, gehen sie ein Risiko ein. Sollten künftig kurzfristige Gelder nicht oder nur zu hohen Zinsen zur Verfügung stehen, wird die Bank illiquide und kann fällige Zahlungen nicht leisten. Die Goldene Bankregel empfiehlt daher, langfristige Darlehen nur mit langfristigen Einlagen zu refinanzieren.[19]

Diese goldene Finanzierungsregel hat während der aktuellen Finanzmarktkrise wieder an Aktualität gewonnen. Diverse Banken weltweit haben diese Regel nicht oder nur unzureichend beachtet und langfristige Finanzierungsvorhaben kurzfristig refinanziert. Die Depfa, eine Tochter der Hypo Real Estate (HRE), hatte z.B. langfristige Projekte kurzfristig finanziert. Dieses Vorgehen führte u.a. zum Zusammenbruch der HRE, die nur mit Hilfe von staatlichen Eingriffen und Stützungsmaßnahmen eine Zahlungsunfähigkeit vermeiden konnte.[20]

Basel II

KIs üben in einer Volkswirtschaft eine besondere Funktion aus. Um diese Funktion ausüben zu können, ist das Vertrauen in die Stabilität des Bankensektors von entscheidender Bedeutung. Besonders wichtig ist dabei die Solvenz von KIs. Eine der wichtigsten Aufgaben von KIs ist daher der Umgang mit Kredit-, Markt-, Liquiditätssowie anderen Risiken. Diese Risiken dürfen nicht zur Solvenzgefährdung der Institute und zu einem instabilen Finanzsektor führen. Basel II hat über die eigene Risikovorsorge der Institute hinaus besondere Aufsichtsregeln für KIs geschaffen. Dabei nehmen die Eigenkapitalregeln eine besondere Rolle ein. Wesentliches Ziel dieser Eigenkapitalregeln ist es, die Kapitalanforderungen an KIs stärker vom eingegangenen Risiko abhängig zu machen sowie im Risikomanagement der Institute zu berücksichtigen.[21] Dabei gilt der Grundsatz: Je schlechter die Bonität eines Schuldners, desto höher ist das Risikogewicht, und desto höher muss die Unterlegung der Kredite mit Eigenkapital der KIs erfolgen.[22]

---

[19] Vgl. Wöhe, G. (2005), S. 729ff.
[20] Vgl. Drost, F. (2009), S. 5; oder vgl. o.V. [Finanztest] (2009am), S. 31.
[21] Vgl. o.V. [Bundesbank] (2009ao), Web.
[22] Vgl. Wöhe, G. (2005), S. 747f.

Die Aufsichtsregeln von Basel II sind in drei Säulen gegliedert (siehe Abbildung 2). Die erste Säule beinhaltet die Mindestkapitalanforderungen, die eine Eigenkapital-unterlegung für Kreditrisiken, Marktrisiken und operationelle Risiken vorgeben. Die zweite Säule erweitert die erste um einen qualitativen Überprüfungsprozess, der die quantitativen Mindestkapitalanforderungen ergänzt. Die dritte Säule von Basel II erweitert die Offenlegungspflichten der KIs.[23]

Schaubild der drei Säulen von Basel II

Abbildung 2: Grundkonzept von Basel II[24]

Die Anforderungen von Basel II wirken pro-zyklisch. Wenn sich z.B. die Bonität eines Kreditnehmers verschlechtert, muss das KI diesen Kredit mit mehr Eigenkapital unterlegen. Es wird in der öffentlichen Diskussion von Politikern herausgestellt, dass gerade diese Eigenkapitalvorschriften für eine bevorstehende Kreditklemme der Unternehmen sowie der privaten Haushalte mitverantwortlich sein könnten.[25]

Aufbau der Untersuchung

Im zweiten Kapitel werden die Entstehung der Bankenkrise von 1931 und die Entstehung der Finanzmarktkrise sowie deren Auswirkungen beschrieben. Im Anschluss daran werden die beiden Krisen miteinander verglichen. Die historische Betrachtung dient zur Verdeutlichung, dass es in der Vergangenheit bereits Finanzkrisen gab. Ein detaillierter Zeitablauf der Finanzmarktkrise befindet sich im Anhang dieses Buches (siehe Anhang 1).

Das dritte Kapitel gibt zunächst einen Überblick über wirtschaftspolitische Instrumente des Staates und über die Geldpolitik der EZB. Danach werden die staatlichen

---

[23] Vgl. o.V. [Bundesbank] (2009ao), Web.
[24] O.V. [Bundesbank] (2009ao), Web.
[25] Vgl. Afhüppe, S. (2009), S. 4.

Maßnahmen der Bundesregierung in den Finanzsektor 2008 bis Mitte 2009 betrachtet. In Kapitel 3.3 werden ausgewählte Beispiele von Eingriffen des Staates während der Finanzmarktkrise beschrieben und auf mögliche Änderungen im Kundenverhalten hin untersucht. Im Anschluss daran werden mögliche Wettbewerbsverzerrungen insbesondere für Sparkassen und Genobanken an Hand der vorliegenden Literaturquellen herausgearbeitet.

Das vierte Kapitel beschreibt das Vorgehen und die Zielsetzung der durchgeführten Experteninterviews. Im Rahmen der Untersuchung wurden Leitfadeninterviews mit zwei Vorstandsmitgliedern von Volksbanken und vier Vorstandsmitgliedern von Sparkassen geführt. Im Anschluss daran werden die Interviews durch eine qualitative vergleichende Inhaltsanalyse ausgewertet.

Im fünften Kapitel erfolgt eine detaillierte Betrachtung der Aussagen der Experten im Hinblick auf Wettbewerbsverzerrungen für den Finanzsektor bzw. insbesondere für Sparkassen und Genobanken. Zur Ergänzung wurden Publikationen und Presseartikel von Privat- und Autobanken für die Analyse herangezogen.

In Kapitel sechs werden die beiden zu untersuchenden Hypothesen an Hand der vorliegenden Sekundärquellen sowie der durchgeführten Experteninterviews beurteilt und ein Fazit gezogen. Im Anschluss erfolgt ein Ausblick auf zukünftige Auswirkungen der Finanzmarktkrise.

2 Finanzmarktkrisen

2.1 Bankenkrise 1931

Weltwirtschaftskrise 1929 / 1930

Die damalige Weltwirtschaftskrise beendete den wirtschaftlichen Aufschwung in den 1920er Jahren, die als die „goldenen zwanziger Jahre" bezeichnet wurden. Viele Menschen hatten sich damals mit Aktienanlagen an dem wirtschaftlichen Aufschwung beteiligen wollen. Diese Direktanlagen in Aktien wurden in vielen Fällen durch Kredite finanziert, da von weiter steigenden Kursen ausgegangen wurde. Dies führte im späteren Verlauf zu einer Spekulationsblase.[26] Der damalige Aktienindex in Deutschland stieg von 2.062 auf 171.300.000.000 Punkte. Die Inflationsrate betrug pro Woche ca. 50 %.[27] Das Angebot überstieg die Nachfrage nach Konsum- und Investitionsgütern sowie landwirtschaftlichen Produkten, was einen weltweiten Preisverfall von den Agrar- und Rohstoffmärkten zur Folge hatte und einen Konjunkturabschwung bedingte. Die in die Aktienmärkte investierten Gelder wurden daraufhin überstürzt von den Investoren abgezogen, was die Aktienmärkte erheblich unter Druck setzte. Im Jahr 1929 brach die New Yorker Börse zusammen. Der 25. Oktober 1929 wird als „schwarzer Freitag" und als Beginn der Weltwirtschaftskrise bezeichnet. Es kam daraufhin in den USA zu einer lang anhaltenden und schweren Depression. Die USA hatte die führende Stellung in der Weltwirtschaft inne und war größte Gläubiger- und Exportnation. Durch die schwere Depression in den USA breitete sich die Krise global aus und verstärkte auch den Abwärtstrend in Deutschland.[28]

Struktur des damaligen Bankenmarktes in Deutschland

Ab 1920 wurde der deutsche Bankenmarkt durch sechs Berliner Großbanken dominiert. Die Deutsche Bank, die Danatbank, die Dresdner Bank sowie die Commerzbank hatten zwischen 1924 und 1930 ein umfassendes Filialnetz aufgebaut. Kein Filialnetz besaßen die Berliner Handels-Gesellschaft und die staatlich geführte Reichs-Kredit-Gesellschaft.[29] Die Restriktionen für die Tätigkeiten von Sparkassen wurden in der damaligen Zeit gelockert, und es war den Sparkassen nun möglich, mit den Großbanken in Wettbewerb zu treten. Darüber hinaus drängten ausländische Banken auf den deutschen Markt. Dies führte zu einer Verschärfung des Wettbewerbs

---

[26] Vgl. Kronwald, C. (2007), S. 1f.
[27] Vgl. Hackhausen, J., Panster, C. (2009), S. 27.
[28] Vgl. Kronwald, C. (2007), S. 1f.
[29] Vgl. Kronwald, C. (2007), S. 8.

im Bankensektor, was die Risikobereitschaft der Banken erhöhte sowie die Konzentration im Bankensektor von Großbanken begünstigte.[30]

Bankenkrise 1931 in Deutschland

Der 11. Mai 1931 wird in der Literatur über die Bankenkrise von 1931 als Beginn einer Kette von Ereignissen datiert, welche den Zusammenbruch des deutschen Banken- sektors zur Folge hatten. Es kam verstärkt zum Abzug von Kapital von ausländischen Gläubigern. Begünstigt durch politische Maßnahmen waren die Kundeneinlagen meist kurzfristig bei den Banken angelegt, wobei die Kredite insbesondere für die deutsche Wirtschaft langfristig vereinbart waren. Dies führte zu riskanten Einlagenportfolios der Banken in Deutschland. Darüber hinaus hielten die Großbanken große Aktienpakete, die im Laufe der Weltwirtschaftskrise erheblich an Wert verloren. Daher mussten von den KIs hohe Abschreibungen auf die Wertpapierbestände vorgenommen werden, was die Liquiditätssituation der Banken weiter verschärfte sowie die Eigenkapitalquoten verschlechterte. Am 11. Juli 1931 teilte der Vorstandsvorsitzende der Danatbank, Herr Jacob Goldschmidt, mit, dass die Bank am Montag, den 13. Juli 1931, geschlossen bleibt. Zuvor hatte die Reichsbank der Danatbank noch weitere Kredite gewährt, die eine Insolvenz der Bank hinausgezögert hatten. Die Schließung der Danatbank führte zu einem Kundenansturm, der sämtliche deutsche Banken erfasste.[31] Daraufhin übernahm die Reichsregierung per Notverordnung vom 12. Juli 1931 die volle Garantieleistung für alle Einlagen der Danatbank und ordnete zugleich deren Liquidierung an. Das Kabinett erklärte den 14. und 15. Juli 1931 zu Bankfeiertagen, an denen der gesamte Zahlungsverkehr ruhte. Bereits am 15. Juli 1931 setzte die Reichs- bank die Konvertibilität der Reichsmark aus und beendete damit den Goldstandard. Die Reichsmark war somit nicht mehr mit einer festgelegten Menge an Gold gedeckt. Durch die Wirtschaftskrise und die Bankenkrise mussten die Großbanken erhebliche Einlangenabflüsse und dadurch bedingt hohe Verluste bewältigen. Die Reichs- regierung sah sich gezwungen, mit staatlichen Geldern die Eigenkapitalbasis der KIs zu stärken und damit faktisch fast alle Großbanken zu verstaatlichen.[32]

Auswirkungen der Bankenkrise von 1931

Die Bankenkrise führte zum Zusammenbruch des deutschen Finanzsektors.[33] Es wurde eine nationale Bankenaufsicht am 19. September 1932 per Notverordnung eingeführt sowie 1934 im Reichsgesetz über das Kreditwesen verankert. Dies führte

---

[30] Vgl. Kronwald, C. (2007), S. 8f.
[31] Vgl. Kronwald, C. (2007), S. 4ff.
[32] Vgl. Kronwald, C. (2007), S. 5f.
[33] Vgl. Kronwald, C. (2007), S. 1.

dazu, dass der Finanzsektor zu dem am strengsten regulierten Bereich der deutschen Wirtschaft wurde.[34]

Durch die Bankenkrise veränderte sich der Bankenmarkt in Deutschland erheblich. 1932 fusionierten z.B. die Danatbank und die Dresdner Bank. Die Zahl der Großbanken verringerte sich von sechs auf fünf Bankhäuser. Im Jahr 1929 bestanden 221 Provinz- und Lokalbanken sowie 1.110 Privatbankiers. Davon blieben am Ende der Krise noch 157 bzw. 709 übrig. Die Großbanken hatten erhebliche Einlagenabflüsse zu verkraften. Diese Banken wurden von der Reichsbank unterstützt und daraufhin saniert und rekonstruiert. Die Reichsbank übernahm erhebliche Aktienpakete der Großbanken. Der Bereich der öffentlich-rechtlichen KIs blieb fast unverändert. Durch die Bankenkrise kam es in Deutschland zu einer politischen Instabilität. Diese Instabilität beschleunigte die Kreditkündigungen des Auslandes weiter. In dieser Zeit kam es zu Kreditabzügen aus dem Ausland von über 700 Millionen (Mio.) Reichsmark. Die staatliche Beteiligung an den Großbanken und die politischen Veränderungen in Deutschland beschleunigten die Krise.[35]

Wirtschaftskrisen

Nach der Bankenkrise von 1931 gab es immer wieder Wirtschaftskrisen, aber keine nennenswerten Finanzkrisen. In der näheren Vergangenheit wurden die Krisen von Mal zu Mal größer und problematischer. Zwischen 1982 und 1997 gab es in einhundert Industrie- und Entwicklungsländern diverse Wirtschaftskrisen. Davon waren 75 % der Mitgliedstaaten des IWF betroffen. Die Rettungspakete des IWF kosteten in dieser Zeit 250 Mrd. US-Dollar.[36]

2.2 Finanzmarktkrise 2007 bis 2009

Im Folgenden werden die Entstehung der Finanzmarktkrise und deren Auswirkungen dargestellt. Ein detaillierter Ablauf der aktuellen Finanzmarktkrise von 2007 bis zum 30.06.2009 befindet sich im Anhang dieser Untersuchung (siehe Anhang 1).

Entstehung der Finanzmarktkrise

Die zunächst niedrige Zinspolitik der US-Zentralbank (Fed) ermöglichte es auch vielen Beziehern niedriger Einkommen in den USA, für den Erwerb von Immobilien einen

---

[34] Vgl. Kronwald, C. (2007), S. 6.
[35] Vgl. Kronwald, C. (2007), S. 3ff.
[36] Vgl. Müller, D. (2009), S. 87ff.

Kredit aufzunehmen. Dies wurde politisch stark gefördert. Insbesondere sozialen Minderheiten und Migranten, also im so genannten Subprime-Segment nicht erstklassiger Bonitäten, sollte der Erwerb von Wohneigentum ermöglicht werden. Der einsetzende Preisanstieg bei Immobilien in den Vereinigten Staaten führte dazu, dass immer mehr Verbraucher und institutionelle Investoren Immobilen erwarben. Durch die im Wert immer weiter steigenden Sicherheiten wurden die Kreditnehmer nicht mehr einer sorgfältigen Kreditprüfung unterzogen. Diese Kreditexpansion konnte von den KIs ohne Ausweitung ihres aufsichtsrechtlich relevanten Eigenkapitals dargestellt werden, da sie diese Kredite als Verbriefungen weitergegeben hatten. Durch diese Verbriefungen wurden die von dem KI an die privaten Haushalte herausgegebenen Kredite an eine Zweckgesellschaft übertragen, die dann mit diesen Krediten besicherte Wertpapiere, so genannte Asset Backed Securities (ABS), bei Investoren platzierte. Die auf diese Weise entstandenen Wertpapiere wurden global an Banken, Versicherungen und Kapitalanlagegesellschaften verkauft, weil sie attraktive Renditen für die Finanzinstitute boten. Vielfach wurden diese erstmalig verbrieften ABS-Strukturen dann auch erneut, mitunter mehrfach in andere Wertpapiere untergebracht, in so genannte Collateralized Debt Obligations (CDO). So gelangten die Immobilien-kredite aus dem Subprime-Segment aus den USA als Beimischung in die unter-schiedlichsten Wertpapierkörbe.[37]

Konkreter Krisenauslöser waren zum einen die ab Mitte 2004 gestiegenen Leitzinsen in den USA von 1 % auf 5 % bis Anfang 2007 und zum anderen der starke Rückgang der Immobilienpreise. Gerade die steigenden Zinsen machten es vielen Kreditnehmern unmöglich, die Zins- und Tilgungsleistungen zu bedienen, so dass sie ihre Häuser verkaufen oder verlassen mussten. Das Verlassen von Immobilien ist in den USA durch die fehlende Meldepflicht sowie das ebenfalls nicht gegebene Durchgriffsrecht der KIs auf das laufende Einkommen der privaten Haushalte durchaus üblich und auch mit geringen Konsequenzen für den Kreditnehmer verbunden. Durch den Ausfall von Zins- und Tilgungsleistungen der Immobilienkredite ab Februar 2007 gerieten auch die verbrieften Wertpapiere in Schwierigkeiten. Kaum jemand wusste, welche Bank welche Risiken in diesen Wertpapieren hatte. Dadurch kam es zu einem Vertrauensverlust auf dem Markt für diese Wertpapiere und die sie haltende Finanzinstitute. Die ABS-Strukturen wurden faktisch nicht mehr gehandelt, was zu einem starken Kursverfall bis hin zu Aussetzungen von Kursen führte. Diese Wertpapiere wurden alle gleichzeitig illiquide und die KIs konnten darüber nicht in gewohntem Maße auf die Refinanzierung untereinander zurückgreifen. Darüber hinaus mussten die Institute noch Ab-

---

[37] Vgl. Paul, S., Stein, S. (2008), S. 4ff.

schreibungen auf diese Wertpapierbestände vornehmen. Die Liquiditätsprobleme der Finanzinstitute breiteten sich weltweit aus, und die Refinanzierungen der KIs ließen sich durch den Vertrauensverlust der Banken untereinander auch über die Interbankenmärkte nicht mehr darstellen.[38] Die Probleme, die zunächst nur auf einem begrenzten Geschäftsfeld der KIs in den USA einsetzten, entwickelten sich zur schwersten Krise des Weltfinanzsystems seit den 1920er Jahren und haben auch auf die Realwirtschaft übergegriffen.[39]

Um die Auswirkungen auf die Realwirtschaft möglichst gering zu halten, initiierte die US-Regierung im Februar 2008 groß angelegte Konjunkturpakete. Darüber hinaus mussten diverse Finanzinstitute wie z.B. Bear Stearns, Fannie Mae und Freddie Mac von der amerikanischen Regierung vor dem Zusammenbruch gerettet werden. Um aber die Hoffnung auf unbegrenzte Hilfsmaßnahmen einzudämmen, unterstützte die amerikanische Regierung am 15. September 2008 die Investmentbank Lehman Brothers nicht, die dadurch in die Insolvenz abrutschte. Dieses Ereignis störte das Vertrauen in den Finanzsektor erheblich.[40] Daraufhin endete am 21. September 2008 das Investmentbanking in den USA in seiner seit 75 Jahren bestehenden Form, da die noch verbliebenen Investmentbanken Goldman Sachs und Morgan Stanley ihren Sonderstatus aufgaben, um damit den Zugang zu Notenbankliquidität zu erhalten.[41] Durch den erneuten Vertrauensverlust auf dem Finanzsektor schränkten sich die Refinanzierungsmöglichkeiten der KIs am Interbankenmarkt stark ein, und dies führte zu einer sich verschlechternden Liquiditätssituation von nationalen und internationalen Banken bis hin zur drohenden Zahlungsunfähigkeit ganzer Volkswirtschaften. Daraufhin beteiligten sich weltweit Staaten an ausfallgefährdeten KIs oder übernahmen für diese Garantien, um eine weitere Insolvenz von systemrelevanten Instituten zu verhindern. Die Notenbanken haben darüber hinaus durch eine expansive Geldpolitik und Zinssenkungen versucht, die Auswirkungen der Krise zu mildern. Es setzte eine regelrechte Flucht der KIs zu den Notenbanken ein.[42] Experten stellen heraus, dass ohne diese staatlichen Eingriffe das gesamte Finanzsystem weltweit zusammengebrochen wäre. Dies hätte dazu geführt, dass nicht nur die Kreditvergabe unter Banken, sondern auch die an Unternehmen und an private Haushalte zum Stillstand

---

[38] Vgl. Paul, S., Stein, S. (2008), S. 6f.
[39] Vgl. Paul, S., Stein, S. (2008), S. 4 und S. 8; oder vgl. o.V. (2009o), Web; oder vgl. Wagner, N. (2008), S. 115; siehe auch Heidbreder, S. (2009), S. 40; oder vgl. o.V. [Geschäftsbericht VW Financial Services AG] (2009ay), S. 6.
[40] Vgl. o.V. [Geschäftsbericht der dwpbank] (2009aq), S. 20; oder vgl. Koopmann, M. (2009), S. 120.
[41] Vgl. Paul, S., Stein, S. (2008), S. 8f; oder vgl. o.V. [Jahresbericht der Sparkasse Herford] (2009ap), S. 32f.
[42] Vgl. Paul, S., Stein, S. (2008), S. 9; oder vgl. o.V. [Geschäftsbericht der dwpbank] (2009aq), S. 20.

gekommen wäre.[43] Neben der unzureichenden Prüfung von Kreditnehmern bei der Vergabe von Immolilienkrediten in den USA verweisen Experten als weitere Ursachen für die Finanzmarktkrise auf die nicht ausreichende Regulierung der Finanzmärkte und die niedrige Geldpolitik der Fed, die die Krise erst möglich gemacht haben soll.[44] Finanzexperten stellen auch heraus, dass die Finanzmarktkrise nicht überraschend gekommen wäre. Seit im September 2007 die britische Hypothekenbank Northern Rock in Schwierigkeiten geraten war, verging kaum ein Monat ohne erneute schlechte Nachrichten von KIs.[45]

Auswirkungen der Finanzmarktkrise auf den Aktienmarkt

Durch die Finanzmarktkrise verloren die Aktien ab 2007 weltweit stark an Wert. Speziell im Oktober 2008 erinnerten die Kurseinbrüche an die Zeit der Weltwirtschafskrise von 1931.[46] Durch die Finanzkrise fielen insbesondere auch die Börsennotierungen von Finanzinstituten. Von November 2008 bis März 2009 vielen die Aktienkurse von europäischen KIs um 33 %.[47] Der DAX verlor allein zwischen dem 6. und 10. Oktober 2008 24 % seines Werts. In Folge eines staatlichen Rettungspaketes verzeichnete der DAX am 13. Oktober 2008 mit einem Tagesgewinn von 11,4 % den größten Tageszuwachs seiner Geschichte. Danach fielen die Kurse wieder.[48] Die Bewertung der dreißig größten deutschen Unternehmen sank bis auf wenige Ausnahmen deutlich. Der DAX notierte am Jahresbeginn 2008 mit 8.100 Punkten nur knapp unter seinem bis dahin gemessenen Höchstwert und verlor innerhalb eines Jahres zum 30. Dezember 2008 über 40 % seines Wertes.[49]

---

[43] Vgl. o.V. [Jahresbericht der Sparkasse Herford] (2009ap), S. 32f.
[44] Vgl. Wagner, N. (2008), S. 115.
[45] Vgl. Koopmann, M. (2009), S. 120.
[46] Vgl. Paul, S., Stein, S. (2008), S. 9.
[47] Vgl. o.V. [Monatsbericht EZB] (2009aaf), S. 41.
[48] Vgl. Paul, S., Stein, S. (2008), S. 9.
[49] Vgl. o.V. [Geschäftsbericht der dwpbank] (2009aq), S. 20.

DAX

Abbildung 3: DAX von 2007 bis zum 30.06.2009[50]

Nach den Verbriefungsmärkten reagierten die Aktienmärkte, so
Abschreibungen für KIs notwendig wurden. Dieses Abreibungspotentia
Anspannungen des Interbankenmarktes in Form von drastiscl
Risikoprämien, sogar Rationierungen bei der Refinanzierung von KIs, au
Investoren ergab sich der Zwang, Wertpapiere auf immer niedrige
abschreiben zu müssen, sofern überhaupt ein Markt dafür vorhanden
entstand in der Öffentlichkeit der Eindruck, dass immer neue bish
Verluste bei den Finanzinstituten nach und nach veröffentlich wurden.[51]

Auswirkungen der Finanzmarktkrise in Europa

Auch in Europa setzte eine regelrechte Flucht der KIs zur EZB ein. Es g
die Zahlungsfähigkeit einzelner Finanzinstitute in Gefahr, sonde
Zahlungsfähigkeit einzelner europäischer Staaten, vor allem die Islands
So stellte der Markt der Staatsanleihen auch nicht mehr pauschal einen s
für Investoren dar. Die Probleme der Refinanzierung der KI
Interbankenmarkt, die Abschreibungen auf Wertpapiere aus
Finanzmarktsegmenten und von noch im Sommer 2008 als erstklas

EU-Staaten innerhalb von nur zehn Tagen auf ein Maßnahmenpaket verständigt, das auf nationaler Ebene schnell umgesetzt werden sollte. Darin hatten sich die Staaten zur Erhaltung von systemrelevanten Banken durch staatliche Interventionen, auf die Anhebung der gesetzlichen Mindesteinlagensicherung von 20.000 auf 50.000 Euro und auf freiwilliger Basis bis auf 100.000 Euro, die Änderung von Bilanzierungsregeln, um den Banken Abschreibungen auf Kapitalanlagen zu ersparen, verständigt. Darüber hinaus einigten sich die Staaten auf gemeinsame Prinzipien für die Rekapitalisierung von Finanzinstituten. Es wurden die Rahmenbedingungen für eine zeitliche Begrenzung von staatlichen Rettungsaktionen, die Wahrung der Interessen der Steuerzahler sowie anderer Wettbewerber auf dem Finanzmarkt und die Einforderung des Mitspracherechts der Regierungen bei der Neuordnung des Managements eines betroffenen KIs festgelegt.[53]

Auswirkungen der Finanzmarktkrise in Deutschland

Die Liquiditäts- und Vertrauenskrise der Banken untereinander, aber auch der Vertrauensverlust der Bundesbürger in die KIs veranlasste die Bundesregierung, durch verschiedene Maßnahmen in den Finanzsektor einzugreifen.[54] Diverse Experten berichten, dass das Drei-Säulen-Modell des deutschen Finanzmarktes dazu beige-tragen hat, dass Deutschland nicht so stark wie andere Länder von der Krise betroffen sei.[55] Aber auch in Deutschland mussten Finanzinstitute wie z.B. die HRE oder die Commerzbank, durch unterschiedliche Maßnahmen durch die Bundesregierung vor einer Insolvenz gerettet werden.

2.3 Vergleich Bankenkrise von 1931 und Finanzmarktkrise von 2007 bis 2009

Beide Krisen ereigneten sich bei vergleichbaren wirtschaftlichen Voraussetzungen und Gegebenheiten. Die damalige Krise beendete die „goldenen zwanziger Jahre" und stürzte die Weltwirtschaft in eine Rezession.[56] Ähnliches ereignete sich durch die Finanzmarktkrise, die den wirtschaftlichen Abschwung weltweit verstärkte, wobei zum Zeitpunkt der vorliegenden Studie die Auswirkungen auf den Finanzsektor und die Realwirtschaft noch nicht abzuschätzen sind.[57]

---

[53] Vgl. Koppmann, M. (2008), S. 121f.
[54] Vgl. o.V. [SoFFin] (2009aa), Web.
[55] Vgl. o.V. [Jahresbericht der Sparkasse Herford] (2009ap), S. 32f.
[56] Vgl. Kronwald, C. (2007), S. 1f.
[57] Vgl. Paul, S., Stein, S. (2008), S. 4.

Die USA spielten damals wie heute eine ähnliche Rolle. Während der historischen Bankenkrise waren die Vereinigten Staaten die größte Gläubiger- sowie Exportnation und hatten eine führende Stellung in der Weltwirtschaft inne.[58] Weil in Amerika kreditfinanzierte Spekulationsblasen im Rohstoffbereich platzten, kamen die amerikanische Wirtschaft und der Finanzsektor in große Schwierigkeiten.[59] Durch die wirtschaftliche Depression in den USA breitete sich die damalige Bankenkrise weltweit aus und verstärkte den globalen wirtschaftlichen Abschwung. Zur damaligen Zeit waren die Aktien in vielen Fällen kreditfinanziert, auch durch die privaten Haushalte, da sich viele Menschen an dem wirtschaftlichen Aufschwung beteiligen wollten, und auch damals wurde von immer weiter steigenden Kursen ausgegangen.[60] Die damalige Aktienmarktblase platzte und führte bei den Unternehmern, Banken sowie bei den privaten Haushalten zu einem erhöhten Liquiditätsbedarf. In der damaligen Bankenkrise von 1931 wurden große Teile der Gelder, die von Amerikanern in Europa investiert worden waren, schlagartig abgezogen, da diese auf dem Heimatmarkt benötigt wurden. Somit kam es zu einem Einbruch des Welthandels und zu Massenarbeitslosigkeit.[61]

Ähnliches passierte in der nahen Vergangenheit in den USA auf dem Immobilienmarkt. Die Hausbesitzer gingen von immer weiter steigenden Häuserpreisen aus und belasteten ihre Immobilie immer weiter durch immer höhere Kredite.[62] Diese Immobilienblase platzte 2007 in den USA und durch die weltweite Vernetzung der Kapitalmärkte und insbesondere durch die Verbriefungen von Immobilienkrediten kam es zu einer massiven, weltweiten Vertrauenskrise der Banken untereinander. Keiner wusste, welche Risiken bei den anderen Banken in den Bilanzwerten lagen, so dass die Banken sich untereinander kein Geld mehr liehen, und der Interbankenmarkt zum Erliegen kam. Um ihren Liquiditätsbedarf zu decken, verkauften die KIs diverse werthaltige, fungible Wertpapiere wie Aktien, Immobilienfonds, Geldmarktfonds und festverzinsliche Wertpapiere. Dies führte zu weiter fallenden Kursen in fast allen Anlageklassen.[63] Durch die damalige Bankenkrise kam es zu einer Kreditklemme der Unternehmen, und die Weltwirtschaft kam immer mehr zum Erliegen. Es kam zu Unternehmenszusammenbrüchen, Massenarbeitslosigkeit und Massenarmut.[64] Die heutigen Auswirkungen der Finanzmarktkrise auf die Realwirtschaft sind zur Zeit der

---

[58] Vgl. Kronwald, C. (2007), S. 1f.
[59] Vgl. Müller, D. (2009), S. 102ff.
[60] Vgl. Kronwald, C. (2007), S. 1f.
[61] Vgl. Müller, D. (2009), S. 102ff.
[62] Vgl. Paul, S., Stein, S. (2008), S. 4ff.
[63] Vgl. Paul, S., Stein, S. (2008), S. 6f; oder vgl. o.V. [Geschäftsbericht der VW Financial Services AG] (2009ay), S. 28.
[64] Vgl. Müller, D. (2009), S. 102ff.

Untersuchung noch nicht abzusehen. Es wird spekuliert, ob es nicht zu ähnlichen Szenarien wie der Bankenkrise von 1931 kommen könnte, da eine Kreditklemme der Wirtschaft befürchtet wird.[65]

Im damaligen Bankensektor verschärfte die Bankenkrise von 1931 den schon zuvor eingesetzten Konzentrations- und Rationalisierungsprozess der KIs weiter. Aufgrund von hohen Verlusten waren insbesondere die Großbanken gezwungen, in nicht unerheblichen Umfang Personal abzubauen und Filialen zu schließen, um Kosten einzusparen.[66] Auch in der Finanzmarktkrise ist zu beobachten, dass diverse Banken ihre Geschäftsmodelle überarbeiten und Umstrukturierungen planen. Hierbei liegt der Schwerpunkt insbesondere bei der Umsetzung von Maßnahmen zur Kosteneinsparung. Wie viele Arbeitsplätze im Finanzsektor abgebaut werden, kann zum Zeitpunkt der Untersuchung noch nicht abschließend beurteilt werden.[67]

Durch immer weiter fallende Kurse an den Kapitalmärkten kam es in der damaligen Krise zu einem Ansturm auf die Banken. Alle Privatkunden wollten ihre Ersparnisse von den Bankkonten abholen. Um den panikartigen Bargeldabfluss bei den KIs zu stoppen, wurden Bankfeiertage ins Leben gerufen. Die damalige Regierung versuchte auf diese Weise, einen Zusammenbruch von KIs zu verhindern.[68] Durch die weltweiten staatlichen Hilfsmaßnahmen sowie die Garantie von Spareinlagen konnte in der Finanzmarktkrise ein panikartiger Ansturm von Kunden auf ihre Hausbank weitestgehend vermieden werden.[69]

Die Struktur des Bankenmarktes in der Krise von 1931 und aktuell ist nur noch bedingt vergleichbar. Durch die weltweite Vernetzung der Kapitalmärkte und durch das Internet können Bankdienstleistungen von diversen KIs weltweit in Anspruch genommen werden. Dies verschärft den Wettbewerb der Banken untereinander und erhöht den Preis- und Margendruck. Der zunehmende Wettbewerb unter den damaligen Banken führte dazu, dass die Risikobereitschaft der KIs zunahm. Es wird vermutet, dass möglicherweise die Großbanken mit Filialnetz höhere Risiken eingingen, weil sie davon ausgingen, dass die Reichsbank sie in einer ökonomischen Notlage unter allen Umständen unterstützt würde. Es entstand eine so genannte Too-big-to-fail-

---

[65] Vgl. Häring, N. (2009), S. 6.
[66] Vgl. Kronwald, C. (2007), S. 6.
[67] Vgl. Blessing, M. (2009), S. 3f; oder vgl. o.V. [Geschäftsbericht der VW Financial Services AG] (2009ay), S. 11.
[68] Vgl. Kronwald, C. (2007), S. 5.
[69] Vgl. Müller, D. (2009), S. 74.

Mentalität.[70] Auch in den USA wurden vor der Insolvenz der Investmentbank Lehman Brothers ähnliche Stimmen laut. Ob die Banken dort allerdings auch mit einem ähnlichen Hintergedanken die Risiken eingingen, kann aus der vorliegenden Literatur nicht beurteilt werden.

Der gestiegene Wettbewerbsdruck der KIs führte in der damaligen Zeit dazu, dass erhöhte Risiken von den Banken eingegangen wurden. Durch staatliche Eingriffe begünstigt, wurde ein Großteil der Kundeneinlagen kurzfristig bei den Banken angelegt, während die Kredite an Unternehmen langfristig vergeben waren. Dies führte zu riskanten Einlagenportfolios bei den KIs.[71] Das Nichteinhalten der Goldenen Bankregel war auch vor dem Ausbruch der Finanzmarktkrise bei einigen Banken zu beobachten und hat den Refinanzierungsdruck sowie die Liquiditätssituation der Banken weiter verschärft.[72]

Auswirkungen der Bankenkrisen

Die Bankenkrise von 1931 führte dazu, dass eine nationale Bankaufsicht in Deutschland gegründet sowie ein neues Bankgesetz erlassen wurde. Der Bankensektor wurde zu dem am strengsten regulierten Sektor der deutschen Wirtschaft. Der Rückgang der Industrieproduktion sowie eine hohe Arbeitslosigkeit führten zu einem Zulauf von Wählern bei den rechten Parteien und begünstigten im Jahr 1933 die Machtübernahme der Nationalsozialisten.[73]

Auch in der heutigen Zeit der Finanzmarktkrise wird der Ruf nach einer stärkeren Regulierung des weltweiten Bankenmarktes laut. Manche Experten meinen, dass die Krise u.a. auch durch den bisherigen Abbau von Regulierungen oder durch falsche staatliche Maßnahmen entstanden sein könnte. Es geht nun darum, zukünftige Krisen durch entsprechende Rahmenbedingungen auf den Kapitalmärkten zu verhindern. Es gibt dazu bereits diverse Konzepte wie z.B. die Optimierung von Basel II oder einen Aufbau einer globalen Bankenaufsicht.[74] Welche konkreten regulatorischen Auswirkungen die Finanzmarktkrise haben wird, ist zum Zeitpunkt der Studie noch nicht abzusehen.

Die Bankenkrise von 1931 führte zum Zusammenbruch des deutschen Finanzsektors. Es kam zur Verstaatlichung von faktisch allen Großbanken, die im Anschluss saniert

---

[70] Vgl. Kronwald, C. (2007), S. 9.
[71] Vgl. Kronwald, C. (2007), S. 7f.
[72] Vgl. Drost, F. (2009), S. 5; oder vgl. o.V. [Finanztest] (2009am), S. 31.
[73] Vgl. Kronwald, C. (2007), S. 6; oder vgl. Hax, H. (2004), Web.
[74] Vgl. Paul, S., Stein, S. (2008), S. 13f.

und restrukturiert wurden.[75] Durch diverse staatliche Interventionen konnte in der aktuellen Finanzmarktkrise ein Zusammenbruch des Finanzsektors bisher verhindert werden. Weltweit wurden Banken durch nationale Regierungen gestützt und teilweise verstaatlicht bzw. teilverstaatlicht. Im September 2008 endete das Investmentbanking in den USA in seiner bisher bestehenden Form.[76]

Die Banken mussten durch die 1931 stark fallenden Aktienkurse hohe Abschreibungen auf ihre Wertpapierportfolien vornehmen, was die Liquiditätssituation der KIs weiter verschlechterte.[77] In der Finanzmarktkrise gibt es ähnliche Tendenzen zu beobachten. Durch fallende Wertpapierkurse in nahezu allen Anlageklassen mussten die Banken erhebliche Abschreibungen vornehmen.[78]

Aufgrund der betragsmäßig hohen Hilfspakete der Regierungen und der expansiven Geldpolitik der Notenbanken bestehen bei vielen Bundesbürgern Inflationssorgen und die Angst vor einer Währungsreform. Die Auswirkungen der Krise von 1931 sind insbesondere vielen älteren Bundesbürgern noch im Gedächtnis geblieben. Die damalige Hyperinflation bedingte eine gewaltige Kapitalvernichtung.[79]

Das Image von Bankern und das Vertrauen der privaten Haushalte in den Finanzsektor haben sich durch die Finanzmarktkrise stark verschlechtert. In der Öffentlichkeit wird die Ursache der Finanzkrise in der Gier von Bankern nach immer höheren Renditen und der persönlichen Unersättlichkeit einer kleinen Gruppe von Investmentbankern gesehen.[80] Die eigentliche Aufgabe der KIs die Realwirtschaft mit Liquidität und Investitionsmitteln zu versorgen, wurde in den Hintergrund gedrängt zugunsten von Renditezielen, die mit immer neuen Finanzmodellen erreicht werden sollten. Es werden aber auch Stimmen von Finanzexperten laut, die sagen, dass eine alleinige pauschale Schuldzuweisung an die Bankenmanager nicht angebracht bzw. nicht gerechtfertigt sei. Auch die so genannten Kleinanleger haben sich den Verheißungen einer schnellen Rendite nicht verschließen können. Es war eher ein breites gesellschaftliches Phänomen, von dem nahezu alle Gesellschaftsschichten betroffen waren. Die

---

[75] Vgl. Kronwald, C. (2007), S. 6.
[76] Vgl. Paul, S., Stein, S. (2008), S. 8f; oder vgl. o.V. [Geschäftsbericht der VW Financial Services AG] (2009ay), S. 32.
[77] Vgl. Kronwald, C. (2007), S. 8f.
[78] Vgl. Paul, S., Stein, S. (2008), S. 9; oder vgl. o.V. [Geschäftsbericht der VW Financial Services AG] (2009ay), S. 28.
[79] Vgl. Kronwald, C. (2007), S. 6f.
[80] Vgl. Heidbreder, S. (2009), S. 40.

Eigenschaft der Gier hatte sich somit keineswegs auf einen winzigen Anteil der Bevölkerung erstreckt.[81]

Darüber hinaus hat die Finanzmarktkrise nicht nur zu einer Wirtschaftskrise, sondern auch zu einer Krise des Vertrauens in die gesellschaftliche und wirtschaftliche Ordnung geführt. Laut einer während der Finanzmarktkrise durchgeführten Umfrage steht nur noch eine Minderheit der Deutschen hinter der sozialen Marktwirtschaft. Die Zahl der Bundesbürger, die die wirtschaftlichen Verhältnisse in Deutschland als „nicht gerecht" bezeichnen, ist innerhalb eines Jahres von 56 % (2007) auf 73 % (2008) angestiegen. Jeder dritte Deutsche hält Gewinne für unmoralisch, und rund 46 % der Westdeutschen bewerten den Sozialismus grundsätzlich positiv, während nur 7 % ihn ablehnen.[82] Die wirtschaftspolitischen Folgen sowie die Auswirkungen auf die zukünftige politische Entwicklung in Deutschland werden sich an den nächsten Wahlergebnissen und wirtschaftspolitischen Ereignisse zeigen.

---

[81] Vgl. Szallies, R. (2009), S. 36f.
[82] Vgl. Heidbreder, S. (2009), S. 40.

3 Staatliche Eingriffe in den Finanzsektor

3.1 Möglichkeiten von staatlichen Eingriffen in den Finanzsektor

Wirtschaftspolitik

Der Begriff Wirtschaftspolitik bezeichnet die Gesamtheit der staatlichen Maßnahmen, die das Ziel verfolgen, Wirtschaftsprozesse zu ordnen, zu gestalten oder direkt in diese Prozesse einzugreifen.[83] Bereiche der Wirtschaftspolitik sind die Sozial- und Einkommenspolitik, die Wettbewerbs- und Ordnungspolitik, die Konjunkturpolitik sowie die Strukturpolitik.[84] Es wird die angebotsorientierte und nachfrageorientierte Wirtschaftspolitik unterschieden.[85]

Zusätzlich werden die wirtschaftspolitischen Instrumente in ordnungspolitische Instrumente, in Haushalts- und finanzpolitische Instrumente, die zum einen die Staatsausgaben wie z.B. Subventionen und Sozialausgaben oder zum anderen die Staatseinnahmen wie z.B. Steuern und Zölle betreffen sowie Geld- und kreditpolitische Instrumente unterteilt. Darüber hinaus zählen zu den wirtschaftspolitischen Instrumenten des Staates Eingriffe in Wirtschaftsabläufe, die dem Schutz der Umwelt, der Verbraucher, der Arbeit oder des Kapitalmarktes dienen sowie Eingriffe in Wirtschaftsabläufe, die die Steuerung und Überwachung im Rahmen der Investitionstätigkeit, der Produktion sowie der Güter- und Dienstleistungsmärkte betreffen.[86] Die vorliegende Untersuchung betrachtet die staatlichen Maßnahmen der Bundesregierung im Rahmen der Finanzmarktkrise zum Schutz des Kapitalmarktes und insbesondere die staatlichen Eingriffe zum Schutz des Finanzsektors.

Ordnungspolitik

Die Ordnungspolitik umfasst alle staatlichen Maßnahmen, die Rahmenbedingungen des Wirtschaftens betreffen. Dabei geht es insbesondere um die Erhaltung, Anpassung und Verbesserung der Wirtschaftsordnung. Die Ordnungspolitik schafft einen Rahmen, in dem die marktwirtschaftliche Kräfte wirken können und hat zum Ziel, wirtschaftliche

---

[83] Vgl. Groh, G., Schröer, V. (2003), S.129; oder vgl. o.V. (2009c), Web.
[84] Vgl. Wurm, G., Möhlmeier, H., Skorzenski, F., Wierichs, G. (2001), S. 471; oder vgl. Groh, G., Schröer, V. (2003), S.129.
[85] Vgl. o.V. [Bundeszentrale für politische Bildung] (2009c), Web.
[86] Vgl. o.V. [Bundeszentrale für politische Bildung] (2009c), Web.

Machtkonzentrationen zu verhindern. Zu den Aufgaben der Ordnungspolitik gehören u.a. die Regelungen zur Gewährleistung wirtschaftlichen Wettbewerbs.[87]

Geldpolitik

Die Geldpolitik ist der Teil der Wirtschaftspolitik, der sich mit der Steuerung des Geldangebots befasst. Träger der Geldpolitik ist in der EU die EZB. Das Hauptziel der EZB ist die Preisstabilität zu gewährleisten.[88] Eine weitere Kernaufgabe der Geldpolitik ist es, das Vertrauen in das Funktionieren des Geldwesens zu schaffen und zu verteidigen.[89] Die Geschäftspartner der EZB sind KIs.[90] Der EZB stehen zur Erweiterung oder Verknappung des Geldangebotes unterschiedliche geldpolitische Instrumente zur Verfügung.[91] Drei wesentliche Instrumente zur Liquiditätssteuerung sind die Offenmarktgeschäfte, die ständigen Fazilitäten und die Mindestreserve.[92] Die Teilnahme an Offenmarktgeschäften sowie die Inanspruchnahme von ständigen Fazilitäten ist auf die mindestreservepflichtigen Kreditinstitute beschränkt.[93]

Offenmarktgeschäfte

Unter Offenmarktpolitik wird der An- und Verkauf von Wertpapieren durch die Zentralbank auf eigene Rechnung verstanden. Darunter fallen das Hauptrefinanzierungsinstrument, die längerfristigen Refinanzierungsgeschäfte, die Feinsteuerungsoperationen sowie die strukturellen Operationen.[94]

Ständige Fazilitäten

Bei den ständigen Fazilitäten handelt es sich um sehr kurzfristige und damit sehr flexible Möglichkeiten der Liquiditätssteuerung.[95] Sie werden unterschieden in Spitzenrefinanzierungsfazilität und Einlagenfazilität.[96]

---

[87] Vgl. Hax, H. (2004), Web.
[88] Vgl. Guckelsberger, U., Kronenberger, S. (2006), S. 257f; oder vgl. Wurm, G., Möhlmeier, H., Skorzenski, F., Wierichs, G. (2001), S. 516f.
[89] Vgl. Guckelsberger, U., Kronenberger, S. (2006), S. 247.
[90] Vgl. Wurm, G., Möhlmeier, H., Skorzenski, F., Wierichs, G. (2001), S. 523.
[91] Vgl. Wurm, G., Möhlmeier, H., Skorzenski, F., Wierichs, G. (2001), S. 317.
[92] Vgl. Guckelsberger, U., Kronenberger, S. (2006), S. 259ff; oder vgl. Groh, G., Schröer, V. (2003), S.137.
[93] Vgl. Wurm, G., Möhlmeier, H., Skorzenski, F., Wierichs, G. (2001), S. 523.
[94] Vgl. Guckelsberger, U., Kronenberger, S. (2006), S. 260f; oder vgl. Richard, W., Mühlmeyer, J., Wefers, G., Bergmann, B. (2001), S.231ff; oder vgl. Wurm, G., Möhlmeier, H., Skorzenski, F., Wierichs, G. (2001), S. 523ff; oder vgl. Groh, G., Schröer, V. (2003), S.137f.
[95] Vgl. Guckelsberger, U., Kronenberger, S. (2006), S. 261f; oder vgl. Richard, W., Mühlmeyer, J., Wefers, G., Bergmann, B. (2001), S.235ff.
[96] Vgl. Wurm, G., Möhlmeier, H., Skorzenski, F., Wierichs, G. (2001), S. 523; oder vgl. Wurm, G., Möhlmeier, H., Skorzenski, F., Wierichs, G. (2001), S. 536; oder vgl. Groh, G., Schröer, V. (2003), S.138.

Um das Geldangebot zu erhöhen, kann die EZB z.B. Offenmarktpapiere ankaufen, kurzfristige Kredite gewähren (Spitzenrefinanzierungsfazilität), kurzfristige Einlagen zurückzahlen (Einlagenfazilität) oder Devisen ankaufen. Das Gegenteil erreicht die EZB durch den Verkauf von Offenmarktpapieren, durch die Rückzahlung von kurzfristigen Krediten (Spitzenrefinanzierungsfazilität), durch die Hereinnahme von kurzfristigen Einlagen (Einlagenfazilität), durch den Verkauf von Devisen oder durch die Emission von eigenen Schuldverschreibungen.[97] Die Zinssätze der EZB bei den Hauptrefinanzierungsoperationen und ständigen Fazilitäten wird Leitzins genannt, da durch diese Zinssätze die Entwicklung des Zinsniveaus auf den Geld- und Kapitalmärkten bestimmt wird.[98]

Zinserhöhungen der EZB werden als kontraktive Geldpolitik und im Gegensatz dazu Zinssenkungen des Leitzinses als expansive Geldpolitik bezeichnet.[99] Leitzins-änderungen üben eine wichtige Signalwirkung für die Wirtschaft aus. Schon die Ankündigung von Zinsänderungen und die Bekanntgabe von Leitzinsänderungen durch die EZB führen zu einer psychologischen Beeinflussung der Wirtschaft und lenken somit das Verhalten der einzelnen Marktteilnehmer in die gewünschte Richtung.[100]

Mindestreserve

Eine Mindestreserve ist eine Zwangsreserve, die Geschäftsbanken in Höhe eines bestimmten Prozentsatzes ihrer Verbindlichkeiten bei der EZB halten müssen. Die EZB verzinst diese Mindestreserve in Höhe der Hauptfinanzierungsgeschäfte mit dem Hauptrefinanzierungssatz.[101] Die EZB selbst legt die Mindestreservesätze fest.[102] Der Prozentsatz für die Mindestreserve betrug im Mai 2009 2 % der Einlagen und ausgegebenen Schuldverschreibungen mit einer vereinbarten Laufzeit bis zu zwei Jahren sowie Geldmarktpapiere.[103] Für Einlagen und ausgegebene Schuldver-schreibungen mit einer vereinbarten Laufzeit von über zwei Jahren beträgt der Mindestreservesatz 0 %.[104] Durch die Mindestreserve soll eine unbegrenzte Geld-schöpfung durch die KIs verhindert werden.[105]

---

[97] Vgl. Wurm, G., Möhlmeier, H., Skorzenski, F., Wierichs, G. (2001), S. 317.
[98] Vgl. Wurm, G., Möhlmeier, H., Skorzenski, F., Wierichs, G. (2001), S. 531.
[99] Vgl. Guckelsberger, U., Kronenberger, S. (2006), S. 260; oder vgl. Wurm, G., Möhlmeier, H., Skorzenski, F., Wierichs, G. (2001), S. 531; oder vgl. Wurm, G., Möhlmeier, H., Skorzenski, F., Wierichs, G. (2001), S. 539.
[100] Vgl. Wurm, G., Möhlmeier, H., Skorzenski, F., Wierichs, G. (2001), S. 531.
[101] Vgl. Guckelsberger, U., Kronenberger, S. (2006), S. 262; oder vgl. Richard, W., Mühlmeyer, J., Wefers, G., Bergmann, B. (2001), S.224ff; oder vgl. Wurm, G., Möhlmeier, H., Skorzenski, F., Wierichs, G. (2001), S. 538.
[102] Vgl. Groh, G. Schröer, V. (2003), S.138.
[103] Vgl. Richard, W., Mühlmeyer, J., Wefers, G., Bergmann, B. (2001), S.225; oder vgl. o.V. (2009k), Web, S. 8.
[104] Vgl. Wurm, G., Möhlmeier, H., Skorzenski, F., Wierichs, G. (2001), S. 537f; oder vgl. o.V.

Die Geschäfte im Finanzsektor basieren grundsätzlich auf Vertrauen. Ist dieses Vertrauen gestört, funktioniert das Bankensystem nicht mehr reibungslos. Die Vertrauenskrise im Rahmen der Finanzmarktkrise der KIs untereinander veranlasste die Bundesregierung in den Finanzsektor in Deutschland einzugreifen.[106]

3.2 Staatliche Eingriffe in den Finanzsektor 2008 / 2009 in Deutschland

Das deutsche Finanzsystem ist nach Aussage des Bundesministeriums der Finanzen insgesamt stabil, leide allerdings unter den Auswirkungen der zum Zeitpunkt der Studie aktuellen Finanzmarktkrise. Nach Angaben des Ministeriums sei das Grundproblem das fehlende Vertrauen zwischen den KIs und den sonstigen Marktteilnehmern. Daher hat die Bundesregierung verschiedene Maßnahmen ergriffen, um das Vertrauen in das Finanzsystem wiederherzustellen, den Geschäftsverkehr zwischen den Finanzinstitutionen wieder zu normalisieren sowie die Belastungen für die deutsche Volkswirtschaft möglichst gering zu halten.[107]

Seit Ausbruch der Finanzmarktkrise mussten weltweit viele Banken auf Grund der Marktentwicklung Milliardenbeträge abschreiben und bei einzelnen Instituten konnte eine Insolvenz nur durch staatliche Unterstützung verhindert werden.[108] Auf der einen Seite hat die EZB den KIs im großen Umfang Liquidität bereitgestellt, um deren Zahlungsfähigkeit zu erhalten sowie die geldpolitischen Instrumente gelockert.[109] Auf der anderen Seite hat die Bundesregierung und einzelne Landesregierungen in Deutschland mit Garantien und anderen Maßnahmen den Zusammenbruch einzelner Banken verhindern können. Darüber hinaus hat die Bundesregierung am 05. Oktober 2008 angesichts der zunehmenden Verunsicherung der Bürger in Deutschland eine Garantie für alle Spareinlagen ausgesprochen.[110]

Garantie der Bundesregierung für Spareinlagen
Um den Vertrauensverlust in der Bevölkerung in das Finanzsystem zu stoppen, hatten die Bundeskanzlerin, Frau Merkel, und der Finanzminister, Herr Steinbrück, am 5.

(2009k), Web, S. 8.
[105] Vgl. Müller, D. (2009), S. 68f.
[106] Vgl. o.V. [SoFFin] (2009aa), Web.
[107] Vgl. o.V. [FMStG] (2009ah), Web.
[108] Vgl. o.V. (2009a), Web; siehe auch Müller, D. (2009), S. 74.
[109] Vgl. o.V. [Monatsbericht EZB] (2009aag), S. 37.
[110] Vgl. o.V. (2009a), Web; siehe auch Müller, D. (2009), S. 74.

Oktober 2008 sämtliche Spareinlagen in Deutschland mit einer Garantie versehen.[111] Frau Merkel sagte: „Wir sagen den Sparerinnen und Sparern, dass ihre Einlagen sicher sind. Auch dafür steht die Bundesregierung ein." Herr Steinbrück ergänzte: „Ich möchte gerne unterstreichen, dass in der Tat in der gemeinsamen Verantwortung, die wir in der Bundesregierung fühlen, wir dafür Sorge tragen wollen, dass die Sparerinnen und Sparer in Deutschland nicht befürchten müssen einen Euro ihrer Einlagen zu verlieren."[112] Nach Aussagen von einigen Experten ist diese Staatsgarantie zum richtigen Zeitpunkt erfolgt, denn sonst wäre es in den folgenden Tagen zu einem Kundenansturm auf die KIs gekommen, um Geld von den Konten abzuholen. Ein solcher Ansturm hätte die Liquidität der Institute weiter belastet und hätte zum Zusammenbruch von einzelnen Instituten führen können.

Diese Garantie der Bundesregierung wirkte ausschließlich durch das gebildete Vertrauen in den Finanzmarkt.[113] Die Bundesbürger verfügen laut der Bundesbankstatistik über 1.000 Mrd. Euro auf Giro-, Spar-, Tages- und Festgeldkonten. Diese Statistik macht allerdings keine Unterscheidung zwischen privaten Haushalten und Unternehmen. Die Garantie der Bundesregierung greift ausschließlich für Privatpersonen. Somit liegt der Garantiebetrag der Bundesregierung unter 1.000 Mrd. Euro. Wie hoch dieser genau ist, kann aus der Statistik nicht ermittelt werden.[114] Sollte ein Betrag in dieser Größenordnung wirklich zum Tragen kommen, würde dieser von keiner Regierung aufgebracht werden können.[115]

Finanzmarktstabilisierungsgesetz

Am 17. Oktober 2008 ist das Finanzmarktstabilisierungsgesetz (FMStG) verabschiedet worden.[116] Das FMStG ist ein Mantel- oder Artikelgesetz, das mehrere Gesetze verbindet. Durch dieses Mantelgesetz, ist ein umfangreiches Maßnahmenpaket zur Stabilisierung des Finanzsektors beschlossen worden, das sehr eng mit den anderen Mitgliedsländern der EU und den G7-Staaten abgestimmt worden ist.[117] Das FMStG umfasst zwei Artikel. Artikel 1 beinhaltet das Gesetz zur Errichtung eines Finanzmarktstabilisierungsfonds; kurz Finanzmarktstabilisierungsfondsgesetz. Artikel 2 legt das Gesetz zur Beschleunigung und Vereinfachung des Erwerbs von Anteilen an sowie

---

[111] Vgl. Paul, S., Stein, S. (2008), S. 9.
[112] Vgl. Hinter, M. (2008), Web.
[113] Vgl. Müller, D. (2009), S. 74.
[114] Vgl. Hinter, M. (2008), Web.
[115] Vgl. Müller, D. (2009), S. 74.
[116] Vgl. o.V. [FMStG] (2009ai), Web.
[117] Vgl. o.V. [Maßnahmenpaket der Bundesregierung] (2009aj), Web.

Risikopositionen von Unternehmen des Finanzsektors durch den Finanzmarkt-stabilisierungsfonds dar.[118]

Eine wesentliche Entscheidung der Bundesregierung war die Errichtung eines Sondervermögens, dem so genannten Finanzmarktstabilisierungsfonds. Durch den Fonds können Liquiditätsengpässe von KIs mit Hilfe von diversen Maßnahmen überwunden werden (Artikel 1: § 1 FMStG und § 2 Abs. 1 FMStG).[119] In Artikel 2 des FMStG ist geregelt, wie der Sonderfonds Finanzmarktstabilisierung (SoFFin) Anteile von Unternehmen des Finanzsektors erwerben kann. Eine Aktiengesellschaft (AG) kann durch dieses Gesetz z.B. eine Kapitalerhöhung von 50 % ihres Grundkapitals durchführen. Diese jungen Aktien beinhalten kein Bezugsrecht für die bisherigen Aktionäre. Ein Bezugsrecht für diese Aktien hat nur der Sonderfonds.[120] Für den Fall, dass ein KI staatliche Mittel beantragt, werden nach Artikel 1: § 10 FMStG diverse Bedingungen an dieses Institut gestellt. Grundsätzlich ist eine solide und umsichtige Geschäftspolitik eine Voraussetzung für die Inanspruchnahme von den Stabilisierungs-maßnahmen. Unter Artikel 1 in § 10 Abs. 2 Nr. 7 FMStG wird explizit genannt, dass das gestützte KI Maßnahmen ergreifen muss, Wettbewerbsverzerrungen zu vermeiden.[121] Welche Vorgehensweise Wettbewerbsverzerrungen verursachen könnte oder wie diese vermieden werden können, wird durch dieses Gesetz nicht erläutert. Die folgende Abbildung auf Seite 31 stellt die verschiedenen staatlichen Maßnahmen in einer vereinfachten Darstellung dar (siehe Abbildung 4).[122]

Finanzmarktstabilisierungsfonds

Das Gesetz zur Errichtung eines Finanzmarktstabilisierungsfonds (FMStFG) ist am 18. Oktober 2008 mit dem Ziel der Stabilisierung des Finanzmarktes in Deutschland in Kraft getreten. Dieser Sonderfonds soll Liquiditätsengpässe von KIs überwinden und Rahmenbedingungen für eine Stärkung der Eigenkapitalbasis von Unternehmen des Finanzsektors, die ihren Sitz in der Bundesrepublik Deutschland haben, schaffen sowie das Vertrauen zwischen den Marktteilnehmern wieder herstellen (§ 2 Abs. 1 FMStFG).[123]

---

[118] Vgl. o.V. [FMStG] (2009ai), Web.
[119] Vgl. o.V. [Maßnahmenpaket der Bundesregierung] (2009aj), Web; oder vgl. o.V. [FMStG] (2009ai), Web.
[120] Vgl. o.V. [FMStG] (2009ai), Web.
[121] Vgl. o.V. [FMStG] (2009ai), Web.
[122] O.V. [Maßnahmenpaket der Bundesregierung, Schaubild] (2009d), Web.
[123] Vgl. o.V. [FMStFG] (2009h), Web; siehe auch o.V. [FMStG] (2009ai), Web.

Maßnahmenpaket der Bundesregierung

Maßnahmenpaket Stabilisierung Finanzmärkte
Gesetz zur Umsetzung eines Maßnahmenpakets zur Stabilisierung des Finanzmarkts 17. Oktober 2008
(Finanzmarktstabilitätsgesetz FMStG) und weitere Maßnahmen (vereinfachte Darstellung)

→ Arbeitsplätze, Wachstum und soziale Marktwirtschaft schützen
→ Vertrauen an Finanzmärkten schaffen
→ Spareinlagen sichern
→ Hilfen nur mit strengen Auflagen für Finanzinstitutionen und Manager

Maßnahmenpaket

Auswahl von Maßnahmen in Abbildung

1. Änderung Bewertungs- und Bilanzierungsregeln
2. Einrichtung eines Finanzmarktstabilisierungsfonds (FMS)
3. Garantien des Bundes für Refinanzierung
4. Rekapitalisierung von Instituten
   Staatliche Kontrolle & Bedingungen für Garantien / Kapitalisierung aus FMS
5. Risikoübernahme durch Erwerb von Problemaktiva
6. Liquiditätssicherung Geldmarktfonds (durch Finanzmarktstabilisierungsfonds)
7. Verbesserung der Finanzmarktaufsicht
8. Einlagensicherung (garantiert und kurzfristige Verbesserung geplant)
9. Beteiligung der Länder

Die Bundesregierung

Einlagensicherung — 8 →

Private Haushalte

Arbeit Wachstum Wohlstand

Unternehmen

Kredite — Kredite

Neue Bilanz- Regeln 1
(Bundesjustizministerium)

Finanzmarkt / Banken / Versicherungen

Auflagen für Banken und Manager 3 4 5
(Gehaltsobergrenzen, Streichung Bonuszahlungen, Beschränkung Dividenden, Anpassung Vergütungssysteme, solide Geschäftspolitik, etc.)

Garantie — Gebühr
3

400 Mrd €
Garantie für Refinanzierungsinstrumente

20 Mrd € [1]

4 5
80 Mrd € [2]
Rekapitalisierung und Risikoübernahme durch Erwerb von Problemaktiva

Kontrolle des Fonds 2
(Rechts- und Fachaufsicht: Bundesministerium der Finanzen)
2

Finanzmarktstabilisierungsfonds (FMS)
Volumen max. 100 Mrd € [3]
(Verwaltung durch Finanzmarktstabilisierungsanstalt (FMSA))

1) 20 Mrd € = haushaltsrechtliche Vorsorge in Höhe von 5% der Garantiesumme (400 Mrd.€)
2) 80 Mrd € = 70 Mrd € Kreditaufnahme (+10 Mrd € weiterer Kreditrahmen) für Rekapitalisierung und Erwerb von Problemaktiva
3) 100 Mrd € = 20 Mrd € haushaltsrechtliche Vorsorge für Garantiesumme + 80 Mrd Kreditaufnahme und Kreditrahmen für Rekapitalisierung und Erwerb von Problemaktiva

Quelle: Bundesfinanzministerium

Abbildung 4: Maßnahmenpaket zur Stabilisierung der Finanzmärkte[124]

---

[124] O.V. [Maßnahmenpaket der Bundesregierung, Schaubild] (2009d), Web.

Der mit 480 Mrd. Euro ausgestattete Finanzmarktstabilisierungsfonds
27. Oktober 2008 seine Arbeit aufgenommen.[125] Dem FMS stehen i
Instrumente zur Unterstützung des deutschen Finanzsektors zu
Gewährung von Garantien für Schuldtitel, Rekapitalisierung durch E
Eigenkapital von KIs sowie die Übernahme von Risikopositionen wie z.B
und Wertpapiere.[126] Der FMS kann zum einen Finanzinstituten Garantie
von 400 Mrd. Euro für Schuldtitel gewähren. Diese garantierten Schu
zwischen dem Inkrafttreten des Gesetzes und dem 31. Dezember 2
werden und deren Laufzeit darf 36 Monate nicht übersteigen (§ 6 FM
anderen kann der SoFFin die Eigenmittelausstattung von KIs bis zu ein
von zehn Mrd. Euro pro Institut verbessern, indem der Fonds A
betroffenen Unternehmen erwirbt.[128] Darüber hinaus können Risikoposit
Forderungen und Wertpapiere, die vor dem 13. Oktober 2008 erworbe
den FMS im Austausch gegen Schuldtitel des Bundes übertragen
Obergrenze liegt hierbei pro Institut bei fünf Mrd. Euro.[129] Für
letztgenannten Instrumente verfügt der Sonderfonds über Mittel von ma
Euro.[130] Als Gegenleistung für die staatlichen Hilfen, wird eine
Verzinsung der Maßnahmen vom SoFFin veranschlagt.[131]

Zuständigkeiten und Aufgaben

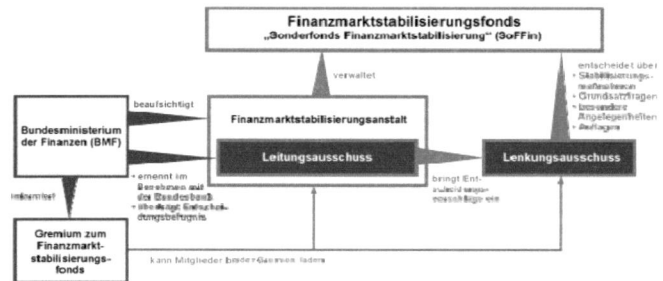

Die Finanzmarktstabilisierungsanstalt ist eine rechtlich unselbständige Treuhandanstalt bei der Bundesbank. Der Leistungsausschuss leitet die Finanzmarktstabilisierungsanstalt (siehe Abbildung 5).[133] Dieser Ausschuss besteht aus drei Mitgliedern: Herrn Dr. Hannes Rehm, Dr. Christopher Pleister und Gerhard Stratthaus.[134] Dem Lenkungsausschuss gehören Vertreter des Bundeskanzleramts, der Ministerien für Finanzen, Wirtschaft und Justiz sowie der Ministerpräsidentenkonferenz an. Das Gremium zum FMS besteht aus neun Mitgliedern des Haushaltsausschusses und berät über grundsätzliche und strategische Fragen.[135]

Finanzierungsvolumen

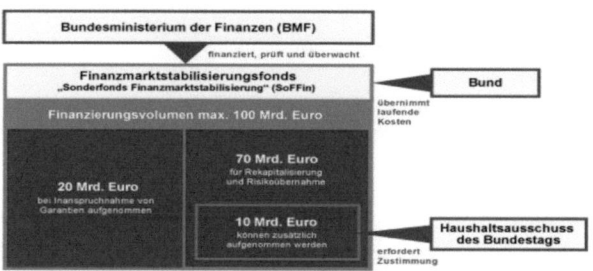

Abbildung 6: Finanzierung des SoFFin[136]

Vom FMS können Garantien bis zur Höhe von 400 Mrd. Euro gewährt werden. Falls diese in Anspruch genommen werden sollten, hat das Bundesministerium der Finanzen die Möglichkeit, Kredite bis zu einem Betrag von 20 Mrd. Euro aufzunehmen. Zur Rekapitalisierung von KIs und Risikoübernahme von Krediten und Wertpapieren kann das Ministerium bis zu 80 Mrd. Euro an Krediten aufnehmen (siehe Abbildung 6).[137] Das Bundesministerium der Finanzen hat in ihren Bundeshaushalt ein Finanzierungsvolumen von 100 Mrd. Euro eingeplant.[138] Dazu kommen die Kosten für die Verwaltung des SoFFin, die der Bund trägt.[139]

Wenn ein KI die staatlichen Hilfen vom SoFFIn in Anspruch nimmt, sind damit Auflagen an das Institut verbunden.[140] Über die konkreten Auflagen an die KIs entscheidet der Lenkungsausschuss des SoFFin. Diese betreffen die Geschäftspolitik, die Ver-

---

[133] Vgl. o.V. [SoFFin] (2009f), Web.
[134] Vgl. o.V. [SoFFin] (2009ab), Web.
[135] Vgl. o.V. [SoFFin] (2009f), Web; oder vgl. o.V. [FMStG] (2009ai), Web.
[136] Vgl. o.V. [SoFFin] (2009ac), Web.
[137] Vgl. o.V. [SoFFin] (2009ac), Web.
[138] Vgl. Paul, S., Stein, S. (2008), S. 10.
[139] Vgl. o.V. [SoFFin] (2009ac), Web.
[140] Vgl. Paul, S., Stein, S. (2008), S. 10.

gütungssysteme, die Kreditvergabe an den Mittelstand und die Gewinnverwendung der gestützten Finanzinstitute (siehe Abbildung 7).[141]

Auflagen für Stabilisierungsmaßnahmen

Auflage / Hilfe	Garantien	Rekapitalisierung	Risikoübernahme
Solide Geschäftspolitik	✖	✖	✖
Kredite an kleine und mittelständische Unternehmen		✖	
Vergütungsregelungen inkl. Abfindungsverbot		✖	✖
Keine Dividenden-ausschüttung		✖	✖

Abbildung 7: Leistungen und Auflagen[142]

Die staatlichen Hilfen müssen von den Instituten beantragt und dem Fonds vergütet werden. Die aktive Phase des FMS sollte zum damaligen Zeitpunkt am 31. Dezember 2009 enden. Danach ist der SoFFin abzuwickeln und aufzulösen.[143] Nach Abwicklung des FMS ist das verbleibende Schuldergebnis im Verhältnis 65 zu 35 zwischen Bund und Ländern aufzuteilen. Die Bundesländer müssen einen Höchstbetrag von max. 7,7 Mrd. Euro tragen. Den Rest trägt der Bund.[144]

Die Verordnung zur Durchführung des Finanzmarktstabilisierungsfondsgesetzes (FMStFV) trat am 20. Oktober 2008 in Kraft. Diese Verordnung detailliert in § 5 FMStFV die Bedingungen der Stabilisierungsmaßnahmen. Der SoFFin wird unter anderem die Geschäftspolitik der gestützten Institute überprüfen und hat die Möglichkeit Einfluss auf die Geschäftspolitik z.B. im Hinblick auf Risiken des KIs und mit den Risiken verbundenen Geschäften oder Geschäfte in bestimmten Produkten oder Märkten zu nehmen. Falls es durch die Stabilisierungsmaßnahmen des FMS zu Wettbewerbsverzerrungen kommen sollte, kann der SoFFin dem KI Bedingungen für die Geschäftstätigkeit auferlegen, um diese zu vermeiden (§ 5 Abs. 5 FMStFV).[145] Per 09.Juli 2009 wurden 167,5 Mrd. Euro an Hilfen vom SoFFin bewilligt. Davon entfallen

---

[141] Vgl. o.V. [SoFFin] (2009ad), Web.
[142] Vgl. o.V. [SoFFin] (2009ad), Web.
[143] Vgl. o.V. [SoFFin] (2009e), Web; oder vgl. o.V. [FMStFG] (2009h), Web; oder vgl. o.V. [FMStG] (2009ai), Web.
[144] Vgl. o.V. [FMStG] (2009ai), Web.
[145] Vgl. o.V. [FMStFV] (2009ak), Web.

143 Mrd. Euro auf die Gewährung von Garantien und 24,5 Mrd. Euro auf die Vergabe von Eigenkapital.[146]

Finanzmarktstabilisierungsergänzungsgesetz

Die Bundesregierung stellte am 18. Februar 2009 die Weichen für weitere ergänzende staatliche Maßnahmen im Rahmen der Finanzmarktkrise bis hin zu einer Enteignung von angeschlagenen Finanzinstituten und billigte im Kabinett einen entsprechenden Gesetzentwurf. Das Gesetz zu weiteren Stabilisierung des Finanzmarktes (FMStErgG) verändert bzw. ergänzt verschiedene Gesetze, die die Bundesregierung im Laufe der Krise verabschiedet hatte. Nach Angaben der Bundesregierung hatte sich die Finanzmarktkrise weiter verschärft, so dass zusätzliche Maßnahmen erforderlich waren. Das FMStErgG enthält das Rettungsübernahmegesetz.[147] Die wesentlichen Änderungen werden im Folgenden kurz dargestellt.

Änderungen des Gesetzes zur Beschleunigung und Vereinfachung des Erwerbs von Anteilen an sowie Risikopositionen von Unternehmen durch den Finanzmarktstabilisierungsfonds

Der Artikel 2 des FMStG erhält die Kurzbezeichnung Finanzmarktstabilisierungs-beschleunigungsgesetzes (FMStBG). Der Paragraph sieben des FMStBG wird komplett ausgetauscht und neue Paragraphen 7 bis 7d eingefügt. Dadurch entstehen detaillierte Regelungen zu Kapitalerhöhungen gegen Einlagen und Kapital-herabsetzung (§ 7 FMStBG), Regelungen zu einer bedingten Kapitalerhöhung (§ 7a FMStBG), Vorgaben zu Hauptversammlungsbeschlüssen (§ 7b FMStBG), Vorgaben für Eintragungen von Hauptversammlungsbeschlüssen (§ 7c FMStBG) sowie Maßnahmen zum Ausschluss von aktienrechtlichen Vorschriften über verbundene Unternehmen (§ 7d FMStBG). Darüber hinaus wird beschrieben, wie der Preis für ein Wertpapiererwerbs- und ein Übernahmeangebot zum Erwerb von Wertpapieren eines Finanzinstitutes ermittelt wird (§ 12 FMStBG). Bei börsennotierten Wertpapieren bemisst sich der Preis nach dem gewichteten durchschnittlichen inländischen Börsenkurs der letzten zwei Wochen vor Bekanntgabe des Übernahmeangebots. Dies gilt allerdings nicht, wenn dieser Wert im Zeitraum vom 1. bis zum 15. Februar 2009 über dem gewichteten durchschnittlichen inländischen Börsenkurs liegt. Dann gilt der letztgenannte Wert.[148]

---

[146] Vgl. o.V. [SoFFin] (2009aah), Web.
[147] Vgl. o.V. [FMStErgG] (2009i), Web.
[148] Vgl. o.V. [FMStErgG] (2009i), Web.

Änderungen des Finanzmarktstabilisierungsfondsgesetzes

Die Laufzeit der garantierten Schuldtitel nach § 6 FMStFG wurde von 36 Monate auf 60 Monate verlängert, was den Finanzinstituten einen größeren Handlungsspielraum einräumt. Darüber hinaus wird dargestellt, dass die vom FMS garantierten Schuldtitel nicht an einem möglichen Insolvenzverfahren des Finanzinstitutes teilnehmen. In einem solchen Fall würde die Garantie des SoFFin in Anspruch genommen und die Gläubiger der Schuldtitel durch den FMS bedient werden. Der Sonderfonds kann allerdings bei dem betroffenen Finanzinstitut eine Insolvenzforderung anmelden. Des Weiteren sind auch Stabilisierungsmaßnahmen des SoFFin über den 31. Dezember 2009 möglich.[149]

Änderungen der Finanzmarktstabilisierungsfonds-Verordnung

Die FMStFV wurde dahingehend verändert, das garantierte Schuldtitel von KIs durch den Sonderfonds spätestens am 31. Dezember 2014 auslaufen müssen.[150]

Rettungsübernahmegesetz

Das Gesetz zur Rettung von Unternehmen zur Stabilisierung des Finanzmarktes (RettungsG) ist am 09. April 2009 in Kraft getreten. Die Bundesregierung hat bis zum 30. Juni 2009 eine Möglichkeit zur Verstaatlichung systemrelevanter KIs geschaffen (§ 6 Abs. 1 Satz 1 RettungsG). Zur Sicherung des Finanzmarktes können Enteignungen durch eine Rechtsverordnung der Bundesregierung ohne Zustimmung des Bundesrates (§ 2 Abs. 1 RettungsG) vorgenommen werden. Ausnahmen bilden hiervon z.B. Unternehmen des Finanzsektors, die in der Rechtsform einer juristischen Person des öffentlichen Rechtes geführt werden oder an denen ausschließlich juristische Personen des öffentlichen Rechts unmittelbar oder mittelbar beteiligt sind (§ 1 Abs. 2 RettungsG). Die Enteignungsgegenstände werden entweder auf den FMS (§ 1 FMStFG) oder auf juristische Personen des öffentlichen Rechtes oder des Privatrechts, deren Anteile ausschließlich vom Bund oder von dem SoFFin unmittelbar oder mittelbar gehalten werden (§ 1 Abs. 3 RettungsG) übertragen.[151] Eine Enteignung ist nur zulässig, wenn sie für die Sicherung der Finanzmarktstabilität notwendig ist und andere rechtliche und wirtschaftliche zumutbare Lösungen nicht anwendbar sind. Eine Verstaatlichung von KIs ist somit nachrangig nach anderen geeigneten Maßnahmen.[152] Voraussetzungen für eine Enteignung durch eine Rechtsverordnung der Bundesregierung sind, dass die Unternehmen systemrelevant sind und dass die

---

[149] Vgl. o.V. [FMStErgG] (2009i), Web.
[150] Vgl. o.V. [FMStErgG] (2009i), Web.
[151] Vgl. o.V. [RettungsG] (2009g), Web.
[152] Vgl. o.V. [RettungsG] (2009g), Web; oder vgl. o.V. [FMStErgG] (2009i), Web.

Maßnahmen des FMStG und sonstige Maßnahmen nicht ausreichen (§ 1 Abs. 4 Nummer 2 a bis c RettungsG). Für eine Enteignung ist eine Entschädigung durch Zahlung eines Geldbetrages durch den FMS zu zahlen (§ 4 RettungsG). Die Entschädigung bemisst sich nach dem Verkehrswert des Enteignungsgegenstandes (§ 4 Abs. 3 Satz 1 RettungsG).[153] Eine Verstaatlichung soll nur zeitweise erfolgen. Das heißt, dass verstaatlichte Unternehmen unverzüglich wieder zu privatisieren sind, sobald das Unternehmen nachhaltig stabilisiert worden ist. Dies kann durch eine Veräußerung von Anteilen, eine Kapitalerhöhung oder in sonstiger Weise erfolgen (§ 6 Abs. 2 Satz 1 RettungsG).[154]

Änderung von Bewertungs- und Bilanzierungsregeln

Neben den staatlichen Hilfsmaßnahmen sind Bilanzierungserleichterungen für KIs vereinbart worden.[155] Schon seit Beginn der Finanzkrise wird das Fair-Value-Prinzip als Bewertungsmethode als einer der Beschleuniger von Abschreibungen bei KIs gesehen. Diese Bewertung des fairen Wertes von Wertpapiere führte insbesondere in der Finanzmarktkrise bei Wertpapieren bei denen keine Kurse gestellt wurden oder bei denen die Geld-Brief-Spannen sehr weit auseinander liefen zu erheblichen Abschreibungsbedarf, der weit über den in der Zukunft liegenden tatsächlichen Verlusten aus diesen Wertpapieren liegen würde.[156] Durch die Lockerung der Bilanzierungsregeln konnten die Finanzkonzerne neben dem Fair-Value-Prinzip, das Discounted-Cash-Flow-Verfahren anwenden.[157] Am 15. Oktober 2008 wurde auf EU-Ebene beschlossen, dass das Discounted-Cash-Flow-Verfahren im Falle von illiquiden oder verzerrter Märkte Anwendung finden könnte. Darüber hinaus können Wertpapiere aus dem Handels- in den Anlagebestand der Institute umklassifiziert werden, um damit Abschreibungen auf den so genannten Fair Value zu vermeiden. Die Deutsche Bank hatte davon unmittelbar Gebrauch gemacht und so im dritten Quartal 2008 845 Millionen Euro an Wertberichtigungen vermieden.[158]

Interventionen der EZB in den Interbankenmarkt

Bereits am 09. August 2007 und an den folgenden Tagen musste die EZB stark am Interbankenmarkt intervenieren, um den KIs Liquidität bereitzustellen. Am 09. August 2007 stellte die EZB dem Finanzsystem eine Rekordsumme von knapp 95 Mrd. Euro für einen Tag zum Zinssatz von vier Prozent zur Verfügung. Diese Summe war weit

---

[153] Vgl. o.V. [RettungsG] (2009g), Web.
[154] Vgl. o.V. [RettungsG] (2009g), Web; oder vgl. o.V. [FMStErgG] (2009i), Web.
[155] Vgl. Paul, S., Stein, S. (2008), S. 10; oder vgl. Nagl, H. (2008), S. 25.
[156] Vgl. Paul, S., Stein, S. (2008), S. 11f.
[157] Vgl. Nagl, H. (2008), S. 25.
[158] Vgl. Paul, S., Stein, S. (2008), S. 11f.

mehr als nach den Terroranschlägen im Jahr 2001.[159] Die EZB musste in der Folgezeit ein großes Volumen an Liquidität den KIs bereitstellen. Alle Refinanzierungsgeschäfte wurden aus diesem Grund mit dem aktuellen Zeitzins der EZB und einer vollständigen Zuteilung, d.h. alle Gebote der KIs wurden in voller Höhe berücksichtigt, durchgeführt. Darüber hinaus wurden die Wertpapiere, die bei der EZB als Sicherheit hinterlegt werden können bis Ende 2009 ausgeweitet. In das Verzeichnis der notenbankfähigen Sicherheiten wurden z.B. diverse Fremdwährungsanleihen aufgenommen sowie das Mindestrating der Wertpapiere von A- auf BBB+ ausgeweitet.[160] Dieses erweiterte Verzeichnis wurde im Mai 2009 bis Ende 2010 verlängert. Die EZB hatte Ende Juni 2009 erstmals in ihrer Geschichte den KIs Liquidität für ein ganzes Jahr zum Festzins von 1 % zur Verfügung gestellt.[161] Insgesamt deckten sich mehr als 1.000 Institute mit rund einer halben Billion Euro ein. Ein großer Teil davon wird seitdem auf den Einlagekonten bei der EZB von den KIs geparkt (siehe Anhang 9).[162]

Leitzinsänderungen der Europäischen Zentralbank

Von Leitzinsänderungen hat die EZB in der jüngsten Vergangenheit regen Gebrauch gemacht. Eine detaillierte Aufstellung befindet sich im Anhang (siehe Anhang 2). Die EZB hatte bis Juli 2008 die Leitzinsen bis auf 4,25 % angehoben. Danach folgten diverse Zinssenkungen.[163] Um der Finanzmarktkrise entgegenzuwirken, senkte die EZB in einer konzertierten Aktion zusammen mit weiteren Notenbanken Anfang Oktober 2008 die Leitzinsen um 50 Basispunkte.[164]

Leitzinsänderungen der EZB

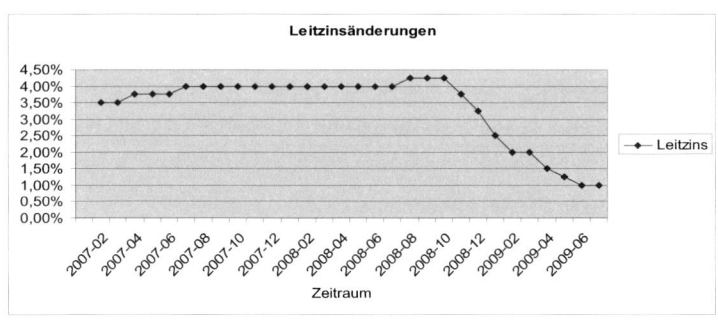

Abbildung 8: Leitzinsänderungen der EZB[165]

[159] Vgl. o.V. [Handelsblatt] (2007), S. 1.
[160] Vgl. o.V. [Monatsbericht EZB] (2009aaf), S. 31.
[161] Vgl. o.V. [Monatsbericht EZB] (2009aag), S. 37.
[162] Vgl. o.V. [Handelsblatt] (2009az), Web.
[163] Vgl. o.V. [Bundesbank] (2009j), Web. Abbildung: eigene Darstellung.
[164] Vgl. o.V. [Jahresbericht der Sparkasse Herford] (2009ap), S. 33.
[165] Vgl. o.V. [Bundesbank] (2009j), Web. Abbildung: eigene Darstellung.

Einlagensicherung

Die EU-Mitgliedsstaaten hatten sich im Zuge des Maßnahmenpakets zur Sicherung der Finanzmarktstabilität darauf geeinigt, die Einlagensicherung der Banken zu erhöhen. In Deutschland werden ab Juli 2009 Spareinlagen bei deutschen Banken bis zu einer Höhe von maximal 50.000 Euro gesetzlich geschützt sein. Bisher lag die Einlagensicherung bei 20.000 Euro. Ab dem Jahr 2011 soll diese Grenze auf 100.000 Euro erhöht werden.[166] Darüber hinaus verfügen in Deutschland die drei Säulen der Kreditwirtschaft über eigene Sicherungssysteme. Bei den Mitgliedern des privaten Bankenverbands sind im Einzelfall Einlagen bis zu 30 % des Eigenkapitals der jeweiligen Bank abgedeckt und die Sparkassen und Genobanken verfügen über eine so genannte Institutssicherung.[167]

3.3 Mögliche Wettbewerbsverzerrungen durch die staatlichen Eingriffe in den Finanzsektor (2008 / 2009) in Deutschland

Im Folgenden werden einige ausgewählte Beispiele von KIs dargestellt, die staatliche Hilfen angenommen haben bzw. annehmen mussten. Die Ausgangsthese „wenn ein Staat monetäre Hilfen bzw. Garantien nur für manche KIs zur Verfügung stellt, dann kommt es zu Wettbewerbsverzerrungen auf dem Finanzsektor" wird dahingehend überprüft, ob die staatlichen Eingriffe Änderungen im Kundenverhalten oder im Verhalten von gestützten KIs hervorgerufen haben.

Wettbewerbssituation

In der Bundesrepublik gibt es 2.277 KIs. Somit ist Deutschland das Land mit den meisten Banken in der EU. Die Größenunterschiede der deutschen KIs sind sehr stark ausgeprägt. Großbanken stehen einer Vielzahl mittlerer und kleiner KIs, vor allem Sparkassen und Genobanken gegenüber. Durch die hohe Bankendichte ergibt sich eine hohe Wettbewerbsintensität auf dem deutschen Bankenmarkt. Die Struktur des Bankenmarktes ist auch laut Experten mit ein Grund, dass das deutsche Finanzsystem in der Finanzmarktkrise im Vergleich zu anderen Ländern nicht so stark von der Krise getroffen wurde.[168]

---

[166] Vgl. Hagen, J. (2009), S. 24.
[167] Vgl. Drost, F. (2009a), S. 24.
[168] Vgl. o.V. [SoFFin] (2009z), Web.

Ordnungspolitik

Wissenschaftler und Finanzexperten kritisieren die staatlichen Eingriffe der Bundesregierung, weil dadurch die Prinzipien der Ordnungspolitik umgangen würden.[169] Die Strategie der Ordnungspolitik beinhaltet eine Krisenprävention, nicht eine Krisenheilung. Der Staat soll dabei lediglich Rahmenbedingungen schaffen.[170] Es geht um ein ausgewogenes Verhältnis von Staat und Wirtschaftsprozess. Dabei soll der Staat die Wirtschaftsprozesse weder zu steuern versuchen, noch die Wirtschaft sich selbst überlassen.[171] Denn bei staatlichen Eingriffen während einer Krise muss die Regierung auch immer die Zeit danach berücksichtigen. Laut diesen Experten darf es keine dauerhaften Verstöße gegen die Ordnungsprinzipien der Marktwirtschaft geben. Jede Würdigung von Einzelfällen sei automatisch mit Diskriminierung im Wettbewerb verbunden. Zum Strukturwandel würden auch Marktbereinigungen und Insolvenzen gehören.[172] Anfang 2009 werden in Deutschland von manchen Politikern bereits Industriebranchen für systemrelevant erklärt und staatlich unterstützt. Das FMStG hebt sogar die Teile eins bis drei des Gesetzes gegen Wettbewerbsbeschränkungen auf und selbst staatliche Beteiligungen an Banken werden beschlossen und umgesetzt. Laut den vorher zitierten Experten liegen hier Verstöße gegen ordnungspolitische Prinzipien vor. Darüber hinaus sei der Staat als Unternehmer ungeeignet.[173] Auf der anderen Seite gibt es Experten, die die staatlichen Eingriffe in den Finanzsektor befürworten und argumentieren, dass der Staat in der gegebenen Situation nicht nach ordnungspolitischen Prinzipien agieren könne. Laut diesen Experten erfordern besondere Umstände besondere staatliche Maßnahmen also auch direkte Eingriffe in den Wirtschaftsprozess.[174]

Verunsicherung von Kunden und Umschichtungen von Kundengeldern

Im Rahmen der Finanzmarktkrise haben die Bankkunden verunsichert reagiert. Es besteht die Angst vor einer starken Inflation bis hin zur Befürchtung, dass durch die weltweiten staatlichen Eingriffe eine Währungsreform notwendig wird. Das Image von Banken hat während der Finanzkrise stark gelitten und von jedem dritten Bundesbürger werden Gewinne als unmoralisch empfunden.[175] Es gibt bereits Aussagen von Experten, die meinen, dass die Kunden zunächst verängstigt reagiert haben, dann aber die Krise eher gelassen hingenommen haben, da die immensen staatlichen Hilfspakete die Vorstellungskraft der Menschen übersteigen und jeglicher

---

[169] Vgl. Fockenbrock, D. (2009), S. 10.
[170] Vgl. Hüther, M. (2009), S.8.
[171] Vgl. Hax, H. (2004), Web.
[172] Vgl. Hüther, M. (2009), S.8.
[173] Vgl. Fockenbrock, D. (2009), S. 10.
[174] Vgl. Hüther, M. (2009), S.8.
[175] Vgl. Heidbreder, S. (2009), S. 40.

nachvollziehbaren Realität enthoben sind. Eine Zahl von 13 Nullen reicht nicht mehr aus, um das zu beschreiben, was möglicherweise an Werten durch die Finanzkrise vernichtet wurde.[176] Bei den Bankkunden ist ab September 2008 eine große Verunsicherung bzw. Verängstigung zu erkennen und es besteht ein erhöhter Informationsbedarf. Daraus ergab sich ein hoher Beratungsbedarf der Kunden. Viele Privatkunden zweifeln daran, dass Bundeswertpapiere noch sicher sind, weil sich der Staat durch die Finanzhilfen immer höher verschuldet.[177] Diese Verunsicherung hatte zur Folge, dass viele Privatanleger ihre angelegten Gelder umschichteten bzw. umschichten wollten.

Garantie für Spareinlagen

Laut Finanzexperten kann die Garantie der Spareinlagen nicht hoch genug bewertet werden. Es wird spekuliert, dass ohne eine Garantie für die Spareinlagen ein Kundenansturm auf die KIs erfolgt wäre, um Bargeld abzuheben. Ein solcher Kundenrun hätte die Liquiditätssituation der Banken weiter verschlechtert. Diese Maßnahme wirkte rein durch das Vertrauen in die Bundesregierung. Sollte diese Staatsgarantie wirklich zum Tragen kommen, würde diese von keiner Regierung aufgebracht werden können. Zunächst aber funktioniert die Garantie, denn die Bankkunden belassen ihr Geld auf dem Bankkonto.[178] Durch die Garantie der Bundesregierung waren Giro- und Sparkonten sowie Termingelder bei deutschen KIs bisher nicht von der Finanzkrise betroffen und sind daher bei Anlegern besonders beliebt. Laut Bundesbank stieg die Summe der Spareinlagen bei inländischen Instituten seit September 2008 bis April 2009 um rund 30 Mrd. Euro an.[179]

Nachdem die Garantie für Spareinlagen von der Bundesregierung ausgesprochen wurde, sind bereits erste Erhebungen über das Kundenverhalten durchgeführt worden, die insbesondere die Einstellung der Privatleute zu den KIs bzw. das Vertrauen der Kunden in den Finanzsektor untersuchten. Erste Ergebnisse zeigen, dass die Kunden das Vertrauen in die KIs bisher nicht grundlegend verloren haben. Fast scheint es so als ob selbst die Finanzmarktkrise für viele Privatkunden nur ein virtuelles Phänomen ist, das sie selber nicht betrifft. Bei ca. zwei Drittel der Kunden hat sich das Vertrauen in die KIs nicht verschlechtert (siehe Abbildung 9).[180]

---

[176] Vgl. Szallies, R. (2009), S. 36.
[177] Vg. o.V. [Finanztest] (2009an), S. 28.
[178] Vgl. Müller, D. (2009), S. 74.
[179] Vgl. Hagen, J. (2009), S. 24.
[180] Vgl. Szallies, R. (2009), S. 37.

Vertrauen in die Finanzdienstleistungsbranche

Abbildung 9: Vertrauen in die Finanzdienstleistungsbranche von November 2008[181]

Es wird vermutet, dass eine Krise für den einzelnen Bundesbürger erst dann real ist, wenn diese ihn direkt persönlich betrifft. Das Konsumklima in Deutschland ist auch während der Krise stabil geblieben und die Finanzmarktkrise hat im ersten Quartal 2009 den privaten Verbrauch nicht beeinträchtigt. Bei einer weiteren Erhebung aus Februar 2009 wurden 500 Bundesbürger befragt, wie sehr sie persönlich von der Finanzkrise betroffen sind.

Auswirkungen der Finanzmarktkrise auf Kunden

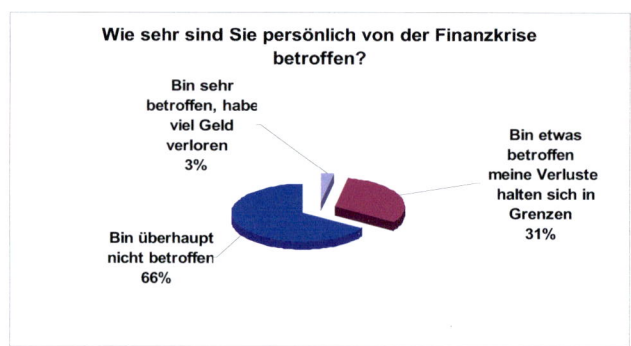

Abbildung 10: Auswirkungen der Finanzkrise auf Kunden von Februar 2009[182]

Zwei Drittel der Bundesdeutschen antworteten im Februar 2009, dass sie persönlich die Finanzmarktkrise überhaupt nicht betrifft. Lediglich drei Prozent gaben an durch die Finanzkrise viel Geld verloren zu haben (siehe Abbildung 10).[183]

---

[181] Vgl. Szallies, R. (2009), S. 37, Abbildung: eigene Darstellung.
[182] Vgl. Szallies, R. (2009), S. 38, Abbildung: eigene Darstellung.
[183] Vgl. Szallies, R. (2009), S. 37.

Auswirkungen auf das Wertpapiergeschäft

Die Finanzmarktkrise hatte auch Auswirkungen auf das Wertpapiergeschäft. Viele Kunden haben durch den Einbruch an den Finanzmärkten das Vertrauen in Wertpapiere verloren.[184] Im Oktober 2008 hatten inländische Publikumsfonds hohe Mittelabflüsse in Höhe von 15,2 Mrd. Euro zu verzeichnen. Insbesondere auch konservative Fonds wie Immobilien- (5,1 Mrd. Euro) und Geldmarktfonds (3,9 Mrd. Euro) wurden von den Bundesbürgern veräußert.[185]

Die Deutsche WertpapierService Bank AG (dwpbank) eine Transaktionsbank für Wertpapierabwicklung, die KIs aus allen drei Sektoren der deutschen Kreditwirtschaft betreut, stellt in ihrem Geschäftsbericht 2008 ein rückläufiges Wertpapiergeschäft fest.[186] Im Vergleich zum Vorjahr ging die Zahl der abgerechneten Transaktionen der dwpbank um ca. 20 % zurück. Darüber hinaus verringerte ich auch die Zahl der verwalteten Kundendepots und der Gegenwert der verwahrten Bestände. Auch im ersten Quartal 2009 waren weniger Transaktionen der Kunden festzustellen.[187] Zu Beginn des Jahres 2008 befand sich die Handelstätigkeit noch auf einem hohen Niveau. Diese schwächte sich ab dem zweiten Quartal 2008 deutlich ab. Zu Beginn des vierten Quartals 2008 waren kurzfristig wieder sprunghafte Orderanzahlen zu beobachten. Ab Dezember 2008 stellte die dwpbank erneut deutliche Rückgänge in der Handelstätigkeit fest.[188] Laut Erhebungen des Deutschen Aktieninstituts beschleunigte sich im Jahr 2008 die Tendenz, dass sich ganze Bevölkerungsschichten in Deutschland von der Aktiendirektanlage oder von der Anlage in Investmentfonds abwandten. Im zweiten Halbjahr 2008 ist die Zahl der Anleger in diesen Anlageklassen um über eine Mio. auf 8,8 Mio. gesunken.[189]

Finanzmarktstabilisierungsgesetz

Die Bundesregierung schreibt in der Einleitung des FMStErgG, dass ihrer Meinung nach das FMStG sowie die Einrichtung des SoFFin wesentlich zur Stabilisierung des deutschen Finanzsektors beigetragen haben. Durch eine sich weiter verschärfende Finanzmarktkrise waren allerdings flexiblere Handlungsspielräume der Stabilisierungsmaßnahmen bis hin zu einer erleichterten Übernahme von Finanzinstituten notwendig.

---

[184] Vgl. Gissel, R. [Geschäftsbericht der dwpbank] (2009), S. 17.
[185] Vgl. o.V. [Monatsbericht der Bundesbank] (2009aaj), S. 14.
[186] Vgl. o.V. [dwpbank] (2009ar), Web.
[187] Vgl. Gissel, R. [Geschäftsbericht der dwpbank] (2009), S. 17.
[188] Vgl. o.V. [Geschäftsbericht der dwpbank] (2009aq), S. 21.
[189] Vgl. o.V. [Geschäftsbericht der dwpbank] (2009aq), S. 21.

Ziel der Bundesregierung ist es, dass eine Verstaatlichung bzw. Teilverstaatlichung nach erfolgreicher Stabilisierung so schnell wie möglich wieder beendet werden soll.[190]

In den ersten Tagen nach Verabschiedung des Maßnahmenpakets zeichnete sich in Deutschland vorübergehend ein klassisches Dilemma ab. Hätten alle hilfsbedürftigen KIs die staatlichen Maßnahmen gleichzeitig in Anspruch genommen, wäre ihr Image vergleichsweise wenig beschädigt worden. Kein Institut wollte sich allerdings als erstes zu einem Liquiditätsengpass bekennen. Daher unterblieben die Anträge an den SoFFin zunächst ganz. Am 21. Oktober 2008 beantragte die BayernLB als erstes KI Eigenkapitalhilfen im Volumen von 5,4 Mrd. Euro. Dann folgte am 04. November 2008 die Commerzbank als erste Privatbank. Weitere Gründe für die anfängliche Zurück-haltung der KIs wurden vor allem in den Gehaltsbeschränkungen der Vorstände auf 500.000 Euro sowie die möglichen staatlichen Eingriffe in die Geschäftspolitik der KIs gesehen.[191] Darüber hinaus kritisieren Finanzexperten, dass durch das FMStG nur die Institute staatliche Unterstützungsmaßnahmen erhalten, die eine solide und umsichtige Geschäftspolitik betreiben. Es sollten vielmehr auch die KIs Staatshilfe erhalten, bei denen dies nicht der Fall ist, damit diese dann restrukturiert oder geordnet abgewickelt werden können.[192]

Finanzmarktstabilisierungsfonds

Nach den ersten zögerlichen Anträgen sind diverse Anträge beim SoFFin gestellt worden. Die folgende Tabelle zeigt einige ausgewählte Emissionen, die mit staatlicher Garantie herausgegeben wurden und die auf der Homepage des SoFFin veröffentlicht werden.

SoFFin garantierte Emissionen

Emissionstag	Emittent	ISIN	Fälligkeit	Ausgabekurs	Kupon	Volumen
14.01.2009	Commerzbank	DE000CB896A7	13.01.2012	99,45%	2,75%	5 Mrd. Euro
20.01.2009	HSH Nordbank	DE000HSH2539	20.01.2012	99,70%	2,75%	3 Mrd. Euro
23.01.2009	Bayerische Landesbank	DE000BLB5N07	23.01.2012	99,80%	2,75%	5 Mrd. Euro
28.01.2009	IKB	DE000A0SMN03	27.01.2012	99,98%	2,875%	2 Mrd. Euro
13.03.2009	IKB	DE000A0SMN45	13.03.1012	99,84%	2,625%	2 Mrd. Euro
26.03.2009	Aareal Bank	DE000AAR0041	26.03.2012	99,84%	2,625%	2 Mrd. Euro
30.04.2009	IKB	DE000A0SMN52	29.04.2011	99,99%	2,25%	1 Mrd. Euro
11.05.2009	HSH Nordbank	DE000HSH27X2	11.05.2011	99,97%	2,00%	3 Mrd. Euro

Abbildung 11: SoFFin garantierte Emissionen[193]

---

[190] Vgl. o.V. [FMStErgG] (2009i), Web.
[191] Vgl. Paul, S., Stein, S. (2008), S. 10f.
[192] Vgl. Paul, S., Stein, S. (2008), S. 11.
[193] Vgl. [SoFFin] (2009av), Web; eigene Darstellung.

Commerzbank

Ein Beispiel für die Inanspruchnahme der staatlichen Maßnahmen ist die Commerzbank AG. Sie hatte auf Grund von Liquiditätsengpässen u.a. bedingt durch die Übernahme der Dresdner Bank und hohem Abschreibungsbedarf am 03. November 2008 staatliche Hilfen über den SoFFin in Anspruch genommen. Der Staat erhöhte damals die Eigenkapitalbasis der Commerzbank durch eine stille Einlage von 8,2 Mrd. Euro und räumte Garantien für die Ausgabe von Schuldverschreibungen von bis zu 15 Mrd. Euro ein.[194] Nach dem Geschäftsbericht 2008 des Commerzbank-Konzerns betrug das Eigenkapital per 31.12.2008 19,9 Mrd. Euro inklusive der stillen Einlage des SoFFin.[195]

Wie es das FMStG vorsieht, hat die Commerzbank Auflagen für die Bereitstellung der staatlichen Hilfsmaßnahmen erhalten. Im Geschäftsbericht erläutert der Vorstands-vorsitzende, Herr Blessing, dass mit dem SoFFin ein Mittelstandskreditprogramm in Höhe von 2,5 Mrd. Euro vereinbart wurde. Darüber hinaus dürfen für die Geschäfts-jahre 2008 und 2009 keine Dividenden an die Aktionäre ausgeschüttet werden.[196] Zusätzlich werden die Vorstandsgehälter auf 500.000 Euro brutto pro Jahr für die Jahre 2008 und 2009 und Vorstandsmitglied begrenzt.[197]

Am 14. Januar 2009 emittierte die Commerzbank als erstes deutschen KI eine Anleihe, deren Tilgung und Zinszahlungen vom SoFFin garantiert wurden.[198] Diese Anleihe wurde über fünf Mrd. Euro, mit einer Laufzeit von drei Jahren und einem Kupon von 2,75 % begeben.[199] Auf Grund von weiterem Kapitalbedarf wurde die Commerzbank am 08. Januar 2009 teilverstaatlicht. Der Bund erhielt 25 % plus eine Aktie, eine so genannte Sperrminorität, an dem KI, indem er sich am Aktienkapital in Höhe von 1,8 Mrd. Euro beteiligte.[200] Insgesamt stellte der Staat über den SoFFin der Commerzbank bei dieser zweiten Rettungsaktion zehn Mrd. Euro zur Verfügung.[201] Die staatlichen Hilfen belaufen sich somit insgesamt auf 16,4 Mrd. Euro als stille Einlage plus 1,8 Mrd. Euro an der Beteiligung am Aktienkapital. Durch die Sperrminorität von 25 % wurde der Bund der größte Anteilseigner an der Commerzbank.[202] Ob der Bund als größter

---

[194] Vgl. o.V. [Chronologie der Finanzmarktkrise] (2009q), Web.
[195] Vgl. o.V. [Geschäftsbericht 2008 des Commerzbank-Konzerns] (2009aw), S. 1.
[196] Vgl. Blessing, M. (2009a), S. 9f.
[197] Vgl. o.V. [Geschäftsbericht 2008 des Commerzbank-Konzerns] (2009aw), S. 32.
[198] Vgl. Afhüppe, S., Bastian, N., Nagl, H. (2009), S. 25; siehe auch o.V. [SoFFin] (2009av), Web.
[199] Vgl. Nagl, H., Osman, Y. (2009), S. 25.
[200] Vgl. o.V. [Chronologie der Finanzmarktkrise] (2009q), Web; oder vgl. Afhüppe, S., Drost, F., Krause, K.. Osman, Y. (2009), S. 26.
[201] Vgl. Bastian, N., Osman, Y. (2009), S. 22.
[202] Vgl. Afhüppe, S., Bastian, N., Nagl, H. (2009), S. 25.

Anteilseigner und auf welche Art und Weise auf die Geschäftspolitik der Bank Einfluss nehmen wird, werden die Entwicklungen zeigen.

Die Verhandlungen mit der EU-Kommission, die den staatlichen Hilfen zustimmen musste, zogen sich Monate hin, da diese nicht mit der zweiten Beihilfe ohne detaillierte Auflagen für die Commerzbank über zehn Mrd. Euro einverstanden war. Die Wettbewerbsaufsicht verlangte für die staatlichen Hilfen an die Commerzbank deren Umstrukturierung und diverse andere Auflagen. Nach Abschluss der Verhandlungen muss die Commerzbank auf Grund der Vorgaben aus Brüssel, auf Akquisitionen in den nächsten drei Jahren verzichten, sie darf 2009 und 2010 keine Zinsen auf Hybridkapital oder stille Einlagen bezahlen und im Kundengeschäft keine Kampfkonditionen anbieten, mit denen sie die Preisführerschaft erlangen würde.[203] Wie dieser letztgenannte Punkt sichergestellt werden soll, ist im Detail nicht in Quellen zu finden. Diese Auflage wird sich zukünftig im Tagesgeschäft bemerkbar machen. Darüber hinaus sieht die Einigung mit EU-Wettbewerbskommissarin Neelie Kroes vor, die Bilanzsumme der Commerzbank innerhalb von fünf Jahren von 1,1 Mrd. Euro auf 600 Mio. Euro zu reduzieren, damit sich die Bank auf ihr Kerngeschäft fokussieren kann. Um dieses Ziel zu erreichen müssen diverse Töchter abgespalten und verkauft werden. Darunter fallen zahlreiche Tochterunternehmen und Vermögensverwalter wie z.B. Reuschel, Kleinwort Benson, Van Moer Courtens, Privatinvest und die Dresdner Bausparkasse.[204] Eine weitere Auflage der EU ist der Verkauf des Immobilienfinanzierers Eurohypo bis zum Jahr 2014.[205] Über die Teilverstaatlichung der Commerzbank entschieden die bisherigen Aktionäre in einer außerordentlichen Hauptversammlung.[206]

Um die Auflagen aus Brüssel erfüllen zu können, wurden teilweise Vorstandsmitglieder ausgetauscht und Zuständigkeitsbereiche von Vorständen neu verteilt.[207] Die neue Konzernstruktur der Commerzbank wird in drei Bereiche aufgeteilt. Ein Bereich wird die so genannte Kundenbank sein. Darin wird das kundenorientierte Kerngeschäft wie z.B. das Privat- und Mittelstandskundengeschäft, der Commerzbank zusammengefasst. Der zweite Bereich, das Asset-basierte Kreditgeschäft, umfasst das Realkredit- sowie das Staatsfinanzierungsgeschäft. Der dritte Bereich wird das so genannte Abbau-Portfolio. Darin wird alles zusammengefasst, von dem sich die Commerzbank zukünftig trennen möchte bzw. muss. Darunter fallen sowohl problembehaftete Assets als auch

---

[203] Vgl. o.V. [Handelsblatt] (2009as), Web.
[204] Vgl. o.V. [Handelsblatt] (2009at), Web.
[205] Vgl. o.V. [Handelsblatt] (2009at), Web.
[206] Vgl. Blessing, M. (2009), S. 3.
[207] Vgl. o.V. [Handelsblatt] (2009at), Web.

Positionen, die nach Angaben der Commerzbank nicht mehr zu der neu aufgestellten Bank passen. Der Vorstandsvorsitzende Herr Blessing stellte heraus, dass sich die neue Commerzbank auf das Privat- und Mittelstandskundengeschäft in Deutschland sowie auf Osteuropa fokussieren wird.[208]

Die Bundeskanzlerin verteidigte den Einstieg bei der Commerzbank. Nach Frau Merkel war es Ziel der staatlichen Unterstützungsmaßnahmen bei der Commerzbank ein funktionierendes Bankensystem für die Wirtschaft und für die Bundesbürger wiederherzustellen. Gleichzeitig kündigte sie an, dass sich der Bund aus dem Tagesgeschäft der Commerzbank heraushalten werde. Das Engagement bei der Commerzbank werde zudem beendet, sobald die akute Notlage des KIs überwunden sei. Der Bund wird die Geschäfte der Commerzbank allerdings über einen Sitz im Aufsichtsrat überwachen.[209]

Rückzahlung der staatlichen Hilfen

Bei der Commerzbank könnte es nach Angaben von Analysten bis zu zehn Jahren dauern, bis die Commerzbank die in zwei Schritten erhaltenen 16,4 Mrd. Euro an stillen Einlagen des SoFFin zurückzahlen könnte. Dabei ist die Beteiligung über 1,8 Mrd. Euro am Aktienkapital der Bank noch nicht berücksichtigt. Die Annahmen beinhalten, dass die Commerzbank pro Jahr im Schnitt einen Gewinn von ca. 1,5 Mrd. Euro erwirtschaftet. Als zusätzliche Ausgaben muss die jährliche Zinslast für die mit 9 % verzinsten stillen Einlagen des SoFFin in Höhe von 16,4 Mrd. Euro berücksichtigt werden. So würde es ohne Dividendenzahlungen acht bis zehn Jahre dauern, bis die Commerzbank genügend Eigenkapital aufgebaut hätte, um die staatlichen Hilfen zurückzuzahlen.[210] Alleine für die Integration und Umstrukturierung der Dresdner Bank werden Kosten in Höhe von zwei Mrd. Euro vermutet. Dazu kommen erwartete Belastungen im Kerngeschäft, die von Wertpapierabschreibungen bis zu rezessionsbedingt höheren Ausfällen im Kreditgeschäft reichen.[211] Ein weiteres Problem ist die sinkende Kreditwürdigkeit vieler Wertpapiere und Kredite der neuen Commerzbank. Dies bedingt zusätzlich eine höhere Risikovorsorge, die den Gewinn weiter schmälert und den Bedarf an Eigenkapital erhöht. Nach den Bilanzierungsrichtlinien von Basel II müssen KIs umso mehr Eigenkapital aufwenden, je mehr ein Kredit gefährdet ist.[212]

---

[208] Vgl. Blessing, M. (2009), S. 3; oder vgl. Blessing, M. (2009a), S. 7.
[209] Vgl. Afhüppe, S., Drost, F., Krause, K., Osman, Y. (2009), S. 26.
[210] Vgl. Bastian, N., Osman, Y. (2009), S. 22.
[211] Vgl. Bastian, N., Osman, Y. (2009), S. 22.
[212] Vgl. Osman, Y., Bastian, N. (2009), S. 22.

Die Commerzbank möchte nach eigenen Angaben mit der Rückzahlung der staatlichen Hilfe, d.h. der stillen Einlage des SoFFin über 16,4 Mrd. Euro, ab dem Jahr 2011 beginnen.[213] Der Vorstandsvorsitzende, Herr Martin Blessing, schließt auch eine Kapitalerhöhung zur Rückzahlung der staatlichen Hilfen nicht aus.[214] Herr Blessing betonte in einem Zeitungsinterview, dass die Commerzbank die stillen Einlagen des Bundes sowie die Aktienbeteiligung so schnell wie möglich zurückzahlen wolle. Dabei gibt es die Überlegung, die Aktien des Staates durch die Commerzbank selber zurückzukaufen. Somit bräuchte der Bund 25 % der Commerzbankaktien nicht selber an einen Investor weiter zu veräußern.[215] Darüber hinaus stellte Herr Blessing im Geschäftsbericht heraus, dass die neue Commerzbank über ein Ertragspotential, das weit über den Aufwand zur Bedienungen der stillen Einlagen des SoFFin hinausgeht, verfüge.[216] Wann und wie der Ausstieg des Staates erfolgen soll, ist im Detail zum Zeitpunkt der Untersuchung in aktuellen Quellen nicht zu finden.

Ab 2011 soll nach Angaben der Commerzbank wieder ein Gewinn geschrieben werden und ab 2012 soll das operative Ergebnis mehr als vier Milliarden Euro betragen sowie die Eigenkapitalrendite nach Steuern bei rund zwölf Prozent liegen.[217] Im Privatkundengeschäft plant der Vorstand der Commerzbank ab 2012 eine Rendite von 30 % vor Steuern zu erwirtschaften.[218]

Wettbewerbsverzerrungen

Diverse Bankenvertreter sowie Experten aus der Finanzwirtschaft haben sich zu den staatlichen Hilfen des Bundes bei der Commerzbank sowie zu dem Thema Wettbewerbsverzerrungen geäußert. Eine andere Privatbank, die keine Leistungen des SoFFin in Anspruch genommen hatte, stellte heraus, dass die staatlichen Eingriffe bei der Commerzbank zu Wettbewerbsverzerrungen führen werden. Die Gefahr von Wettbewerbsverzerrung sieht auch Rolf Tilmes, Professor an der European Business School.[219] Genaues Zahlenmaterial und Detailauswertungen lassen sich zum Zeitpunkt der Studie darüber aber noch nicht finden. Darüber hinaus werden auch Stimmen laut, die eine Rückabwicklung der Fusion von Commerzbank und Dresdner Bank fordern. Es wird vermutet, dass ohne die Fusion die staatlichen Unterstützungsmaßnahmen des SoFFin nicht in einem solchen Ausmaß erforderlich wären. Laut den Experten

---

[213] Vgl. Blessing, M. (2009), S. 4.
[214] Vgl. o.V. [Handelsblatt] (2009ax), Web.
[215] Vgl. Bastian, N., Osman, Y. (2009), S. 22.
[216] Vgl. Blessing, M. (2009a), S. 11.
[217] Vgl. Blessing, M. (2009), S. 4; oder vgl. Nagl, H., Osman, Y. (2009), S. 25.
[218] Vgl. Nagl, H., Osman, Y. (2009), S. 25.
[219] Vgl. Afhüppe, S., Drost, F., Krause, K., Osman, Y. (2009), S. 26.

würden hier Steuergelder eingesetzt, die gar nicht notwendig wären.[220] Es wird auch die Aussage getroffen, dass so indirekt der Steuerzahler den Kauf der Dresdner Bank durch die staatlichen Hilfen tragen muss.[221]

Volkswagen Bank

Ein weiteres Beispiel für ein Institut, dass staatliche Hilfe in Anspruch genommen hat, ist die Volkswagen Bank (VW-Bank). Die VW-Bank ist eine der größten Direktbanken in Deutschland. Zum 31. Dezember 2008 betreute die VW-Bank 812.000 Direktbankkunden.[222] Die betreuten Kundeneinlagen wuchsen im Jahr 2008 um 33,4 % auf 12,8 Mrd. Euro. Diesen starken Anstieg der Kundeneinlagen begründet die VW-Bank mit der „Plus Konto SuperZins-Aktion", die in Zusammenarbeit mit dem Discounter Lidl durchgeführt wurde.[223] Mit der zunehmend schwierigeren Refinanzierung an den internationalen Kapitalmärkten erhielt nach Aussagen der VW-Bank das Einlagengeschäft eine erhebliche Bedeutung.[224] Die VW-Bank hat zur Refinanzierung Ende 2008 vermehrt die Refinanzierungsfazilitäten der EZB in Anspruch genommen. Darüber hinaus hat die Direktbank Garantien des SoFFin beantragt, die sie im Februar 2009 in Höhe von zwei Mrd. Euro erhalten hat.[225] Die VW-Bank erhielt den Garantierahmen des SoFFin nach eigenen Angaben für die Refinanzierung von Autokrediten. Der Vorstandsvorsitzende der VW-Bank, Herr Frank Witter, bestätigte, dass mit dem Garantierahmen die Kreditversorgung der Händler sowie Endkunden abgesichert würden. Damit würde die VW-Bank dazu beitragen, die Auswirkungen der Finanzmarktkrise abzumildern.[226] Mittlerweile werden 70 % aller neu zugelassenen Pkws per Kredit erworben. Davon finanzieren die Autobanken über 46 % der Neuzulassungen.[227]

Ein Konzernsprecher von VW sagte, dass die VW-Bank die Garantien zu günstigen Konditionen bekomme, was die Refinanzierung der Direktbank vergünstige. Dass die VW-Bank überhaupt Garantien vom SoFFin erhalten hatte, hat Finanzexperten erstaunt, da dieser aufgrund hoher Zinsen für Einlagen in den zurückliegenden Monaten viele Einlagen zugeflossen waren.[228] Schlüsselfaktoren des Geschäfts in Deutschland waren laut der VW-Bank die Sicherheit der Einlagen und die Höhe der

---

[220] Vgl. Höpner, A., Schmitt, T. (2009), S. 23.
[221] Vgl. Afhüppe, S., Bastian, N., Nagl, H. (2009), S. 25.
[222] Vgl. o.V. [Geschäftsbericht der VW Financial Services AG] (2009ay), S. 21.
[223] Vgl. o.V. [Geschäftsbericht der VW Financial Services AG] (2009ay), S. 38.
[224] Vgl. o.V. [Geschäftsbericht der VW Financial Services AG] (2009ay), S. 32f.
[225] Vgl. o.V. [Geschäftsbericht der VW Financial Services AG] (2009ay), S. 52f.
[226] Vgl. o.V. [Handelsblatt] (2009aab), S. 24.
[227] Vgl. o.V. [Handelsblatt] (2009aac), S. 25.
[228] Vgl. o.V. [Handelsblatt] (2009aab), S. 24.

Zinssätze. Der Wettbewerb unter den im Einlagegeschäft tätigen Direktbanken gewann mit diversen Zinsaktionen nochmals an Schärfe und erhöhte den Druck auf die Zinsmargen.[229]

Wettbewerbsverzerrungen

Finanzexperten kritisierten diese Staatshilfe für die VW-Bank. Laut Experten würden die Geschäftspraktiken der Autobank nicht zur Beantragung von staatlicher Hilfe passen. Zu der Zeit hatte die VW-Bank mit 4,5 % Einlangenzins und mit 1,9 % für Absatzfinanzierungen geworben. Es liege somit kein originäres Bankgeschäft vor, sondern die VW-Bank wird als Absatzkanal für Pkws angesehen. Wenn Kredite günstiger als Einlagen verzinst würden, sei das Zuschussgeschäft offenkundig. Die Risiken daraus könnten nicht auf die Allgemeinheit abgewälzt werden.[230] Die Autobank wehrt sich gegen diese Vorwürfe.[231] Die Autobanken seien Institute wie alle anderen auch, unterlägen der gleichen Regulierung und müssten somit im Bedarfsfall auch Zugang zum SoFFin haben, so die Argumentation der Autobanken. Alles andere sei Wettbewerbsverzerrung. Laut Experten wird bei dieser Diskussion aber ein bedeutender Aspekt vernachlässigt. Aus Sicht vieler Marktteilnehmer sind die Garantien für die VW-Bank ein „Sündenfall" der staatlichen Hilfsmaßnahmen. Es geht weniger darum, dass es sich bei der VW-Bank um eine Autobank handelt, sondern vielmehr darum, dass die staatliche Garantie ohne echte Notlage in Anspruch genommen wurde. Die wird unter vielen Experten als Missbrauch des Rettungsfonds verstanden. Gleichzeitig werden die Einlagenkonditionen, die weit über dem Markt-niveau liegen kritisiert. Es gibt Meinungen, dass die VW-Bank diese nur mit Hilfe der staatlichen Garantie darstellen kann. Die Sprecher der Autobanken verweisen dagegen auf die schlechten Refinanzierungskonditionen der Muttergesellschaften, also der Automobilhersteller. Laut Experten liege hier die eigentliche Marktverzerrung. Wenn die Anleihen der Autohersteller ca. neun Prozent kosten, seien selbst vier Prozent beim Tagesgeld, die die VW-Bank den Kunden angeboten hat, immer noch vergleichsweise günstig. Die anderen Autobanken wie z.B. die BMW-Bank verfolgen die staatlichen Maßnahmen bei der VW-Bank sehr genau und arbeiten selbst an geeigneten Maßnahmen, um die Refinanzierungskosten zu senken.[232] Die Autobanken BMW und Daimler halten sich weiter offen den Rettungsschirm des SoFFin in Anspruch zu nehmen. Da die VW-Bank Garantien in Höhe von zwei Mrd. Euro erhalten hatte,

---

[229] Vgl. o.V. [Geschäftsbericht der VW Financial Services AG] (2009ay), S. 32f.
[230] Vgl. o.V. [Handelsblatt] (2009aaa), Web.
[231] Vgl. o.V. [Handelsblatt] (2009aac), S. 25.
[232] Vgl. o.V. [bank und markt] (2009l), S. 9.

vermuten die beiden genannten Autobanken, dass für ihre Häuser dadurch Wettbewerbsverzerrungen entstehen könnten.[233]

Rettungsübernahmegesetz

Bereits vor der Verabschiedung des RettungsG wurden die Maßnahmen der
Bundesregierung in den Medien kritisiert. Viele Experten meinten, dass das Gesetz zur
Rettung der HRE speziell auf dieses Institut zugeschnitten sei.[234] Laut Experten ist jede
Würdigung von Einzelfällen automatisch mit einem verzerrten Wettbewerb
verbunden.[235]

Systemrelevanz

Die Bundesregierung verdeutlicht im RettungsG, dass eine Enteignung durch eine
Rechtsverordnung nur in Frage kommt, wenn andere Maßnahmen des FMStG nicht
ausreichen und dass das betroffene Unternehmen des Finanzsektors systemrelevant
ist.[236] Vordergründiges Ziel des RettungsG ist die Finanzmarktstabilität. Es geht somit nicht
um die Rettung einzelner Banken, sondern um die Rettung des Finanzmarktes. Wenn ein
KI die Stabilität des Finanzmarktes beeinträchtigt, ist es nach diesem Gesetz
systemrelevant. Welche Kriterien wie z.B. die Bilanzsumme im Einzelfall bei der
Beurteilung des systemischen Risikos eines KIs herangezogen werden, geht aus dem
Gesetz nicht hervor. Es erfolgt jeweils eine Einzelfallentscheidung mit Stellungnahmen von
der Bundesanstalt für Finanzdienstleistungsaufsicht, der Deutschen Bundesbank und der
Finanzmarktstabilisierungsanstalt. Die Entscheidung zur Durchführung eines
Enteignungsverfahrens trifft letztendlich die Bundesregierung durch einen Erlass einer
Rechtsverordnung. Da dieses Beurteilungsverfahren für die Bundesbürger intransparent
durchgeführt wird, gibt es hierüber diverse kritische Äußerungen von Experten.[237]

Nach Beurteilung der Bundesregierung ist die HRE eine systemrelevante Bank im
Bereich des Pfandbriefmarktes in Deutschland. Experten hatten versucht einen
Vergleich der insolventen amerikanischen Investmentbank Lehman Brothers und der
HRE zu ziehen, denn die Bilanzsummen der beiden Häuser sind vergleichbar. Aber ein
alleiniger Vergleich der Bilanzsummen scheint in diesem Fall nicht auszureichen, denn
Lehman Brothers ist von der amerikanischen Regierung nicht gestützt worden.[238]
Dieses intransparente Vorgehen der Regierung wird in den Medien als

---

[233] Vgl. Fasse, M. (2009), S. 14.
[234] Vgl. o.V. (2009al), Web.
[235] Vgl. Hüther, M. (2009), S.8.
[236] Vgl. o.V. [RettungsG] (2009g), Web.
[237] Vgl. Friedrich, D. (2009), Web.
[238] Vgl. Friedrich, D. (2009), Web.

wettbewerbsverzerrend beurteilt, da unabhängige Dritte die Entscheidungen nicht nachvollziehen können und es zu Einzelfallentscheidungen kommt.[239]

Die Garantie für die VW-Bank wird auch unter dem Aspekt der Systemrelevanz diskutiert. Einige Finanzexperten bestreiten die Systemrelevanz von Autobanken. Das Finanzsystem werde nicht zusammenbrechen, wenn es ein solches Institut nicht mehr gebe.[240] Die Autobanken erwidern darauf, dass auch sie über eine volkswirtschaftliche Bedeutung verfügen und somit auch systemrelevant seien. Durch die Herstellerbanken werden direkt und indirekt rund 80.000 Arbeitsplätze in Deutschland garantiert sowie 20.000 Autohändlern finanziert und diese spielen somit eine wichtige Rolle für die Versorgung des deutschen Mittelstands.[241]

Werbemaßnahmen

Die Wettbewerbszentrale monierte bei der Veröffentlichung ihres Jahresberichtes für 2008, die KIs würden in ihrem Bemühen, das Vertrauen der Kunden wieder zu gewinnen und zu vollmundige Versprechen machen. Manche KIs haben aufgrund der Garantie für Spareinlagen Slogans wie „100-prozentige Sicherheit" oder „ohne Risiko" verwendet. Laut der Wettbewerbszentrale zeige dies, dass die Banken wenig aus der Finanzkrise gelernt hätten. Schließlich könnte im heutigen Finanzsystem niemand absolute Sicherheit versprechen.[242]

Durch die vorliegenden Sekundärquellen konnte die in der Einleitung genannte erste Hypothese „wenn ein Staat monetäre Hilfen bzw. Garantien nur für manche KIs zur Verfügung stellt, dann kommt es zu Wettbewerbsverzerrungen auf dem Finanzsektor" noch nicht umfassend beantwortet werden. Festzustellen ist, dass es Änderungen im Kundenverhalten sowie im Verhalten von KIs gab, die im vierten Kapitel durch Experteninterviews detaillierter untersucht wurden.

3.4 Mögliche Auswirkungen der staatlichen Eingriffe bei Privatbanken auf Sparkassen und Genossenschaftsbanken

In diesem Kapitel wird die zweite These überprüft: „Wenn es staatliche Hilfen nur für Privatbanken gibt, dann entstehen Wettbewerbsverzerrungen für Sparkassen und Genobanken." Es wird untersucht, ob die staatlichen Eingriffe ein verändertes Kunden-

---

[239] Vgl. Friedrich, D. (2009), Web.
[240] Vgl. Fockenbrock, D. (2009), S. 10.
[241] Vgl. o.V. [bank und markt] (2009l), S. 9.
[242] Vgl. o.V. [bank und markt] (2009m), S. 33.

verhalten zu Lasten von Genobanken und Sparkassen hervorgerufen haben. Zunächst werden die Besonderheiten von Sparkassen und Genobanken auf dem Finanzsektor beschrieben.

Genossenschaftsbanken

Die Volks- und Raiffeisenbanken sind Universalbanken und bilden eine der drei Säulen des deutschen Bankensystems. Ihre Geschäftstätigkeit erstreckt sich auf Privat- und Firmenkunden.[243] Diese Bankengruppe arbeitet nach dem Prinzip Hilfe zur Selbsthilfe, Selbstverwaltung und Selbstverantwortung. Die Kunden der Genobanken können über Genossenschaftsanteile Teilhaber der Bank werden und sind somit Teilhaber und Kunde zugleich. Die Genobanken verfügen über 14.000 Geschäftsstellen in Deutschland. Diese Bankengruppe ist vor Ort beim Kunden vertreten und setzt auf Dezentralität und persönliche Kundennähe. Nach Aussagen von Vertretern von Genobanken möchten sich diese über Qualität im Wettbewerb differenzieren und nicht alleine über den Preis. Keine Volksbank hat zum Zeitpunkt der Untersuchung Hilfen vom Staat in Anspruch genommen. Diese Bankengruppe verfügt über eine eigene Sicherungseinrichtung. Diese beinhaltet sowohl einen Institutsschutz als auch den Einlagenschutz, der z.B. auch Inhaberschuldverschreibungen (IHS) zu 100 % absichert. Seit 1931 hat noch kein Kunde einen Verlust seiner Einlagen bei den Genobanken hinnehmen müssen.[244]

Sparkassen

Die Gruppe der Sparkasse und Landesbanken ist gemessen am Geschäftsvolumen der größte Sektor im Bankgewerbe und bildet eine weitere Säule des deutschen Bankensystems. Träger der Sparkassen sind überwiegend die Kommunen. Die öffentlich-rechtlichen Sparkassen betreiben als Allfinanzanbieter alle Arten von Bankgeschäften.[245] Die 438 Sparkassen verfügen über mehr als 15.800 Geschäftsstellen. Zu der Sparkassenfinanzgruppe gehören darüber hinaus sieben Landesbanken, die DekaBank sowie die Provinzial. Das Geschäftsgebiet einer Sparkasse ist auf das Gebiet ihres Trägers begrenzt und somit regional verankert.[246] Die Sparkassenfinanzgruppe verfügt über einen eigenen Haftungsverbund. Dieser Haftungsverbund sichert die angeschlossenen Institute ab und ist eine Institutssicherung, die die Kundeneinlagen sowie auch die IHS zu 100 % absichert.[247]

---

[243] Vgl. o.V. [SoFFin] (2009aad), Web.
[244] Vgl. Hanker, P. (2009), S. 22.
[245] Vgl. o.V. [SoFFin] (2009aad), Web.
[246] Vgl. Storn, A. (2009), S.6.
[247] Vgl. o.V. [DSGV] (2009aal), Web.

Verunsicherung von Kunden und Umschichtungen von Kundengeldern

Ab September / Oktober 2008 gab es eine große Verunsicherung der Kunden, die sich u.a. in Geldumschichtungen bemerkbar machte. Sparkassen und Genobanken wurden von vielen Kunden als sicherer Hafen angesehen und konnten erhöhte Mittelzuflüsse verzeichnen. Laut Bundesbankstatistik verzeichnen z.B. die Sparkassen Mittelzuflüsse bei Spareinlagen von rund neun Mrd. Euro.[248]

Garantie für Spareinlagen

Durch die Garantie der Bundesregierung für Spareinlagen ist die Sicherheit der deutschen Banken gleich zu beurteilen. Sollte ein KI insolvent werden, würde die Bundesregierung für alle Spareinlagen des Instituts einstehen. Dadurch kam es für Genobanken und Sparkassen verstärkt zu Einlagenabflüssen, denn die Kunden richten sich wieder stärker nach den Zinssätzen bei Geldanlagen.[249]

Nach der Garantieerklärung für Spareinlagen wurden bereits erste Erhebungen über das Kundenverhalten durchgeführt. Hierbei standen insbesondere auch die Einstellung der Privatkunden zu den unterschiedlichen Institutsgruppen und das Vertrauen in den deutschen Finanzsektor im Vordergrund. Um das Vertrauen der Kunden in den Finanzsektor zu überprüfen, ist durch die „Drei-Säulen-Struktur" des deutschen Bankensystems eine Differenzierung der Institute notwendig. Im Rahmen der Untersuchung wurde eine Vertrauensbilanz gebildet, die herausstellen soll, bei welchen Kunden welche Institutsgruppen an Vertrauen gewonnen oder verloren haben. Dabei wurden die Sparkassenkunden, die Kunden von Genobanken sowie die Kunden von Privatbanken unterschieden. Durch diese Erhebung aus Dezember 2008 ist erkennbar, dass die Finanzmarktkrise auch Gewinner hervorgebracht hat. Die Sparkassen sowie die Genobanken konnten bei allen drei untersuchten Kundengruppen an Vertrauen gewinnen, sogar auch bei der Gruppe der Großbankkunden. Deutliche Verlierer sind die Großbanken, die selbst bei ihren Kunden stark an Vertrauen eingebüßt haben. (siehe Abbildung 12 bis 14).[250]

---

[248] Vgl. Hagen, J. (2009), S. 24.
[249] Vgl. Drost, F., Köhler, P. (2009), S. 22.
[250] Vgl. Szallies, R. (2009), S. 37.

Vertrauensbilanz: Kunden von Sparkassen

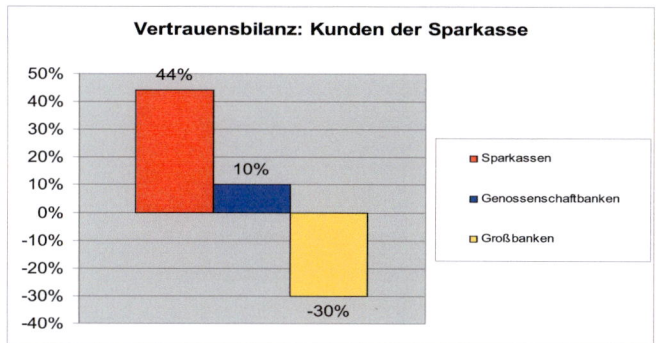

Abbildung 12: Vertrauensbilanz: Kunden von Sparkassen von Dezember 2008[251]

Das Vertrauen von Sparkassenkunden in ihre Sparkasse hat sich um 44 % erhöht. Das Vertrauen in Privatbanken ist bei diesen um 30 % gesunken (siehe Abbildung 12).

Vertrauensbilanz: Kunden von Genobanken

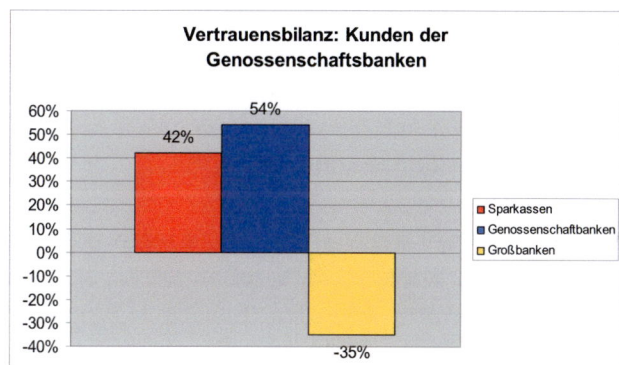

Abbildung 13: Vertrauensbilanz: Kunden von Genobanken von Dezember 2008[252]

Das Vertrauen von Kunden von Genobanken in ihre Volksbank ist um 54 % gestiegen. Interessant ist, dass bei Kunden einer Volksbank das Vertrauen in eine Sparkasse um 42 % angestiegen ist (siehe Abbildung 13).

---

[251] Vgl. Szallies, R. (2009), S. 37, Abbildung: eigene Darstellung.
[252] Vgl. Szallies, R. (2009), S. 37, Abbildung: eigene Darstellung.

Vertrauensbilanz: Kunden von Großbanken

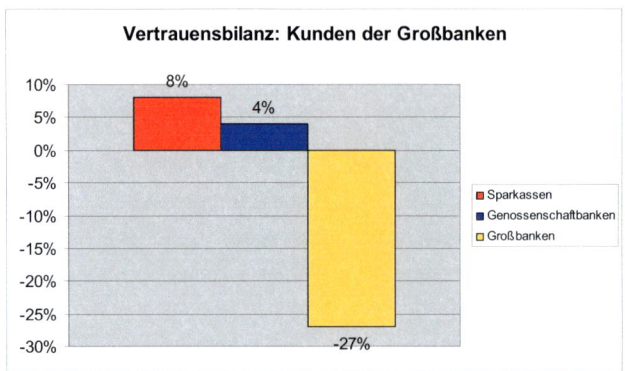

Vertrauensbilanz: Kunden der Großbanken

Abbildung 14: Vertrauensbilanz: Kunden von Großbanken von Dezember 2008[253]

Das Vertrauen von Kunden von Großbanken in ihre Privatbank ist um 27 % gesunken. Bei dieser untersuchten Kundengruppe ist das Vertrauen um 8 % in Sparkassen sowie um 4 % in Genobanken angestiegen.[254] Diese Erhebung wurde im Dezember 2008 durchgeführt. Es stellt sich nun die Frage, ob diese Vertrauensbilanzen auch noch in der Mitte des Jahres 2009 gelten. Verschiedene Punkte sprechen im Jahr 2009 für eine gewisse Entspannung bzw. Normalisierung im Kundenverhalten. Dies kann auch daran liegen, dass ein Großteil der Bundesbürger von den ersten Auswirkungen der Finanzkrise nicht unmittelbar betroffen war (siehe Abbildung 10).[255]

Eine weitere Erhebung aus Februar 2009 unter 500 Befragten stellt heraus, dass 75 % der Kunden ihre Zusammenarbeit mit ihrer Bank nicht verändern möchten. Nur 15 % planen einen Wechsel der Bankverbindung bzw. haben diesen bereits durchgeführt (siehe Abbildung 15).[256] Von diesen 500 befragten Personen, die angaben verstärkt mit einem Geldinstitut zusammenarbeiten zu wollen, sagten 7% mit Sparkassen, 2% mit Genossenschaftsbanken und 2% mit Großbanken. Von den 500 Personen, die angaben eingeschränkt mit einem Geldinstitut zusammenarbeiten zu wollen, sagten 4% mit Sparkassen, 2% mit Genossenschaftsbanken und 6% mit Großbanken.[257]

---

[253] Vgl. Szallies, R. (2009), S. 37, Abbildung: eigene Darstellung.
[254] Vgl. Szallies, R. (2009), S. 37.
[255] Vgl. Szallies, R. (2009), S. 37.
[256] Vgl. Szallies, R. (2009), S. 38.
[257] Vgl. Szallies, R. (2009), S. 38.

Zusammenarbeit mit einem Kreditinstitut

Abbildung 15: Zusammenarbeit mit einem Geldinstitut von Februar 2009[258]

Wiederum erscheinen die Sparkassen und Genobanken diejenigen zu sein, die zumindest kurzfristig von der Krise profitieren konnten. Ob das nur ein kurzfristiger Trend oder eine langfristige Verhaltensänderung der Kunden ist, lässt sich zum Zeitpunkt der Untersuchung (Juni 2009) nicht abschließend beurteilen.[259]

Durch die Finanzmarktkrise und vor allem auf Grund hoher Verluste hat sich das Image deutscher und internationaler Großbanken deutlich verschlechtert. Dies zeigt eine Umfrage im Auftrag der WGZ BANK unter 1.000 Bundesbürgern. Dagegen stiegen die Sympathiewerte der Genobanken und Sparkassen an. Bei 50,7% der Befragten hat sich das Image internationaler Großbanken verschlechtert.[260]

Einschätzung der Professionalität verschiedener Institutsgruppen

Abbildung 16: Beurteilung der Professionalität von Bankengruppen[261]

---

[258] Vgl. Szallies, R. (2009), S. 38, Abbildung: eigene Darstellung.
[259] Vgl. Szallies, R. (2009), S. 38.
[260] Vgl. o.V. [Initiativbanking] (2009n), S. 6.
[261] Vgl. o.V. [Initiativbanking] (2009n), S. 6.

Ein ähnliches Bild zeigt sich auch bei der Beurteilung der Professionalität der Verbundbanken (siehe Abbildung 16). Bei 51 % der Befragten ist die Einschätzung der Professionalität von internationalen Großbanken gesunken.[262]

Finanzmarktstabilisierungsgesetz

Für die Inanspruchnahme von staatlichen Hilfsmaßnahmen schreibt das FMStG unterschiedliche Auflagen an die gestützten KIs vor. Eine Auflage ist z.B. die Kreditvergabe an mittelständische Unternehmen.[263] Diese Auflage wird von Finanz-experten kritisch beurteilt. Gerade Genobanken und Sparkassen sind in diesem Geschäftsfeld der Mittelstandsfinanzierung aktiv und bezeichnen sich als Liquiditäts-tankstellen des Mittelstands. Durch die hohe Bankendichte in Deutschland stehen bereits diverse KIs im Wettbewerb um Mittelstandskredite. Besonders kritisch wäre es laut Experten zu beurteilen, wenn gerade die vom Staat gestützten Institute in diesem Zusammenhang gezwungen würden ein erhöhtes Volumen an Mittelstandskrediten zu vergeben. Eine Forcierung auf den Mittelstand bei gestützten Privat- und Landes-banken würde den unvermindert anhaltenden Preiskampf im bereits vorhandenen Wettbewerbsumfeld noch weiter verschärfen und gegebenenfalls die gestützten Institute dazu verleiten neue oder weitere Bonitätsrisiken einzugehen.[264] Durch diese staatliche Auflage und den dadurch bedingten verschärften Wettbewerb sowie Margendruck könnten insbesondere Genobanken und Sparkassen treffen. Zum Zeitpunkt der Studie kann eine abschließende Beurteilung noch nicht getroffen werden. Dies wird das Tagesgeschäft und zukünftige Geschäftsberichte zeigen.

Darüber hinaus kündigten insbesondere unterstützte KIs an, sich auf ihr Kerngeschäft also auf das Privatkunden- und Mittelstandskundengeschäft zu fokussieren. Diverse Auslandsaktivitäten mancher Institute sollen verkleinert oder ganz eingestellt bzw. Sparten veräußert werden. Die Banken wollen sich mehr auf den Heimatmarkt also auf Deutschland fokussieren. Dabei wird von Experten vermutet, dass diese KIs mit entsprechenden Zinsangeboten bzw. Zusatzincentives in den Markt drängen werden, um die Privatkunden zu erreichen.[265] In bisherigen Publikationen sehen die Sparkassen und Genobanken diesen Ankündigungen gelassen entgegen, da es diese Wiederentdeckung der Privatkunden in der Vergangenheit schon öfter gegeben hat. Immer dann, wenn das Investmentbanking der Großbanken nicht erfolgreich lief, haben diese Institute sich auf die Privatkunden fokussiert. Die Genobanken- und Sparkassen-

---

[262] Vgl. o.V. [Initiativbanking] (2009n), S. 6.
[263] Vgl. o.V. [SoFFin] (2009ad), Web.
[264] Vgl. Paul, S., Stein, S. (2008), S. 10f.
[265] Vgl. Osman, Y. (2009), S. 25.

vertreter sehen allerdings Wettbewerbsverzerrungen durch „Lockvogelangebote" bei den gestützten KIs.[266]

Commerzbank

Sowohl Vertreter von Sparkassen als auch Volks- und Raiffeisenbanken befürchten Wettbewerbsnachteile durch die Teilverstaatlichung der Commerzbank. Der Deutsche Sparkassen und Giroverband (DSGV) sieht den Einstieg des Staates bei der Commerzbank kritisch, denn dadurch werden Wettbewerbsverzerrungen befürchtet. Der Appell an den Staat lautet aus Richtung der Sparkassenvertreter, dass bei allen KIs die gleichen Maßstäbe angelegt werden sollten. Ein Mitglied des Bundesverbandes der Deutschen Volksbanken und Raiffeisenbanken (BVR), stellte heraus, dass der Bund durch die Nervosität der Finanzmärkte bezüglich der Teilverstaatlichung der Commerzbank keine andere Wahl gehabt habe. Er lehnte allerdings die Auflagen des Staates an die Commerzbank zum Ausbau des klassischen Mittelstandsgeschäfts ab. Damit würden gerade gesunde KIs wie z.B. die Genobanken im Wettbewerb zusätzlich belastet.[267]

VW-Bank

Die Verbände der Genobanken sowie der Sparkassen kritisierten die staatlichen Garantien für die VW-Bank. Bei der staatlichen Unterstützung von Autobanken gehe es nicht um die Stabilisierung der Finanzmärkte sondern vielmehr um die Absatzförderung der Autoindustrie. Daher sehen beide Verbände die staatlichen Eingriffe aus Wettbewerbsgesichtspunkten als fragwürdig an. Beide Institutsgruppen leiden unter den hohen Einlagenzinsen der VW-Bank und fordern marktgerechte Konditionen. Eine Sprecherin des DSGV sagte, dass der Sparkassenverband mit Sorge die Gefahr neuer Wettbewerbsverzerrungen sehe.[268]

Durch die vorliegenden Sekundärquellen konnte die Hypothese „Wenn es staatliche Hilfen nur für Privatbanken gibt, entstehen Wettbewerbsverzerrungen für Sparkassen und Genobanken." noch nicht umfassend beantwortet werden. Festzustellen ist, dass es Änderungen im Kundenverhalten gab. Diese wurden durch Experteninterviews genauer untersucht.

---

[266] Vgl. o.V. [Jahresbericht der Sparkasse Herford] (2009ap), S. 10.
[267] Vgl. Afhüppe, S., Drost, F., Krause, K., Osman, Y. (2009), S. 26.
[268] Vgl. o.V. [Handelsblatt] (2009aab), S. 24.

4 Interviews mit Experten aus der Finanzwirtschaft

4.1 Experteninterviews: Theoretische Grundlagen

Die Durchführung von Experteninterviews und die Anwendung einer qualitativen Inhaltsanalyse sind in der Sozialwissenschaft weit verbreitet.[269] Diese Methoden sind aber nicht nur für sozialwissenschaftliche Untersuchungen interessant, sondern erlangen auch zunehmend Bedeutung bei der Wissensbeschaffung in anderen Kontexten.[270] Zunächst wird eine Begriffbestimmung zu den Fachtermini „Experte", „Experteninterviews" und „qualitative Inhaltsanalyse" durchgeführt.

Experte

Ein Experte verfügt über ein Spezialwissen in einem besonderen Themenbereich, das dieser weitergibt oder zur Problemlösung einsetzt.[271] Zu diesen Experten können Angehörige von Eliten wie z.B. Wissenschaftler, Juristen und Sachverständige zählen. Darüber hinaus verfügen aber auch andere Personen über besonderes Experten- wissen z. B. durch ihre Arbeit, durch ihr Hobby oder durch besondere Interessen- schwerpunkte.[272] Experten sind also alle die Menschen, die in einem bestimmten Bereich über Spezialwissen verfügen. In der Literatur werden diese auch als Leistungeliten bezeichnet.[273] Jeder dieser „Experten" hat durch seine individuelle Position und seine persönlichen Beobachtungen eine besondere Betrachtungsweise auf den jeweiligen Sachverhalt.[274] Diese weite Definition des Begriffs Experte wird in der vorliegenden Untersuchung verwendet.

Experten haben zwei Merkmale gemeinsam. Zum einen ist ein Experte ein Medium, durch das der Interviewer Informationen über den ihn interessierenden Sachverhalt erlangen möchte. Experten sind also nicht das Objekt der Untersuchung, sondern sind oder waren Zeugen des den Interviewer interessierenden Untersuchungsgegen- standes. Zum anderen nehmen die Experten eine besondere oder exklusive Stellung in dem zu untersuchenden Kontext ein.[275] Bei der vorliegenden Studie wurden ausgewählte Vorstandsmitglieder von KIs in dem zu untersuchenden Kontext als Experten interviewt. Die vorliegende Studie untersucht die staatlichen Eingriffe der

---

[269] Vgl. Gläser, J., Laudel, G. (2009), S. 12; oder vgl. Bogner, A., Menz, W. (2005), S. 7.
[270] Vgl. Gläser, J., Laudel, G. (2009), S. 15; oder vgl. Bogner, A., Menz, W. (2005), S. 10.
[271] Vgl. Pfadenhauer, M. (2005), S. 114ff.
[272] Vgl. Gläser, J., Laudel, G. (2009), S. 11.
[273] Vgl. Pfadenhauer, M. (2005), S. 115ff.
[274] Vgl. Gläser, J., Laudel, G. (2009), S. 11.
[275] Vgl. Gläser, J., Laudel, G. (2009), S. 12f.

Bundesregierung im Rahmen der Finanzmarktkrise in Deutschland auf mögliche auftretende Wettbewerbsverzerrungen. Dabei steht das Verhalten von Kunden und von gestützten KIs im Vordergrund. Vorstandsmitglieder von KIs sind Spezialisten auf ihrem Gebiet, haben die Ereignisse der Finanzmarktkrise in der nahen Vergangenheit miterlebt und verfügen über einen Gesamtüberblick über ihr Institut sowie über den Finanzsektor. Daher waren gerade Experteninterviews mit Vorstandsmitgliedern von KIs interessant für die Beantwortung der Hypothesen.

Experteninterview

Experteninterviews sind Befragungen[276] von Experten, die über besonderes Wissen verfügen und eine exklusive Stellung bei der Beantwortung von Untersuchungsfragen einnehmen. Der Experte tritt dabei in die Rolle des Interviewpartners als Quelle von Spezialwissen über den zu erforschenden Sachverhalt.[277] Das „Experteninterview" gibt es allerdings nicht.[278] Es gibt ein großes Spektrum dieser Interviewmethode.

Experteninterviews können u.a. an Hand ihres Standardisierungsgrades unterschieden werden. Diese Befragungen werden in voll-standardisierte, halb-standardisierte sowie nicht-standardisierte Interviews eingeteilt. Die halb-standardisierten Interviews haben in der Forschungspraxis allerdings wenig Bedeutung. Häufiger wird der Begriff „teil-standardisierte Interviews" verwendet. Das bedeutet, dass es auch bei nicht-standardisierten Interviews gewisse Vorgaben für den Interviewer geben kann.[279] Zu den nicht-standardisierten Interviews zählen u.a. auch die Leitfadeninterviews. Leitfadeninterviews, werden an Hand von vorgegebenen Themen und einer Fragenliste dem so genannten Leitfaden durchgeführt.[280] Dieser Interviewleitfaden enthält alle Fragen, die von den Experten in jedem Interview beantwortet werden sollen. Allerdings sind weder die Frageformulierung noch die Reihenfolge der Fragen vorgegeben. Um ein Leitfrageninterview so weit wie möglich an einen natürlichen Gesprächsverlauf anzunähern, können die Fragen aus dem Leitfaden auch in unterschiedlicher Reihenfolge gestellt werden. Häufig kann die vollständige Beantwortung einer Frage nur dadurch erreicht werden, wenn zu einer Antwort ad hoc Nachfragen gestellt werden können. Solche spontanen Nachfragen können nicht in einen Interviewleitfaden aufgenommen werden.[281] Dadurch entsteht eine angenehme und natürliche

---

[276] Vgl. Gläser, J., Laudel, G. (2009), S. 40.
[277] Vgl. Gläser, J., Laudel, G. (2009), S. 12.
[278] Vgl. Bogner, A., Menz, W. (2005), S. 20.
[279] Vgl. Gläser, J., Laudel, G. (2009), S. 41.
[280] Vgl. Pfadenhauer, M. (2005), S. 121.
[281] Vgl. Gläser, J., Laudel, G. (2009), S. 42.

Gesprächssituation.[282] Ein Leitfaden ist deshalb eher eine Richtschnur, welcher die unbedingt zu stellenden Fragen enthält.[283] Die im Rahmen der Studie durchgeführten Experteninterviews mit Vorstandsmitgliedern wurden als nicht-standardisierte Leitfrageninterviews geführt. Ein Experteninterview bietet sich ins-besondere in den Fällen an, wenn die Experten als „Kristallisationspunkte" mit einem exklusiven Wissenstand betrachtet und stellvertretend für eine Vielzahl von Befragten interviewt werden.[284] Wenn es sich bei den gesprächsbereiten Experten außerdem um eine Person in einer Schlüsselposition handelt, kann das Interview eine Erleichterung für den weiteren Feldzugang bedeuten.[285]

Bei Experteninterviews ist wie bei anderen Erhebungsmethoden auf eine sorgfältige Planung und Strukturierung sowie theoretische Fundierung zu achten.[286] Das Ziel von qualitativen Interviews ist es, alle notwendigen Informationen zu erheben, die zur Beantwortung der Untersuchungsfrage noch fehlen.[287] Die Methode eines persönlichen Interviews ist flexibel und es lassen sich damit diverse Informationen erheben. Außerdem kann auf überraschende Äußerungen der Befragten spontan vom Interviewer reagiert und eingegangen werden.[288] Der Interviewer muss der bei Formulierung der Fragen darauf achten, dass die Befragten so wenig wie möglich durch ihn beeinflusst werden. Diese mögliche Beeinflussung wird Interviewerbias genannt.[289] Die Antworten der Vorstandsmitglieder wurden im Anschluss qualitativ durch eine vergleichende Inhaltsanalyse ausgewertet.[290]

Qualitative Inhaltsanalyse

Die Inhaltsanalyse ist eine qualitative Methode zur Analyse von Texten. Durch diese Methode wird eine von den Ursprungstexten verschiedene Informationsbasis geschaffen, die nur noch die Informationen enthält, die für die Beantwortung der Untersuchungsfrage relevant sind.[291] In Deutschland ist die qualitative Inhaltsanalyse vor allem mit Philipp Mayring verbunden, der in den 80er Jahren diverse Werkzeuge für diese Methode entwickelt hat. Eine qualitative Inhaltsanalyse wertet Ursprungstexte aus, indem sie diesen mit systematischen Verfahren Informationen entnimmt. Diese

---

[282] Vgl. Pfadenhauer, M. (2005), S. 118.
[283] Vgl. Gläser, J., Laudel, G. (2009), S. 42.
[284] Vgl. Bogner, A., Menz, W. (2005), S. 7; oder vgl. Pfadenhauer, M. (2005), S. 115f.
[285] Vgl. Bogner, A., Menz, W. (2005), S. 8.
[286] Vgl. Bogner, A., Menz, W. (2005), S. 16.
[287] Vgl. Gläser, J., Laudel, G. (2009), S. 63.
[288] Vgl. Kotler et al. (2003), S. 411; oder vgl. Decker, R., Wagner, R. (2002), S. 154ff.
[289] Vgl. Kotler et al. (2003), S. 411; oder vgl. Decker, R., Wagner, R. (2002), S. 154ff.
[290] Vgl. Kotler et al. (2003), S. 411; oder vgl. Decker, R., Wagner, R. (2002), S. 154ff.
[291] Vgl. Gläser, J., Laudel, G. (2009), S. 197.

Methode eignet sich insbesondere für die Auswertung von Experteninterviews.[292] In der vorliegenden Untersuchung wurde eine vergleichende Inhaltsanalyse durchgeführt. Die Interviewberichte wurden auf die wesentlichen Aussagen zusammengefasst und miteinander verglichen.[293]

4.2 Zielsetzung der Experteninterviews

Es können Primär- und Sekundärdaten unterschieden werden. Zunächst wurde überprüft, welche Daten oder Untersuchungen zu ähnlichen Fragestellungen bereits veröffentlicht wurden und welche Informationen für die Beantwortung der Hypothesen noch fehlten und somit erhoben werden mussten.[294] Als Sekundärdatenquellen dienten z.B. Lehrbücher, Fachliteratur, Publikationen,[295] amtliche Statistiken, Geschäftsberichte, Artikel aus Zeitungen sowie das Internet, welches umfangreiche Recherchen zu dem Thema „Finanzmarktkrise" ermöglichte. Im Anschluss daran wurde mit der Primärdatenerhebung begonnen. Primärdaten sind Daten, die für eine spezifische Aufgabe oder einen aktuell vorliegenden Untersuchungszweck gesammelt werden.[296]

Im Zentrum der Datenerhebung standen Experteninterviews mit Vorstandsmitgliedern von verschiedenen KIs, die durch ihre Position über einen Gesamtüberblick über das Institut sowie den Bankensektor verfügen und die Auswirkungen der Finanzmarktkrise und vor allem die Reaktion der Kunden miterlebt haben und somit als Spezialisten befragt wurden.[297] Um alle Informationen zusammenzutragen, welche für die Beantwortung der Hypothesen notwendig waren, wurden fünf persönliche Experteninterviews durchgeführt.[298] Für die Befragungen waren acht Vorstandsmitglieder im Vorfeld gezielt ausgewählt und angeschrieben worden. Bei der Auswahl der Vorstandsmitglieder handelte es sich um ein nicht-zufälliges Auswahlverfahren. Bei diesem Konzentrationsverfahren wurden Vorstandsmitglieder aus der Region ausgewählt. Dabei handelte es sich um fünf Vorstandsmitglieder von Sparkassen, zwei von Volksbanken sowie ein Vorstandsmitglied einer Privatbank.[299] Um einen Vergleich der Antworten durchführen zu können, ist es bei einer qualitativen Untersuchung

---

[292] Vgl. Gläser, J., Laudel, G. (2009), S. 46f.
[293] Vgl. Leitner, A., Wroblewski, A. (2005), S. 254.
[294] Vgl. Decker, R., Wagner, R. (2002), S. 107f.
[295] Vgl. Pfandenhauer, M. (2005), S. 126.
[296] Vgl. Kotler et al. (2003), S. 406; oder vgl. Decker, R., Wagner, R. (2002), S. 107.
[297] Vgl. Gläser, J., Laudel, G. (2009), S. 40; oder vgl. Pfandenhauer, M. (2005), S. 120.
[298] Vgl. Gläser, J., Laudel, G. (2009), S. 37.
[299] Vgl. Decker, R., Wagner, R. (2002), S. 198.

wichtig, die Informationen von verschiedenen Interviewpartnern zu erhalten.[300] Aus den vorliegenden Sekundärquellen wurden die folgenden Hypothesen abgeleitet und formuliert.[301]

1. Wenn ein Staat monetäre Hilfen bzw. Garantien nur für manche KIs zur Verfügung stellt, dann kommt es zu Wettbewerbsverzerrungen auf dem Finanzsektor.
2. Wenn es staatliche Hilfen nur für Privatbanken gibt, entstehen Wettbewerbs-verzerrungen für Sparkassen und Genobanken.

Als Sekundärdaten lagen u.a Befragungen von Bundesbürgern aus November und Dezember 2008 sowie aus Februar 2009 vor (siehe Kapitel 3). Die vorliegenden Sekundärdaten reichten allerdings nicht aus, um die Hypothesen hinreichend beantworten und das Kundenverhalten rekonstruieren zu können.[302] Die vorliegende Studie untersucht die Auswirkungen der Finanzmarktkrise in Deutschland bis zum 30.06.2009. Die Experteninterviews wurden mit dem Ziel durchgeführt das Kunden-verhalten in Deutschland von September 2008 bis Juni 2009 zu rekonstruieren sowie Auswirkungen auf den Bankensektor in Erfahrung zu bringen. Ein Schwerpunkt der Befragungen bildete dabei das Thema Wettbewerbsverzerrungen.

4.3 Leitfragebogen

Als Erhebungsinstrument für die Experteninterviews diente ein Leitfragebogen (siehe Anhang 3). Dieser enthält als Richtschnur alle Fragen, die von den jeweiligen Vorstandsmitgliedern in jedem Interview beantwortet werden müssen.[303] Die Interviews mit den Vorstandsmitgliedern wurden als nicht-standardisierte Leitfrageninterviews durchgeführt.

Nachdem die Sekundärquellen analysiert und die beiden Hypothesen festgelegt waren, ist der Leitfragebogen entwickelt worden. Mit dem Leitfragebogen wird das Ziel verfolgt, die noch fehlenden Informationen für die Beantwortung der Hypothesen zu erheben. Grundsätzlich wird zwischen offenen und geschlossenen Fragen unter-schieden.[304] Im Leitfragebogen wurde sowohl mit offenen als auch mit geschlossenen

---

[300] Vgl. Gläser, J., Laudel, G. (2009), S. 117.
[301] Vgl. Gläser, J., Laudel, G. (2009), S. 76.
[302] Vgl. Gläser, J., Laudel, G. (2009), S. 74; oder vgl. Pfadenhauer, M. (2005), S. 113.
[303] Vgl. Gläser, J., Laudel, G. (2009), S. 42 und S. 142f.
[304] Vgl. Kotler et al. (2003), S. 414; oder vgl. Decker, R., Wagner, R. (2002), S. 107.

Fragen gearbeitet. Der Leitfragebogen beginnt nicht gleich mit den zu beantwortenden Fragen, sondern mit Informationen, die die Vorstandsmitglieder vor Beginn der Befragung wissen müssen. Es geht dabei um das Ziel der Interviews und der Bachelorarbeit, um die Anonymität der Antworten sowie um die Erlaubnis, das Interview aufzeichnen zu dürfen.[305]

Die anschließenden Fragen sind inhaltlich und chronologisch geordnet, damit während der Interviews ein roter Faden entstehen konnte. Bei den chronologischen Fragen geht es darum, die Vergangenheit zu rekonstruieren und von der Vergangenheit schrittweise in der Gegenwart vorzudringen.[306] Die ersten zwei Fragen sind Kontakt- und Eisbrecherfragen (Fragen zu Person und Aufgabengebiet), die von den Vorstandsmitgliedern leicht zu beantworten waren.[307] Diese Fragen dienten dazu, die zunächst ungewohnte Situation eines Interviews zu durchbrechen.[308] Durch diese Fragen sollte außerdem erhoben werden, wie lange die Befragten Mitglied des Vorstands bei ihrem Institut sind und welche Bereiche sie verantworten. Als die Interviewsituation durch die ersten zwei Fragen für die Vorstandsmitglieder zur Normalität geworden war, entwickelte sich das Interview zu einem Fachgespräch.[309]

Der Hauptteil des Leitfragebogens ist in drei Kategorien eingeteilt: Kundenreaktionen, Wettbewerbsverzerrungen und Auswirkungen der Finanzmarktkrise auf die jeweiligen Institute. Es ging zunächst um die Reaktionen der Kunden auf verschiedene Ereignisse der Finanzmarktkrise und wie sich die Kunden aktuell zum Zeitpunkt der Befragung (Mai / Juni 2009) verhielten. Somit kann ein Vergleich zwischen dem damaligen und heutigen Kundenverhalten durchgeführt werden. Danach wird auf das Thema Wettbewerbsverzerrungen eingegangen. Der Leitfragebogen geht vom Allgemeinen zum Speziellen und beginnt mit einer allgemeinen Definition von Wettbewerbsverzerrungen.

Im weiteren Hauptteil geht es um die direkten Auswirkungen der Finanzmarktkrise auf die einzelnen KIs in den Bereichen Kundeneinlagen, Eigenanlagen (Depot A) sowie Wertpapierdepots von Kunden (Depot B). Darüber hinaus wird auf die Ankündigung von Privatbanken eingegangen, die sich auf das Kerngeschäft, d.h. auf das Privat- und Mittelstandskundengeschäft, fokussieren möchten. Hierbei soll herausgefunden

---

[305] Vgl. Gläser, J., Laudel, G. (2009), S. 144; oder vgl. Leitner, A., Wroblewski, A. (2005), S. 251f.
[306] Vgl. Gläser, J., Laudel, G. (2009), S. 146ff.
[307] Vgl. Decker, R., Wagner, R. (2002), S. 167; oder vgl. Gläser, J., Laudel, G. (2009), S. 147f.
[308] Vgl. Trinczek, R. (2005), S. 213.
[309] Vgl. Trinczek, R. (2005), S. 214f.

werden, ob die Vorstandsmitglieder durch diese Ankündigung eine veränderte Wettbewerbssituation auf ihre Häuser zukommen sehen. Zum Schluss wurden die Vorstandsmitglieder gefragt, ob sie noch weitere Aspekte zum Thema Finanzmarktkrise hinzufügen möchten, die durch das Interview ihrer Meinung nach zu wenig berücksichtigt wurden.[310]

4.4 Durchführung der Experteninterviews

Im Rahmen der vorliegenden Untersuchung wurden fünf Vorstandsmitglieder von Sparkassen, zwei von Volksbanken sowie ein Vorstandsmitglied einer Privatbank angeschrieben und eingeladen, an einem Experteninterview teilzunehmen. Ein Vorstandsmitglied einer Sparkasse sowie von einer Privatbank hatten aus terminlichen Gründen nicht an einem Interview teilnehmen können.

Grundsätzlich sind für die Durchführung von Experteninterviews Einzelinterviews zweckmäßig. Denn der Interviewer muss durch die Befragung herausfinden, über welches Wissen der Gesprächspartner verfügt. Diese Aufgabe lässt sich meist besser lösen, wenn sich der Interviewer auf einen Gesprächspartner konzentrieren kann.[311] Von den fünf durchgeführten Befragungen sind vier als Einzelinterviews durchgeführt worden. Aus terminlichen Gründen wurden zwei Vorstandsmitglieder von dem gleichen KI gemeinsam befragt.

Die Experteninterviews wurden am Arbeitsplatz der Vorstandsmitglieder durchgeführt. Diese so genannten face-to-face Interviews werden in der Literatur für Experteninterviews empfohlen.[312] Während der persönlichen Gespräche wurden die Antworten schriftlich vom Interviewer festgehalten und zusätzlich mit einem Diktiergerät aufgezeichnet. Da Vorstandsmitglieder von Instituten interviewt wurden, die teilweise in direktem Wettbewerb zueinander stehen, wurden den Vorstandsmitgliedern Vertraulichkeit und Anonymität zugesagt. Unter diesen Bedingungen haben die Vorstandsmitglieder sehr offen und sehr detaillierte Antworten gegeben.

Im Nachhinein wurden alle Interviews transkribiert und befinden sich im Anhang (siehe Anhang 3 bis 8). Fettgedruckt sind die vorbereiteten Leitfragen sowie die spontanen Zwischenfragen des Interviewers. Danach wurden die Aussagen der Vorstands-

---

[310] Vgl. Gläser, J., Laudel, G. (2009), S. 148f.
[311] Vgl. Gläser, J., Laudel, G. (2009), S. 43.
[312] Vgl. Gläser, J., Laudel, G. (2009), S. 153f.

mitglieder anonymisiert und z.B. alle Institutsbezeichnungen und Namen unkenntlich gemacht. So kann nicht auf eine bestimmte Sparkasse bzw. Volksbank oder ein bestimmtes Vorstandsmitglied geschlossen werden.[313] Als Auswertungsmethode wurde eine vergleichende qualitative Inhaltsanalyse angewendet.

4.5 Auswertung der Interviews

Qualitative Erhebungsmethoden wie die durchgeführten Experteninterviews erzeugen Texte, wie z.B. die Interviewprotokolle (siehe Anhang 3 bis 8). Diese Interviewberichte sind die auszuwertenden Rohdaten. Anders als die Ergebnisse quantifizierbarer Erhebungsmethoden sind die Texte mit prinzipiellen Unschärfen behaftet. Es ist hierbei noch nicht klar, welche relevanten Informationen zur Beantwortung der Hypothesen in den Texten enthalten sind. Qualitative Auswertungsmethoden müssen grundsätzlich unscharfe Datenmaterialien auswerten, die auch schwer interpretierbar, irrelevante und widersprüchliche Informationen enthalten können.[314] Bei qualitativen Textanalysen geht es darum, den Transkipten Informationen zu entnehmen und diese getrennt vom ursprünglichen Text weiterzuverarbeiten.[315]

Die Grundlage für die Auswertung bildeten die Transkripte der Experteninterviews (siehe Anhang 3 bis 8). In einem nächsten Schritt wurden die Kernaussagen der Vorstandsmitglieder gegenübergestellt, paraphrasiert, zusammengefasst sowie für eine bessere Vergleichbarkeit mit Schlagworten versehen (siehe Anhang 10). Die Schlagworte befinden sich immer am Ende einer Antwort hinter einem Pfeil. Die gewonnen Informationen können auf diese Weise kategorisiert und interpretiert werden. Hierbei wurden in der Auswertung sowohl übereinstimmende Antworten als auch sich widersprechende bzw. ergänzende Antworten berücksichtigt.[316]

Die befragten Vorstandsmitglieder sind langjährig bei den Instituten beschäftigt und führen ihre Vorstandstätigkeit zwischen dreieinhalb und zweiundzwanzig Jahren aus. Bei den Genobanken sowie bei den Sparkassen verantworten diese die unterschiedlichsten Bereiche. Somit decken die befragten Vorstandsmitglieder sämtliche Bereiche und Abteilungen eines KIs ab.

---

[313] Vgl. Gläser, J., Laudel, G. (2009), S. 193f.
[314] Vgl. Gläser, J., Laudel, G. (2009), S. 43.
[315] Vgl. Gläser, J., Laudel, G. (2009), S. 197; oder vgl. Leitner, A., Wroblewski, A. (2005), S. 254.
[316] Vgl. Leitner, A., Wroblewski, A. (2005), S. 253f.

Seit der Insolvenz von Lehman Brothers gab es bei vier von fünf der befragten Institute bei den Kunden einen erhöhten Informationsbedarf, insbesondere in Bezug auf die Sicherheit der Einlagen. Das Thema Sicherheit stand bei den Bankkunden im Vordergrund und es war eine geringe Zinssensibilität der Kunden zu spüren, was sich durch hohe Mittelzuflüsse von anderen KIs oder aus Investmentfonds bei den befragten KIs zeigte. Durch das gestiegene Sicherheitsbedürfnis konnten Genobanken und Sparkassen auch neue Privat- und Firmenkunden hinzugewinnen. Das befragte Vorstandsmitglied vom KI 3 schilderte allerdings, dass es durch die Insolvenz von Lehman Brothers zu keinen Kundenreaktionen gekommen war, da der Name Lehman Brothers bei den meisten deutschen Kunden nicht bekannt war. Erst in den folgenden Tagen danach, an denen die Marktverwerfungen sichtbar wurden, hatte sich bei den Kunden vom KI 3 Angst und Verunsicherung gezeigt und es gab massive Kundenanfragen (siehe Anhang 6, Frage 2.1).

Die Garantieerklärung der Bundesregierung für Spareinlagen hatte unterschiedliche Kundenreaktionen bei den einzelnen Instituten hervorgerufen. Beim KI 1 hatten nach der Garantieerklärung der Bundesregierung für Spareinlagen die Kundenanfragen deutlich abgenommen (siehe Anhang 4, Frage 2.2). Bei den anderen vier Instituten wie z.B. beim KI 3 (siehe Anhang 6, Frage 2.2), KI 4 (siehe Anhang 7, Frage 2.2) und KI 5 (siehe Anhang 8, Frage 2.2) hatten die Kundenanfragen gerade dadurch zugenommen, da der Informationsbedürfnis der Kunden über die Sicherheit der Einlagen bei KIs erheblich angestiegen war. Beim KI 2 gab es ab dem 06. Oktober 2008 bereits wieder die ersten Preisverhandlungen mit Kunden. Die Risikobereitschaft und die Preissensibilität hatten durch die Garantie der Bundesregierung bei einigen Kunden wieder zugenommen (siehe Anhang 5, Frage 2.2). Die Kunden verhielten sich im vierten Quartal 2008 unterschiedlich, da es sowohl Mittelzu- als auch Mittelabflüsse auf hohem Niveau bei den befragten Instituten gab. Einige Kunden transferierten ihre Gelder zu Genobanken und Sparkassen und andere legten Geld zu höheren Konditionen bei anderen KIs an (siehe Anhang 5, Frage 2.2).

Die befragten Vorstandsmitglieder schilderten, dass das FMStG wenige Auswirkungen auf die Kunden gehabt hatte. Dies Gesetz wurde von den Interviewten eher als Expertenthema gesehen (siehe Anhang 10, Frage 2.3). Ein Vorstandsmitglied beschreibt, das das Gesetz erst eine Auswirkung auf Kunden gehabt hatte, als die Bundesregierung Anteile an der Commerzbank übernommen hatte (siehe Anhang 4, Frage 2.3). Darüber hinaus haben die Kunden die Details dieses Gesetzes nicht richtig durch die Medien vermittelt bekommen, was zu einer weiteren Verunsicherung der

Kunden führte. Die Kunden haben nur verstanden, dass keine deutsche Bank in die Insolvenz gehen wird (siehe Anhang 8, Frage 2.3). Ein Vorstandsmitglied schildert, dass das FMStG Auswirkungen auf den Wettbewerb der KIs gehabt habe. Darüber hinaus schilderte dieses Vorstandsmitglied, dass das FMStG die Kunden weiter verunsichert hatte, da viele Bürger sich Gedanken gemacht haben, was die staatlichen Maßnahmen für die Steuerzahler zukünftig bedeuten (siehe Anhang 7, Frage 2.3).

Das Kundenverhalten hatte sich nach Angaben der Vorstandsmitglieder im Mai und Juni 2009 wieder etwas beruhigt. Eine Normalisierung des Kundenverhaltens, wie vor September 2008 ist noch nicht zu beobachten, da das Sicherheitsbedürfnis der Kunden nach wie vor sehr hoch ist. Irrationale Kundenreaktionen kommen allerdings nicht mehr vor (siehe Anhang 10, Frage 2.4). Die Zinssensibilität hat bei vielen Kunden deutlich zugenommen und einige Kunden nehmen Zinsangebote von Privat- und Autobanken an (siehe Anhang 4, Frage 2.4). Nach Angaben eines Vorstandsmitglieds hat sich ab Mai / Juni 2009 der Wettbewerb etwas beruhigt, da Extremangebote von z.B. Autobanken ausgelaufen sind (siehe Anhang 5, Frage 2.4). Die garantierte Commerzbankanleihe war laut allen befragten Experten bei Sparkassen- und Volksbankkunden durch den höheren Zinssatz interessant und nicht durch die Garantie des SoFFin. Die exakte Art der Besicherung wurde von den Kunden nicht wahrgenommen. Von vielen Kunden wurden allerdings die Passivanlagen von Privat- und Autobanken durch höhere Zinskonditionen nachgefragt (Anhang 10, Frage 2.5).

Die befragten Experten beschreiben Wettbewerbsverzerrungen als ungleiche Bedingungen auf dem Markt, die ungerechtfertigte Vorteile oder eine nicht-marktgerechte Konditionsgestaltung begünstigen (siehe Anhang 10, Frage 3.1). Die Vorstandsmitglieder bestätigten Wettbewerbsverzerrungen im Bankensektor und erläuterten diese an Hand von diversen Beispielen. Insbesondere die Commerzbank sowie Autobanken wurden häufig als Beispiele herangezogen (siehe Anhang 10, Frage 3.2).

Für die befragten Vorstandsmitglieder gibt es grundsätzlich keine Unterschiede für staatliche Hilfsmaßnahmen für Privat- oder Landesbanken. Es kommt ihnen bei diesem Thema ausschließlich auf die Systemrelevanz eines KIs an (Anhang 10, Frage 3.3). Jedes KI sollte nach Aussage der Experten zu gleichen Bedingungen Hilfen erhalten können (Anhang 5, Frage 3.3). Von der Bundesregierung wird allerdings laut den befragten Vorstandsmitgliedern ein Unterschied vorgenommen. Bei diesem Thema wird kritisiert, dass die Landesbanken nicht zu gleichen Bedingungen wie z.B.

Privatbanken Hilfen in Anspruch nehmen können (siehe Anhang 6 und 7, Frage 3.3). Nach Meinung aller befragten Experten sollten nicht alle KIs wie z.B. in den USA staatliche Hilfen in Anspruch nehmen müssen. Hier sollten eine Unterscheidung zwischen den drei Säulen des deutschen Bankensektors sowie eine Unterteilung in hilfsbedürftige und solvente Institute vorgenommen werden (siehe Anhang 10, Frage 3.4).

Laut fünf der sechs interviewten Vorstandsmitgliedern können Parallelen zwischen der Gewährträgerhaftung und den staatlichen Eingriffen während der Finanzmarktkrise gezogen werden (siehe Anhang 10, Frage 3.5). Ein Experte führt allerdings aus, dass keine Parallelen zwischen den beiden staatlichen Garantien gezogen werden können. Die Gewährträgerhaftung war eine dauerhafte Einrichtung und die aktuellen staatlichen Maßnahmen können eher wie eine Feuerwehr angesehen werden. Seiner Meinung nach ist kein Vergleich möglich (siehe Anhang 8, Frage 3.5).

Nach Meinung der befragten Vorstandsmitglieder ist es schwierig zu beurteilen, ob die Auflagen des FMStG Wettbewerbsverzerrungen hervorrufen. Von allen Experten wird die Verbindlichkeit der staatlichen Auflagen in Frage gestellt (siehe Anhang 10, Frage 3,6). Auf die Frage, welche Maßnahmen die Bundesregierung unternehmen müsste, um Wettbewerbverzerrungen zu vermeiden antworteten die Vorstandsmitglieder z.B., dass Landesbanken zu gleichen Bedingungen wie Privatbanken staatliche Hilfen zur Verfügung gestellt werden sollten (siehe Anhang 4 und 6, Frage 3.7), dass es höhere Auflagen und konkretere Formulierungen der staatlichen Auflagen geben (siehe Anhang 7 und 8, Frage 3.7) und dass eine Insolvenzmöglichkeit für KIs geschaffen werden sollte (siehe Anhang 6, Frage 3.7).

Nach Aussagen der befragten Vorstandsmitglieder ergaben sich durch die Finanzmarktkrise diverse Auswirkungen auf Sparkassen und Volksbanken. Diese betreffen insbesondere die Kundeneinlagen, die Eigenanlagen sowie das Depot B und werden im folgenden Kapital näher beschrieben (siehe Anhang 10, Frage 4.1).

5 Ergebnisse der Experteninterviews im Hinblick auf Wettbewerbsverzerrungen

5.1 Wettbewerbsverzerrungen auf dem Finanzsektor

Die Fragestellung der Interviews wurde auf die zu beantworteten Hypothesen zugeschnitten. Da bei den Experteninterviews kein Vorstand einer Privatbank befragt werden konnte, wurden zusätzlich zu den Antworten der befragten Vorstandsmitglieder Publikationen und Presseartikel von Privatbanken sowie Autobanken verwendet und mit den Antworten abgeglichen und ergänzt.[317] Im vorliegenden Kapitel wird die Ausgangsthese „wenn ein Staat monetäre Hilfen bzw. Garantien nur für manche KIs zur Verfügung stellt, dann kommt es zu Wettbewerbsverzerrungen auf dem Finanzsektor" dahingehend überprüft, ob die staatlichen Eingriffe Änderungen im Kundenverhalten oder im Verhalten von gestützten KIs hervorgerufen haben. In Kapitel 3.3 waren durch diverse Sekundärquellen Änderungen im Kundenverhalten sowie im Verhalten von KIs festzustellen, die im Folgenden durch die Antworten der Experteninterviews ergänzt werden.

Kundenverhalten

Alle befragten Experten bestätigten, dass es im Rahmen der Finanzkrise zwischen September und Dezember 2008 zu vermehrten Kundenanfragen gekommen ist. Hierbei ging es hauptsächlich um die Sicherheit der Einlagen. Die Verunsicherung der Kunden war zu dieser Zeit sehr hoch und im Kundenverhalten zeigten sich ein erhöhtes Sicherheitsbedürfnis sowie eine reduzierte Zinssensibilität (siehe Anhang 10, Frage 2.1). Teilweise ist es zu panikartigen oder irrationalen Reaktionen gekommen, die sich dadurch bemerkbar machten, dass die Kunden ihr gesamtes Geld abheben oder sehen wollten (siehe Anhang 5, Frage 2.1). Durch das erhöhte Sicherheitsbedürfnis der Kunden flossen den Sparkassen und Genobanken Ende 2008 Gelder zu (siehe Anhang 6, Frage 2.2, Anhang 5, 7 und 8, Frage 4.1). Ab Januar 2009 flossen allerdings diesen beiden Institutsgruppen Einlagen ab. Private Banken konnten zu dieser Zeit mehrere Mrd. Euro an Mittelzuflüssen verbuchen.[318] Im Mai bzw. Juni 2009 berichteten die befragten Vorstandsmitglieder, dass die Zinssensibilität der Kunden im Standardgeschäft wieder zugenommen hat (siehe Anhang 4, 6, 7 und 8, Frage 2.4).

---

[317] Vgl. Leitner, A., Wroblewski, A. (2005), S. 251f.
[318] Vgl. Osman, Y. (2009), S. 25.

Garantie für Spareinlagen

Bei einem von fünf der befragten KIs haben die Kundenanfragen durch die Garantie für Spareinlagen deutlich abgenommen. Bei den anderen KIs wurde gerade dadurch die Verunsicherung der Kunden weiter erhöht und es kam zu massiven Kundenanfragen (siehe Anhang 10, Frage 2.2). Teilweise haben Kunden aus Sicherheitsgründen ihr Geld auf mehrere KIs verteilt (siehe Anhang 4, Frage 2.2). Dadurch kam es zu Mittelzu- und -abflüssen auf hohem Niveau. Alle Vorstandsmitglieder berichteten, dass trotz einer anfänglichen Verunsicherung bei den Kunden durch die staatliche Garantie der Spareinlagen das Vertrauen in die Sicherheit der unterschiedlichen Instituts-gruppen gestärkt wurde. Für die Kunden war dadurch die gewünschte Sicherheit gegeben und ein höherer Zins rückte deutlich wieder in den Vordergrund für Anlage-entscheidungen (siehe Anhang 5 und 7, Frage 2.2; Anhang 4, 6 und 8, Frage 2.4). Dadurch kam es bei den befragten KIs zu erheblichen Mittelabflüssen, da manche Kunden ihre Geldanlagen wieder zu möglichst hohen Zinssätzen tätigen wollten. Darüber hinaus gab es durch die Garantieerklärung der Bundesregierung erhebliche Abflüsse aus Wertpapieranlagen (siehe Anhang 5, 6 und 8, Frage 2.2; Anhang 4 und 7, Frage 4.1) Diese Mittelabflüsse aus dem Wertpapierbereich flossen den befragten KIs als Passivanlagen zu (siehe Anhang 4, 5 und 6, Frage 4.1).

Finanzmarktstabilisierungsgesetz

Auf das Kundenverhalten hatte das FMStG wenige Auswirkungen gezeigt. Dies wurde von den befragten Vorstandsmitgliedern eher als ein Expertenthema angesehen (siehe Anhang 10, Frage 2.3). Dieses umfangreiche Mantelgesetz hatte Auswirkungen auf das Verhalten von den gestützten KIs wie die befragten Experten berichteten und auch auf damit verbundene Wettbewerbsverzerrungen (siehe Anhang 7, Frage 2.3). Die Vorstandsmitglieder beschrieben häufig Beispiele, dass gerade die staatlichen Hilfen nicht-marktgerechte Konditionen bei den gestützten KIs begünstigen (siehe Anhang 10, Frage 3.2). Ein Vorstandsmitglied beschrieb sehr detailliert, dass gerade Sparkassen und Genobanken in der Krise ihren Privat- und Firmenkunden Kredite bereitstellen müssen. Aber gerade diesen beiden Institutsgruppen werden durch eine nicht-marktgerechte Konditionsgestaltung von staatlich gestützten KIs die Einlagen abgeworben, die diese für eine Kreditausweitung benötigen. Darüber hinaus kündigen manche Privatbanken Kredite, da diese restriktiv eigenkapitalschonend vorgehen. Diese Kredite müssten Genobanken sowie Sparkassen zusätzlich auffangen (siehe Anhang 7, Frage 2,3). Die vom SoFFin garantierten Anleihen waren laut der befragten Vorstandsmitglieder auf Grund der Besicherung weniger interessant für die Kunden. Den Kunden ging es dabei eher um die höheren Zinssätze. Noch interessanter waren

für die Kunden laut Aussagen der befragten Experten die Passivanlagen von Privat-
und Autobanken durch höhere Zinssätze (siehe Anhang 10 Frage 2.5). Die
Verbindlichkeit der Auflagen des FMStG wird von den befragten Vorstandsmitgliedern
teilweise in Frage gestellt, da diese ihrer Meinung nach nicht detailliert genug
vertraglich geregelt wurden (siehe Anhang 10, Frage 3.6).

Wettbewerb

Die Teilnehmer auf dem Bankenmarkt stehen im Wettbewerb zueinander und
konkurrieren dabei um die Gunst der Kunden.[319] Die Bundesrepublik verfügt über die
größte Bankendichte in der EU. Dadurch ergibt sich eine hohe Wettbewerbsintensität
auf dem deutschen Bankenmarkt.[320] Durch staatliche Eingriffe in einen Markt kann der
Mechanismus des Wettbewerbs gestört werden, und es können Wettbewerbsverzerrungen entstehen.[321] Laut Aussagen der befragten Vorstandsmitglieder rufen die
gestützten Banken eine zusätzliche Konkurrenz zu nicht fairen Bedingungen hervor
(siehe Anhang 5, Frage 3.6).

Eine Umfrage von „Bank intern" unter Vertretern von Sparkassen und Genobanken
ergab, dass die Umfrageteilnehmer bei staatlich gestützten KIs bessere Konditionen
sowohl im Einlagen- als auch im Kreditgeschäft wahrnehmen (siehe Abbildung 17).

Wettbewerb mit staatlich gestützten Instituten

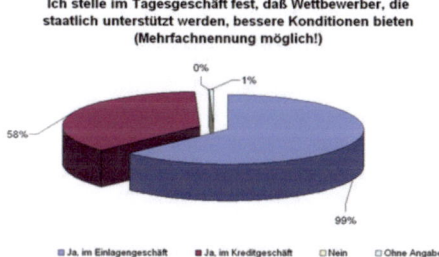

Ich stelle im Tagesgeschäft fest, daß Wettbewerber, die
staatlich unterstützt werden, bessere Konditionen bieten
(Mehrfachnennung möglich!)

☐ Ja, im Einlagengeschäft   ■ Ja, im Kreditgeschäft   ☐ Nein   ☐ Ohne Angabe

Abbildung 17: Wettbewerb mit staatlich gestützten Instituten[322]

Dabei gaben die befragten Vertreter von Genobanken und Sparkassen an, dass
insbesondere die Commerzbank sowie die VW-Bank nicht-marktgerechte Konditionen
anbieten (siehe Abbildung 18). Diese Thematik wurde auch im Rahmen der
Experteninterviews von den befragten Vorstandsmitgliedern beschrieben.

[319] Vgl. o.V. [Bundeszentrale für politische Bildung] (2009y), Web.
[320] Vgl. o.V. [SoFFin] (2009z), Web.
[321] Vgl. G. Wöhe (2005), S. 303.
[322] Vgl. o.V. [Bank intern] (2009aak), Web.

Angebote mit nicht-marktgerechten Konditionen

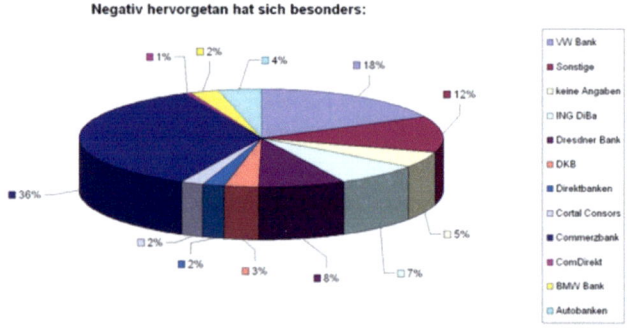

Abbildung 18: Angebote mit nicht-marktgerechten Konditionen[323]

Die Auflagen des FMStG z.B. durch die Fokussierung auf das Mittelstands- und Kerngeschäft können den Wettbewerb unter den deutschen KIs weiter verstärken. Der Bereichsvorstand für Privat- und Geschäftskunden der Commerzbank AG, Herr Dr. Detlev Dietz, hat herausgestellt, dass das klassische Privatkundengeschäft durch die Finanzkrise an Bedeutung gewonnen habe. Bei der Commerzbank konnte seit Januar 2009 das Neugeschäft im Konsumentenkreditbereich und bei Baufinanzierungen deutlich gesteigert werden.[324] Diese Entwicklung bestätigte auch ein befragter Experte während der Interviews (siehe Anhang 4, Frage 4.2). Nach einer Untersuchung der Boston Consulting Group ist der Anteil des Retailbankings an den Bankerträgen im Vergleich der dritten Quartale 2007 und 2008 von 61 % auf 70 % gestiegen. Nach Aussagen von Herrn Dietz wird die Commerzbank auf die durch die Finanzkrise geänderten Kundenerwartungen u.a. mit Hilfe einer neuen Beratungssoftware eingehen. Den Kunden sollen höhere Leistungsstandards angeboten und die Beratung durch Spezialisten im Wertpapier-, Kredit- und Vorsorgegeschäft ausgebaut werden.[325] Die Fokussierung der Privatbanken auf das Retailgeschäft wird den Preis- und Margendruck der KIs in Deutschland weiter verstärken.[326]

Wettbewerbsverzerrungen

Die befragten Vorstandsmitglieder beschreiben Wettbewerbsverzerrungen als ungleiche Bedingungen auf dem Markt, die ungerechtfertigte Vorteile oder eine nicht-marktgerechte Konditionsgestaltung begünstigen (siehe Anhang 10, Frage 3.1). Die Experten bestätigten Wettbewerbsverzerrungen auf dem Bankensektor. Insbesondere

[323] Vgl. o.V. [Bank intern] (2009aak), Web.
[324] Vgl. Dietz, D. (2009), S. 31f.
[325] Vgl. Dietz, D. (2009), S. 31f.
[326] Vgl. Drost, M, Köhler, P (2009), S. 22.

die Commerzbank und Autobanken wurden häufig als Beispiele herangezogen (siehe Anhang 10, Frage 3.2). Gerade durch die hohen Zinsangebote von gestützten KIs werden die Kundengespräche für die befragten Institute schwieriger. In den Gesprächen wird es teilweise unmöglich die Kunden davon zu überzeugen ihr Geld zu marktgerechten Konditionen bei Sparkassen und Genobanken anzulegen (siehe Anhang 4, Frage 2.4 und 3.2). Gerade Autobanken versuchen ausschließlich über die Konditionen Neukunden zu gewinnen (siehe Anhang 8, Frage 3.2).

Zwei Experten beschrieben, dass die Commerzbank teilweise ihre Bankrisiken in das Kundengeschäft verlagert. Die Bank verzinst Kundeneinlagen mit z.b. 4,5 % und leiht 10-Jahresgeld zu 3,95 % wieder aus. Laut Aussagen der Experten ist dies in einem normalen Geschäftsmodell nicht möglich (siehe Anhang 5, Frage 3.2). Zusätzliche Wettbewerbsverzerrungen zeigen sich dadurch, dass KIs am Leben erhalten werden, die eigentlich insolvent sind. Dadurch verhindern die staatlichen Eingriffe eine Marktbereinigung (siehe Anhang 6, Frage 3.2). Die Vorstandsmitglieder betonen, dass ihrer Meinung nach jede Bank zu gleichen Bedingungen staatliche Hilfen in Anspruch nehmen können sollte (siehe Anhang 5, Frage 3.3). Laut den Experten ist dies bei den Landesbanken nicht gegeben. Auch Landesbanken sollten zu gleichen Bedingungen wie Privatbanken staatliche Hilfen in Anspruch nehmen können (siehe Anhang 6 und 7, Frage 3.3)

Weitere Wettbewerbsverzerrungen ergeben sich laut Publikationen durch das RettungsG. Das intransparente Vorgehen der Bundesregierung im Hinblick auf die Systemrelevanz von Instituten wird in den Medien als wettbewerbsverzerrend beurteilt, da unabhängige Dritte die Entscheidungen nicht nachvollziehen können und somit wettbewerbsverzerrende Einzelfallentscheidungen vorliegen.[327]

Verhalten von gestützten Kreditinstituten

Manche gestützte KIs haben mit der staatlichen Garantie für Spareinlagen geworben, was die Wettbewerbszentrale kritisierte.[328] Es wurden z.B. Werbeslogans wie „100-prozentig sicher" und „ohne Risiko" verwendet.[329] Ein befragter Experte stelle heraus, dass auf diese Weise den Kunden suggeriert wird, dass sie einen höheren Zins für weniger Risiko bekommen können (siehe Anhang 4, Frage 3.7). Darüber hinaus beschrieben alle befragten Vorstandsmitglieder, dass nicht-marktgerechte Konditionen von gestützten KIs angeboten werden. Ein Experte stellte deutlich heraus, dass der

---

[327] Vgl. Friedrich, D. (2009), Web.
[328] Vgl. Osman, Y. (2009), S. 25.
[329] Vgl. o.V. [bank und markt] (2009m), S. 33.

Bankenmarkt auf diese Art und Weise nicht funktionieren könnte, da gerade die solventen KIs langfristig aus dem Markt rausgedrängt werden, wenn gestützte Banken weiterhin nicht-marktgerechten Konditionen anbieten (siehe Anhang 4, Frage 3.4).

Mit Hilfe der vorliegenden Sekundärquellen sowie der durchgeführten Experten-interviews konnte die erste Hypothese „wenn ein Staat monetäre Hilfen bzw. Garantien nur für manche KIs zur Verfügung stellt, dann kommt es zu Wettbewerbsverzerrungen auf dem Finanzsektor" verifiziert werden. Festzustellen ist, dass es durch die staatlichen Eingriffe zu erheblichen Änderungen im Kundenverhalten sowie im Verhalten von gestützten KIs gekommen ist.

5.2 Wettbewerbsverzerrungen für Sparkassen und Genossenschaftsbanken

In diesem Kapitel wird die zweite Hypothese überprüft: „Wenn es staatliche Hilfen nur für Privatbanken gibt, dann entstehen Wettbewerbsverzerrungen für Sparkassen und Genobanken." Diese Annahme wird dahingehend überprüft, ob die Eingriffe der Bundesregierung ein verändertes Kundenverhalten sowie ein verändertes Verhalten von gestützten KIs zu Lasten von Genobanken und Sparkassen hervorgerufen haben.

Kundenverhalten

Die befragten Vorstandsmitglieder bestätigten, dass ihren Instituten zunächst durch die Verunsicherung der Anleger viele Einlagen von anderen KIs zugeflossen sind (siehe Anhang 10 Frage 2.1 und 4.1). Doch dieser Effekt veränderte sich seit der Staats-garantie für Spareinlagen. Der Wettbewerb hat zugenommen und die erfolgten Mittel-zuflüsse fließen wieder zu anderen Instituten ab.[330] Laut Presseartikel gehörten die Sparkassen und Genobanken zu den Imagegewinnern der Finanzkrise. Nach einer Umfrage halten z.B. 90 % der Bundesbürger eine öffentlich-rechtliche Sparkasse für wichtig.[331] Allerdings scheint dieses verbesserte Image nicht dazu beizutragen, dass Sparkassen und Genobanken Kundeneinlagen gewinnen können. Denn in ganz Deutschland fließen diesen Institutsgruppen bereits viele Mrd. Euro ab. Darüber hinaus können diese durch den verstärkten Wettbewerb nur geringe Margen im Kunden-geschäft durchsetzen.[332]

---

[330] Vgl. Osman, Y. (2009a), S. 23; oder vgl. Drost, F., Köhler, P (2009), S. 22.
[331] Vgl. o.V. [Handelsblatt] (2009aap), S. 25.
[332] Vgl. Storn, A. (2009), S.6.

Garantie für Spareinlagen

Im Zuge der Finanzmarktkrise hatten die Anleger zunächst Zuflucht bei Sparkassen und Genobanken gesucht. Nach der Garantie für Spareinlagen konnten Auto-, Direkt- und Privatbanken durch attraktive Zinskonditionen den Sparkassen und Genobanken Kunden abwerben. Die Mercedes-Benz-Bank und die BMW-Bank hatten z.b. wegen des hohen Kundenandrangs keine Konten mehr eröffnen können. Die VW-Bank meldete für Januar 2009 doppelt so viele Neukunden wie im Jahr zuvor. Sparkassen und Genobanken leiden unter diesem Trend. Beide Institutsgruppen hatten Nettomittelabflüsse nach der Garantie für Spareinlagen zu verzeichnen. Laut Zeitungsartikeln sowie den Aussagen der befragten Experten sind die Nettomittelzuflüsse aus Oktober und November 2008 schon fast wieder kompensiert.[333] Ein Vorstandsmitglied stellte während der Befragung heraus, dass sich die Kunden seit der Garantie nur noch für den Preis bzw. für den Zinssatz interessieren, da die Spareinlagen bei allen Banken gleich sicher sind, obwohl die einzelnen KIs nicht die gleiche Bonität aufweisen (siehe Anhang 4, Frage 3.4).

Finanzmarktstabilisierungsgesetz

Die Auflagen des FMStG verursachen gerade für Sparkassen und Genobanken negative Auswirkungen und einen verstärkten Wettbewerb. Die Commerzbank hat z.b. mit dem SoFFin ein Mittelstandskreditprogramm in Höhe von 2,5 Mrd. Euro vereinbart.[334] Darüber hinaus muss sich die Privatbank auf ihr Kerngeschäft fokussieren und diverse Tochterunternehmen veräußern.[335] Bei den vom SoFFin garantierten Wertpapieremissionen waren für die Kunden vor allem die höheren Zinssätze interessant. Dies hat insbesondere bei Sparkassen- und Volksbankkunden zu Preisverhandlungen geführt. Die Kundengespräche wurden für diese beiden Institutsgruppen schwieriger, da die Kunden für eine staatsgarantierte Anleihe einen höheren Zins als bei Sparkassen und Genobanken erhalten konnten (siehe Anhang 10, Frage 2,5).

Wettbewerb mit staatlich gestützten Kreditinstituten

Die befragten Vorstandsmitglieder haben nicht-marktgerechte Konditionen von gestützten Instituten beschrieben, die ihrer Meinung nach gerade durch die staatlichen Maßnahmen möglich wurden (siehe Anhang 10, Frage 3.2). Sparkassen und Genobanken haben auch laut Presseartikeln mit „Kampfkonditionen" von z.B. Autobanken oder der Commerzbank zu kämpfen.[336] Die Kunden von Sparkassen und

---

[333] Vgl. Bastian, N., Köhler, P., Osman, Y. (2009), S. 29.
[334] Vgl. Blessing, M. (2009a), S. 9f; oder vgl. Paul, S., Stein, S. (2008), S. 10f.
[335] Vgl. o.V. [Handelsblatt] (2009at), Web.
[336] Vgl. o.V. [Handelsblatt] (2009aap), S. 25.

Genobanken richten sich immer stärker nach dem Preis und versuchen hohe Zinsen zu erhalten. Hierbei sind für die Bankkunden hohe Einlagenzinsen und z.B. ein kostenloses Girokonto interessant.[337] Ein Experte beschreibt den gestiegenen Wettbewerb so, dass den Sparkassen und Genobanken Einlagen fehlen, die sie dringend für das Kreditgeschäft benötigen (siehe Anhang 7, Frage 3.2). Der Wettbewerb der Institutsgruppen untereinander wird härter und der Vorstand der Commerzbank plant für das Privatkundengeschäft ab dem Jahr 2012 eine Rendite von 30 % vor Steuern.[338]

Laut einer „Bank intern" Umfrage gaben 96 % der befragten Vertreter von Sparkassen und Genobanken an, dass das Geschäftsergebnis durch staatlich gestützte Institute belastet wird (siehe Abbildung 19).

Wettbewerb zu Lasten von Sparkassen und Genobanken

Abbildung 19: Wettbewerb zu Lasten von Sparkassen und Genobanken[339]

Seit Januar 2009 bemühen sich alle Banken um die Einlagen von Privatkunden, da eine Finanzierung über den Kapitalmarkt weiterhin recht schwierig oder teuer ist. Daher werben viele KIs mit Konditionen, die weit über dem Leitzins liegen.[340] Ein Vorstandsmitglied sagte mir nach dem Interview, dass die KIs mit nicht-marktgerechten Zinskonditionen neue Kundeneinlagen verzweifelt zur Refinanzierung benötigen. Die Verbände von Sparkassen und Genobanken kritisieren bereits mehrere Monate die „Kampfkonditionen" von staatlich gestützten Privat- und Autobanken. Gerade die regional verankerten Sparkassen und Genobanken leiden darunter, dass Privatbanken das Privat- und Mittelstandskundengeschäft wieder entdeckt haben.[341] Nach Aussagen von Vertretern der Commerzbank, möchte die Bank ihren Marktanteil in allen Kunden-

---

[337] Vgl. Drost, F., Köhler, P (2009), S. 22.
[338] Vgl. Nagl. H., Osman, Y. (2009), S. 25.
[339] Vgl. o.V. [Bank intern] (2009aak), Web.
[340] Vgl. Osman, Y. (2009), S. 25.
[341] Vgl. Osman, Y. (2009), S. 25.

gruppen insbesondere im Privatkundenbereich weiter steigern. Um dieses Ziel zu erreichen wirbt die Commerzbank nach Aussagen von Herrn Uwe Hellmann, Leiter Markenführung, mit hohen Einlagenkonditionen und einem kostenlosen Girokonto.[342]

Wettbewerbsverzerrungen

In diversen Publikationen kritisieren die Verbände der Sparkassen und Volksbanken Wettbewerbsverzerrungen durch den SoFFin und das FMStG. Es entstünde eine Fehlentwicklung, die insbesondere gesunde KIs beinträchtige. Die Verbände fordern, dass staatlich gestützte KIs verpflichtet werden, marktübliche Konditionen anzubieten.[343] Alle befragten Experten haben Wettbewerbsverzerrungen auf dem Bankensektor bestätigt (siehe Anhang 10, Frage 3.2). Manche Vorstandsmitglieder befürchten, dass die staatlich gestützten KIs z.b. das Privatkundengeschäft zum Schaden der Wettbewerber und insbesondere von Sparkassen und Genobanken subventionieren. Der Staat sollte ggf. mit Hilfe einer Zinsobergrenze darauf achten, dass marktgerechte Konditionen insbesondere von staatlich unterstützten KIs angeboten werden (siehe Anhang 7, Frage 3.7). Durch die staatlichen Maßnahmen werden die Beratungsgespräche für die Kundenberater von Sparkassen und Geno-banken schwieriger. Die nicht-marktgerechten Konditionen von gestützten Instituten schwächt die solventen KIs (siehe Anhang 6 und 7, Frage 3.2). Zusätzliche Wettbewerbsverzerrungen sehen die befragten Experten bei dem fehlenden Zugang von Landesbanken zum SoFFin. Zu diesem Thema wird eine Gleichbehandlung von Privatbanken und Landesbanken gefordert (siehe Anhang 6 und 7, Frage 3.3 und Anhang 6, Frage 3.7).

Verhalten von den befragten Kreditinstituten

Durch die Verunsicherung der Kunden ergab sich ein erhöhtes Informationsbedürfnis der Kunden. Bei den Beratern der KIs gab es einen erheblichen Arbeitsanfall durch eingehende Telefonate und Beratungsgespräche (siehe Anhang 10, Frage 2.1 und Anhang 6, Frage 2.2). Um den Informationsbedarf zu stillen hat z.B. das KI 3 Anzeigen in Tageszeitungen geschaltet, um die Kundenfrage: „Wie sicher ist mein Geld?" zu beantworten (siehe Anhang 6, Frage 2.2). Darüber hinaus gab es diverse Publikationen, Broschüren und Sonderseiten um Kunden über die Sicherheit von Geldanlagen und über die Finanzmarktkrise zu informieren.[344] Manche befragte KIs hatten ihr Passivprodukt mit dem Namen „Zertifikat" umbenannt oder haben diesen Begriff in Kundengesprächen vermieden. (siehe Anhang 4 und 6, Frage 4.1). Durch die

---

[342] Vgl. Hellmann, U. (2009), S.42.
[343] Vgl. o.V. [Handelsblatt] (2009ax), S. 26
[344] Siehe hierzu u.a. www.gutfuerdeutschland.de.

Finanzmarktkrise erfolgten bei den befragten KIs teilweise Strategieänderungen bei den Eigenanlagen im Depot A sowie eine Neubewertung von Risiken (siehe Anhang 10, Frage 4.1).

Vermeidung von Wettbewerbsverzerrungen

Die befragten Vorstandsmitglieder von Sparkassen und Genobanken machten diverse Vorschläge zur Vermeidung von Wettbewerbsverzerrungen. Ein Experte sagte, dass die staatlichen Vertreter, die in die Aufsichtsräte der gestützten KIs gesandt werden, diese KIs stärker und detaillierter kontrollieren sollten. Stärkere Kontrollen und detaillierte vertragliche Regelungen forderten auch zwei weitere Vorstandsmitglieder (siehe Anhang 4, 7 und 8, Frage 3.7). Ein Experte stelle heraus, dass in die Verträge für die Stützungsmaßnahmen eine marktgerechte Konditionsgestaltung mit auf-genommen werden (siehe Anhang 4, Frage 3.7) und ein weiteres Vorstandsmitglied legte dar, dass eine angemessen Gegenleistung für die staatlichen Hilfen festgelegt werden müssten. Denn seiner Meinung nach könnten die Konditionen der Staatshilfen ein Institut gerade dazu verleiten, höhere Risiken einzugehen, um die Zinsen für diese zu erwirtschaften (siehe Anhang 5, Frage 3.7). Zwei befragte Vorstandsmitglieder machten deutlich, dass ihrer Meinung nach eine Insolvenzmöglichkeit für Banken geschaffen werden sollte (siehe Anhang 6, Frage 3.7 und Anhang 4, Frage 3.4) und ein Experte forderte, dass die gestützten Institute ein Sanierungskonzept ggf. mit Hilfe durch externe Berater vorlegen müssten (siehe Anhang 8, Frage 3.7). Um Wettbewerbsverzerrungen zu vermindern dürften staatlich gestützte KIs nicht den Wettbewerb für nicht-gestützte Institute erschweren können (siehe Anhang 6, Frage 3.8). Mehrere Vorstandsmitglieder machten deutlich, dass sie staatliche Hilfen grundsätzlich kritisch sehen, da diese die Mechanismen der freien Marktwirtschaft beschränken würden. Ihrer Meinung nach muss jeder die Entscheidungen, die er getroffen hat auch ergebnistechnisch verantworten. Wenn die Entscheidungen falsch gewesen waren, dann muss der Entscheidungsträger auch die Konsequenzen daraus tragen (siehe Anhang 4, Frage 3.4). Durch die staatlichen Eingriffe werde genau dies verhindert. Es dürfte nicht dazu kommen, dass die Verluste der Staat trägt und die Gewinne gänzlich von den KIs vereinnahmt werden.[345]

Durch die durchgeführten Experteninterviews und die verwendeten Sekundärquellen konnte die Hypothese „wenn es staatliche Hilfen nur für Privatbanken gibt, dann entstehen Wettbewerbsverzerrungen für Sparkassen und Genobanken" bestätigt werden. Die Auswertung der Primär- und Sekundärquellen hat ergeben, dass es durch

---

[345] Vgl. Martin, H., Schumann, H. (2007), S. 135.

die staatlichen Maßnahmen zu einem geänderten Kundenverhalten sowie einem geänderten Wettbewerbsverhalten von gestützten KIs zu Lasten von Genobanken und Sparkassen gekommen ist.

6 Fazit

Die Finanzmarktkrise 2007 bis 2009 hat weltweite Auswirkungen auf die Geld- und Kapitalmärkte, die KIs, die Staatsverschuldung, das Kundenverhalten sowie auf aktuelle Gesetzgebungsverfahren. Der globale monetäre Schaden sowie die Auswirkungen auf die Realwirtschaft sind zum Zeitpunkt der Studie noch nicht vollständig abzuschätzen.[346]

Im Rahmen der vorliegenden Untersuchung wurde eine qualitative Analyse zum Kundenverhalten und zum Verhalten von KIs in Deutschland während der Finanzmarktkrise durchgeführt. Es wurde untersucht, ob die staatlichen Maßnahmen während der Finanzkrise Wettbewerbsverzerrungen auf dem Bankenmarkt hervorrufen. Dabei wurden zwei Hypothesen näher untersucht:

1. Wenn ein Staat monetäre Hilfen bzw. Garantien nur für manche KIs zur Verfügung stellt, dann kommt es zu Wettbewerbsverzerrungen auf dem Finanzsektor.
2. Wenn es staatliche Hilfen nur für Privatbanken gibt, dann entstehen Wettbewerbsverzerrungen für Sparkassen und Genobanken.

Die Beantwortung der Hypothesen erfolgte an Hand von diversen Sekundärquellen sowie durch fünf Experteninterviews mit sechs Vorstandsmitgliedern von Sparkassen und Genobanken. Die Änderungen der Verhaltensweisen von Kunden sowie von staatlich gestützten KIs wurden zur Beantwortung der Hypothesen detailliert untersucht und werden im Folgenden kurz zusammengefasst:

Finanzmarktkrise

Ein Zusammenbruch des Bankensystems wie im Jahr 1931 sowie ein Kundenansturm auf die KIs konnten durch diverse staatliche Maßnahmen verhindert werden. Außergewöhnlich sind allerdings die weltweiten Auswirkungen unter anderem auch durch die globale Vernetzung von Finanzinstituten und der Umfang bzw. das Volumen der staatlichen Eingriffe.[347] Die Finanzmarktkrise führte zu einem Vertrauensverlust der KIs untereinander sowie zu einer Verunsicherung der Kunden über die Sicherheit der Bankeinlagen. Das Image von Bankern hat sich durch die Finanzmarktkrise stark verschlechtert. In der Öffentlichkeit wird die Ursache der Finanzkrise in der Gier von

---

[346] Vgl. o.V. [Monatsbericht EZB] (2009aai), S. 71.
[347] Vgl. Paul, S., Stein, S. (2008), S. 8f; oder vgl. o.V. [Geschäftsbericht der VW Financial Services AG] (2009ay), S. 32.

Bankern nach immer höheren Renditen gesehen.[348] Bis zum 30.06.2009 funktionierte der Interbankenhandel immer noch nicht wie vor der Finanzmarktkrise.[349] Der Finanzsektor in Deutschland hat sich insbesondere durch die Drei-Säulen-Struktur im Vergleich zu anderen Ländern noch als recht stabil erwiesen.[350] Auf Grund von Refinanzierungsschwierigkeiten haben manche KIs überhöhte nicht-marktgerechte Konditionen angeboten, um Kundeneinlagen zu Refinanzierungszwecken zu erhalten (siehe Anhang 6, Frage 3.2).

Staatliche Eingriffe

Die staatlichen Interventionen während der Finanzmarktkrise in den Bankensektor waren laut Finanzexperten hinsichtlich der Stabilisierung des Finanzsystems erfolgreich.[351] Über die Art und Weise sowie die Wirkung der staatlichen Maßnahmen gibt es unter Wissenschaftlern und Finanzexperten allerdings unterschiedliche Meinungen. Die einen kritisieren die Eingriffe, da dadurch die Prinzipien der Ordnungspolitik umgangen würden.[352] Jede Würdigung von Einzelfällen sei laut diesen Experten automatisch mit Wettbewerbsverzerrungen verbunden.[353] Die anderen befürworten die Eingriffe der Bundesregierung und argumentieren, dass der Staat in einer Finanzkrise nicht nach ordnungspolitischen Prinzipien agieren könne.[354] Die befragten Vorstandsmitglieder bestätigten, dass es durch die Eingriffe der Bundesregierung auf unterschiedlichste Art und Weise zu Wettbewerbsverzerrungen gekommen sei. Dabei wurden von den Befragten u.a. diverse Beispiele von nicht-marktgerechten Konditionen angeführt (siehe Anhang 10, Frage 3.2).

Interventionen der EZB

Die EZB sowie die nationalen Notenbanken haben mit unterschiedlichen Maßnahmen in den Interbankenmarkt während der Finanzmarktkrise interveniert. Der Präsident der Deutschen Bundesbank, Herr Axel Weber, beschreibt die expansive Geldpolitik der EZB als einen anti-zyklischen Stimulus im Konjunkturverlauf. Mit diesen Maßnahmen soll u.a. der Kreditbedarf der Wirtschaft gedeckt sowie die Refinanzierung von KIs sichergestellt werden.[355]

---

[348] Vgl. Heidbreder, S. (2009), S. 40.
[349] Vgl. Hampel, M. (2009), S. 17.
[350] Vgl. o.V. [Jahresbericht der Sparkasse Herford] (2009ap), S. 32f; oder vgl. o.V. [SoFFin] (2009z), Web.
[351] Vgl. o.V. [Monatsbericht EZB] (2009aai), S. 77.
[352] Vgl. Fockenbrock, D. (2009), S. 10.
[353] Vgl. Hüther, M. (2009), S.8.
[354] Vgl. Hüther, M. (2009), S.8.
[355] Vgl. Weber, A. (2009), S. 4.

Garantie für Spareinlagen

Die Garantie der Bundesregierung wirkte ausschließlich durch das gebildete Vertrauen in den Finanzmarkt.[356] Ein Kundenansturm auf die KIs konnte dadurch verhindert werden. Diese Maßnahme hatte laut den befragten Vorstandsmitgliedern sowie Publikationen erhebliche Auswirkungen auf das Kundenverhalten. Im letzten Quartal 2008 flossen Sparkassen und Genobanken durch die Verunsicherung der Kunden hohe Beträge an Einalgen zu. Durch die Garantieerklärung wurden alle Bankeinlagen bei allen KIs in Deutschland gleich sicher, so dass es vermehrt zu Preisverhandlungen mit Kunden kam und ein Großteil der Mittelzuflüsse wieder von den befragten Instituten abgeflossen ist (siehe Anhang 5 und 7, Frage 2.2; Anhang 4, 6 und 8, Frage 2.4). Darüber hinaus gab es durch die Garantie für Spareinlagen erhebliche Abflüsse aus Wertpapieranlagen (siehe Anhang 5, 6 und 8, Frage 2,2; Anhang 4 und 7, Frage 4.1). Diese Mittelabflüsse aus dem Wertpapierbereich flossen den befragten KIs als Passivanlagen zu (siehe Anhang 4, 5 und 6, Frage 4.1).

Finanzmarktstabilisierungsgesetz

Das FMStG hatte die Stabilisierung des Finanzmarktes zum Ziel. Die Bundesregierung hat durch diese staatliche Maßnahme Wettbewerbsverzerrungen für möglich gehalten. Dies belegt der Artikel 1, § 10 Abs. 2 Nr. 7 FMStG, in dem dieses Thema explizit angesprochen wird. Ein gestütztes KI muss Maßnahmen ergreifen, um Wettbewerbs-verzerrungen zu vermeiden.[357] Falls es durch die Stabilisierungsmaßnahmen des SoFFin zu Wettbewerbsverzerrungen kommen sollte, kann der FMS dem KI Bedingungen für die Geschäftstätigkeit auferlegen, um Wettbewerbsverzerrungen zu vermeiden (§ 5 Abs. 5 FMStFV).[358] Wie diese vermieden werden könnten wird durch dieses Gesetz nicht erläutert. Das FMStG hatte laut den Experten nur geringe Auswirkungen auf das Kundenverhalten. Dieses Gesetz hatte allerdings Auswirkungen auf die Verhaltensweise von staatlich gestützten KIs und somit auf Wettbewerbs-verzerrungen (siehe Anhang 7, Frage 2.3). Es dürfte laut Finanzexperten nicht dazu kommen, dass die Verluste aus der Finanzkrise der Staat trägt und die Gewinne zukünftig gänzlich von den Banken vereinnahmt werden.[359]

---

[356] Vgl. Müller, D. (2009), S. 74.
[357] Vgl. o.V. [FMStG] (2009ai), Web.
[358] Vgl. o.V. [FMStFV] (2009ak), Web.
[359] Vgl. Martin, H., Schumann, H. (2007), S. 135.

Kundenverhalten

Im Rahmen der Finanzkrise haben die Bankkunden stark verunsichert reagiert.[360] Diese Verunsicherung hatte zur Folge, dass viele Privatanleger ihre angelegten Gelder umschichteten, ihr Geld sehen oder abheben wollten (siehe Anhang 5, Frage 2.1). Nach den Aussagen der befragten Vorstandsmitglieder gab es durch die Verunsicherung der Bankkunden ab September 2008 einen erhöhten Beratungsbedarf bei den Kunden (siehe Anhang 10, Frage 2.1). Durch das gestiegene Sicherheitsbedürfnis der Kunden, flossen den Genobanken und Sparkassen Einlagen in unbekanntem Maße zu (siehe Anhang 10, Frage 2.2). Nach der Garantieerklärung für Spareinlagen begannen wieder die ersten Preisverhandlungen mit Kunden, und es flossen erhebliche Beträge wieder zu anderen Instituten ab. Darüber hinaus gab es durch die Garantieerklärung der Bundesregierung erhebliche Abflüsse aus Wertpapieranlagen. Wertpapiere sind für viele Kunden u.a. auch die die Berichterstattung der Medien zu einem unkalkulierbaren Risikoobjekt geworden (siehe Anhang 5, 6 und 8, Frage 2.2; Anhang 4 und 7, Frage 4.1).

Der Zeitpunkt für den Beginn der Verunsicherung der Kunden wurde unterschiedlich von den einzelnen Vorstandsmitgliedern wahrgenommen und geschildert. Bei vier der fünf befragten KIs erfolgte ein erhöhter Beratungsbedarf der Kunden ab der Insolvenz von Lehman Brothers, bei einem Institut ab der Garantieerklärung der Bundesregierung (siehe Anhang 10, Frage 2.1). Festzustellen ist, dass es durch die Garantieerklärung der Regierung zu Kundenreaktionen kam.

Wettbewerb

Das Privatkundengeschäft erlebt innerhalb der gesamten Bankbranche eine deutliche Aufwertung. Der Wettbewerb wird in diesem Bereich stärker, da immer mehr KIs um die Gunst der Privatkunden werben. Dies wird Auswirkungen auf die Ertrags-, die Risiko- und die Kostenseite der Banken insbesondere für Sparkassen und Genobanken haben.[361] Die Mercedes und BMW Bank z.B. haben zu der Zeit attraktive Zinsenkonditionen beworben. Die Folge war, dass die zahlreichen Kontoeröffnungsanträge von den Autobanken kaum abgearbeitet werden konnten. Generell ist auf dem Bankenmarkt festzustellen, dass KIs den Preis immer häufiger und stärker als „Waffe" einsetzen. In einigen Bereichen ist sogar ein Preiskrieg zu beobachten. Die Folge ist, dass die Margen der KIs fallen und die Erträge einbrechen.[362]

---

[360] Vgl. Heidbreder, S. (2009), S. 40.
[361] Vgl. Dietz, D. (2009), S. 31.
[362] Vgl. Wübker, U. (2009), S. 43.

Die befragten Vorstandsmitglieder sahen die Ankündigungen der Privatbanken, sich auf das Privat- und Mittelstandskundengeschäft fokussieren zu wollen, eher als populistisch an, da die Verbindlichkeit der Auflagen des FMStG von den Experten in Frage gestellt wird (siehe Anhang 10, Frage 3.6).

Wettbewerbsverzerrungen

Die im Rahmen der Studie befragten Experten beschreiben Wettbewerbsverzerrungen als ungleiche Bedingungen auf dem Markt (siehe Anhang 10, Frage 3.1). Die Vorstandsmitglieder bestätigten Wettbewerbsverzerrungen auf dem Bankensektor. Insbesondere die Commerzbank und Autobanken sowie eine nicht-markgerechte Konditionsgestaltung wurden häufig als Beispiele für Wettbewerbsverzerrungen herangezogen (siehe Anhang 10, Frage 3.2).

Durch die staatlichen Maßnahmen werden die Kundengespräche für die Berater von Sparkassen und Genobanken schwieriger. Die nicht-marktgerechte Konditions-gestaltung von gestützten Instituten schwächt die solventen KIs wie Sparkassen und Genobanken (siehe Anhang 6 und 7, Frage 3.2).

Die beiden untersuchten Hypothesen konnten im Rahmen der Untersuchung verifiziert werden. Festzustellen waren sowohl erhebliche Veränderungen im Kundenverhalten als auch im Verhalten von staatlich gestützten KIs. Darüber hinaus waren negative Auswirkungen für Sparkassen und Genobanken festzustellen.

Vermeidung von Wettbewerbverzerrungen

Die befragten Experten machten unterschiedliche Vorschläge zur Vermeidung von Wettbewerbsverzerrungen. Es wurden von den Vorstandsmitgliedern z.B. stärkere Kontrollen und detaillierte vertragliche Regelungen für die staatlichen Hilfsmaßnahmen (siehe Anhang 4, 7 und 8, Frage 3.7) sowie die Vorlage eines Sanierungskonzeptes oder die Überprüfung von marktgerechten Konditionen gefordert (siehe Anhang 8, Frage 3.7).

7 Ausblick

Während diese Untersuchung entstanden ist, kann ein Ende der Krise noch nicht prognostiziert werden. Die langfristigen Folgen z.b. für die Realwirtschaft oder den Arbeitsmarkt werden laut Finanzexperten die Märkte noch jahrelang belasten.[363]

Stärkere Regulierung

Durch die Finanzmarktkrise werden von Finanzexperten stärkere Maßnahmen zur Bankenregulierung gefordert. Diese staatlichen Regulierungsmaßnahmen sollten auf globaler Ebene stattfinden und nicht nur auf nationaler. Die Aufsicht und Kontrolle von Finanzinstituten sollten nach Aussage von Experten erhöht werden, damit nicht Teile der Kreditwirtschaft intransparente Märkte für sich ausnutzen können.[364] Laut Experten sollte der Wegfall der Grenzen für den Kapitalverkehr durch politische Instrumente und kompetente Akteure ergänzt werden.[365] Im Gespräch sind z.b. eine Anpassung der Basel II Richtlinien, gesetzliche Rahmenbedingungen für Ratingagenturen, sowie erweiterte Protokollpflichten für Beratungsgespräche, ein Insolvenzrecht für KIs sowie Vorschriften zur zukünftigen Verhinderung von Bankenkrisen.[366] Welche Gesetze davon auf nationaler oder internationaler Ebene umgesetzt werden, wird die Zukunft zeigen.

Kreditklemme

Die Basel II Richtlinien wirken pro-zyklisch. Daher befürchten Experten bei Firmen- sowie Privatkunden eine bevorstehende Kreditklemme. Laut der Kreditstatistik der EZB sind die ausstehenden Kredite an Unternehmen im Mai 2009 im vierten Monat in Folge gesunken.[367]

Bad Banks

Der Gesetzesentwurf zur Fortentwicklung der Finanzmarktstabilisierung wurde am 13. Mai 2009 von der Bundesregierung beschlossen. Um das Vertrauen in den Finanz- sektor weiter zu stärken, sollen KIs die Möglichkeit erhalten, problematische Bilanzpositionen oder ganze Geschäftsbereiche in so genannte „Bad Banks" auslagern zu können.[368]

---

[363] Vgl. Hackhausen, J., Panster, C., Schnell, C. (2009) S. 24; oder vgl. Wahlers, G. (2008), S. 5.
[364] Vgl. Wahlers, G. (2008), S. 5.
[365] Vgl. Koopmann, M. (2008), S. 124.
[366] Vgl. Berschens, R. (2009), S. 22.
[367] Vgl. o.V. [Handelsblatt] (2009aam), S. 1.
[368] Vgl. o.V. [Monatsbericht Bundesbank] (2009aao), S. 56; oder vgl. Köhler, P. (2009a), S. 23.

Stellenabbau

Allein durch die Fusion der Commerzbank und der Dresdner Bank werden in Deutschland 6.500 Arbeitsplätze abgebaut.[369] Wie viele Stellen insgesamt durch die Finanzkrise, durch die eventuell bevorstehende Kreditklemme und die Auswirkungen auf die Realwirtschaft wegfallen, ist zum aktuellen Zeitpunkt der Untersuchung noch nicht abzuschätzen.

Geldmarkt

Bis Juni 2009 zeigte der Euro-Geldmarkt laut EZB erste Zeichen einer Erholung.[370] In anderen Quellen ist zu lesen, dass der Interbankenmarkt aktuell noch nicht wieder so funktioniert wie vor der Finanzkrise, da die EZB den Banken weiterhin Liquidität in beliebiger Höhe anbietet.[371]

Rückkehr zur Normalität

Die Gefahr besteht, dass die Marktteilnehmer sehr schnell wieder zur Normalität zurückkehren; zum so genannten business as usual. Hierbei besteht die Gefahr, dass manche KIs wieder wie vor der Finanzmarktkrise hohe Risiken eingehen. Der Vorstandsvorsitzende der Deutschen Bank warnte vor einer solchen Vorgehensweise bei Banken.[372] Heinrich Haasis, DSGV Präsident, stellte heraus, dass die Menschen diese Krise nicht so schnell vergessen und weiter den Wunsch nach Sicherheit verfolgen werden.[373]

Staatsverschuldung

Zum jetzigen Zeitpunkt der Untersuchung kann noch nicht abgeschätzt werden, in welcher Höhe der Staatshaushalt der Bundesrepublik Deutschland durch die staatlichen Maßnahmen während der Finanzmarktkrise belastet wird. Die staatlichen Garantien stellen aktuell Eventualverbindlichkeiten dar.[374] Finanzexperten raten den Staaten, die staatlichen Unterstützungsmaßnahmen schnellstmöglich zu beenden.[375] Wichtig ist es, dass die Bundesregierung schnell Ausstiegsszenarien entwickelt, sich aus dem Bankensektor zurückzuziehen (siehe auch Anhang 5, Frage 3.8).[376]

---

[369] Vgl. Hagen, J. (2009a), S. 23.

[370] Vgl. o.V. [Monatsbericht EZB] (2009aag), S. 27.

[371] Vgl. o.V. [Handelblatt] (2009aan), S. 22.

[372] Vgl. Maisch, M., Riecke, T. (2009), S. 22; oder vgl. Köhler, P. (2009b), S. 20.

[373] Vgl. Storn, A. (2009), S.6.

[374] Vgl. [Monatsbericht EZB] (2009aai), S. 75.

[375] Vgl. [Monatsbericht EZB] (2009aaf), S. 39; oder vgl. Paul, S., Stein, S. (2008), S. 11.

[376] Vgl. Fockebrock, D. (2009), S. 10; oder vgl. Wahlers, G. (2008), S. 5f.

Literaturverzeichnis

AFHÜPPE, S. (2009): *Politiker attackieren Banken. In: Handelsblatt,* 2. Juni 2009, Nr. 124, Handelsblatt GmbH, Düsseldorf, 2009.

AFHÜPPE, S. / BASTIAN, N. / NAGL, H. (2009): *Kleinlaute Töne aus dem Tower. In: Handelsblatt,* 12. Januar 2009, Nr. 7, Handelsblatt GmbH, Düsseldorf, 2009.

AFHÜPPE, S. / DROST, F. / KRAUSE, K. / OSMAN, Y. (2009): *Die Kanzlerin bekennt sich zu Nothilfe. In: Handelsblatt,* 12. Januar 2009, Nr. 7, Handelsblatt GmbH, Düsseldorf, 2009.

BASTIAN, N. / KÖHLER, P. / OSMAN, Y. (2009): *Die böse Konkurrenz. In: Handelsblatt,* 11. Februar 2009, Nr. 29. Handelsblatt GmbH, Düsseldorf, 2009.

BASTIAN, N. / OSMAN, Y. (2009): *Mit schwerer Hypothek in die Zukunft. In: Handelsblatt,* 12. Januar 2009, Nr. 7, Handelsblatt GmbH, Düsseldorf, 2009.

BERSCHENS, R. (2009): *EU will sich besser wappnen. In: Handelsblatt,* 06. Juli 2009, Nr. 126, Handelsblatt GmbH, Düsseldorf, 2009.

BLESSING, M. (2009): *Brief des Vorstands. In: Zwischenbericht zum 1. Quartal 2009 der Commerzbank,* 2009.

BLESSING, M. (2009a): *Brief des Sprechers des Vorstands. In: Geschäftsbericht 2008,* 2009.

BOGNER, A. / MENZ, W. (2005): *Expertenwissen und Forschungspraxis: Die modernisierungstheoretische und die methodische Debatte um die Experten. Zur Einführung in ein unübersichtliches Problemfeld. In: Bogner, A., Littig, B., Menz, W. (Hrsg.): Das Experteninterview,* 2. Auflage, VS Verlag für Sozialwissenschaften, Wiesbaden, 2005.

DECKER, R. / WAGNER, R. (2002): *Marketingforschung, Methoden und Modelle zur Bestimmung des Käuferverhaltens.* Verlag moderne Industrie, München, 2002.

DIETZ, D. (2009): *Die Kundenerwartungen haben sich verändert. In: bank und markt,* 38. Jahrgang, Juni 2009, Fritz Knapp Verlag, Frankfurt am Main, 2009.

DROST, F. (2009): *Bundesbank rügt mangelhafte Risikokontrolle der Hypo Real Estate. In: Handelsblatt,* 05. – 07. Juni 2009, Nr. 106, Handelsblatt GmbH, Düsseldorf, 2009.

DROST, F. (2009a): *Kein Mut zum großen Wurf. In: Handelsblatt,* 22.April 2009, Nr. 77, Handelsblatt GmbH, Düsseldorf, 2009.

DROST, F. / KÖHLER, P. (2009): *Renditeziel einkassiert. In: Handelsblatt,* 29. Januar 2009, Nr. 20, Handelsblatt GmbH, Düsseldorf, 2009.

FASSE, M. (2009): *BMW bastelt an Bank-Lizenz. In: Handelsblatt,* 12. Mai 2009, Nr. 90, Handelsblatt GmbH, Düsseldorf, 2009.

FOCKENBROCK, D. (2009): *Zum Nichtstun verdammt. In: Handelsblatt.* 28. April 2009, Nr. 81, Handelsblatt GmbH, Düsseldorf, 2009.

FRIEDRICH, D. (2009): *Wirtschaftskrise: Systemrelevanz, das unbekannte Wesen,* im Internet unter: http://ef-magazin.de/2009/03/21/1046-wirtschaftskrise-systemrelevanz-das-unbekannte-wesen, (Stand: 20.06.2009).

GISSEL, R. (2009): *Brief des Vorstandsvorsitzenden. In: dwpbank, Geschäftsbericht 2008,* 2009.

GLÄSER, J. / LAUDEL, G. (2009): *Experteninterviews und qualitative Inhaltsanalyse,* 3. Auflage, VS Verlag für Sozialwissenschaften, Wiesbaden, 2009.

GROH, G. / SCHRÖER, V. (2003): *Sicher zum Industriekaufmann,* 40. Auflage, Merkur Verlag, Rinteln, 2003.

GUCKELSBERGER, U. / KRONENBERGER, S. (2006): *Grundzüge der Volkswirtschaftslehre,* 4. Auflage, Friedrich Kiel Verlag, Ludwigshafen, 2006.

HACKHAUSEN, J. / PANSTER, C. (2009): *Die wundersame Geldvermehrung. In: Handelsblatt,* 3. Juni 2009, Nr. 104, Handelsblatt GmbH, Düsseldorf, 2009.

HACKHAUSEN, J. / PANSTER, C. / SCHNELL, C. (2009): *Zehn Lehren aus der Krise. In Handelsblatt,* 9. Juni 2009, Nr. 129, Handelsblatt GmbH, Düsseldorf, 2009.

HAGEN, J. (2009): *Mehr Schutz fürs Geld. In: Handelsblatt,* 18. Juni 2009, Nr. 114, Handelsblatt GmbH, Düsseldorf, 2009.

HAGEN, J. (2009a): *Wie Grün und Gelb sich näher kommen. In: Handelsblatt,* 27. Juli 2009, Nr. 141, Handelsblatt GmbH, Düsseldorf, 2009.

HAMPEL, M. (2009): *Neue Herausforderungen am Geldmarkt. In: Börsen-Zeitung,* 10.Juni.2009, Nr. 108, Börsen-Zeitung, 2009.

HANKER, P. (2009): *Volksbanken im Wettbewerb – weder eingestaubt noch langweilig. In: bank und markt,* 38. Jahrgang, Juni 2009, Fritz Knapp Verlag, Frankfurt am Main, 2009.

HÄRING, N. (2009): *Einseitige Unterstützung. In: Handelsblatt,* 03. Juli 2009, Nr. 125, Handelsblatt GmbH, Düsseldorf, 2009.

HAX, H. (2004): *Wirtschaftspolitik als Ordnungspolitik – Leitbild der Sozialen Marktwirtschaft. In: Online-Veröffentlichung der* Konrad-Adenauer-Stiftung, im Internet unter: http://www.kas.de/proj/home/pub/37/1/year-2004/dokument_id-5265/index.html, (Stand: 04.07.2009).

HEIDBREDER, S. (2009): *Werte verlieren – Werte gewinnen! In: Die Stiftung,* Ausgabe 2/2009, „Die Stiftung" Media GmbH, München, 2009.

HELLMANN, U. (2009): *Zusammen Wachsen. In: Banken & Sparkassen,* 3 / 2009, av-news GmbH, München, 2009.

HINTER, M. (2008): *Staatsgarantie für Sparguthaben,* im Internet unter: http://www.dradio.de/dlf/sendungen/finanzkrise/858221/, (Stand: 04.07.2009).

HÖPNER, A. / SCHMITT, T. (2009): *Allianz befreit sich von großer Last. In: Handelsblatt,* 12. Januar 2009, Nr. 7, Handelsblatt GmbH, Düsseldorf, 2009.

HÜTHER, M. (2009): *Kein Wunderheiler,* 29. Mai - 01. Juni 2009, Nr. 102, Handelsblatt GmbH, Düsseldorf, 2009.

KÖHLER, P. (2009): *Sparkassen fürchten Wettbewerbsnachteile. In: Handelsblatt,* 19. März 2009, Nr. 55, Handelsblatt GmbH, Düsseldorf, 2009.

KÖHLER, P. (2009a): *Welches Teil passt zu wem? In Handelsblatt,* 27. Juli 2009, Nr. 141, Handelsblatt GmbH, Düsseldorf, 2009.

KÖHLER, P. (2009b): *Ackermann warnt vor Rückkehr zu alten Sitten. In: Handelsblatt,* 09. Juli 2009, Nr. 129, Handelsblatt GmbH, Düsseldorf, 2009.

KOOPMANN, M. (2008): *Die Finanzmarktkrise, Internationale Perspektiven,* Konrad-Adenauer-Stiftung, Sankt Augustin/Berlin, 2008.

KOTLER, P. / ARMSTRONG, G. / SAUNDERS, J. / WONG, V. (2003): *Grundlagen des Marketing.* Pearson Education, München, 2003.

KRONWALD, C. (2007): *Die Ursachen der deutschen Bankenkrise von 1931.* 1. Auflage 2007, GRIN Verlag, Norderstedt, 2007.

LEITNER, A. / WROBLEWSKI, A. (2005): *Zwischen Wissenschaftlichkeitsstandards und Effizienzansprüchen. Experteninterviews in der Praxis der Arbeitsmarktevaluation. In: Bogner, A., Littig, B., Menz, W. (Hrsg.): Das Experteninterview,* 2. Auflage, VS Verlag für Sozialwissenschaften, Wiesbaden, 2005.

MAISCH, M. / RIECKE, T. (2009): *Und ewig lockt das schnelle Geld. In: Handelsblatt,* 08. Juli 2009, Nr. 128 Handelsblatt GmbH, Düsseldorf, 2009.

MARTIN, H., SCHUMANN, H. (2007): *Die Globalisierungsfalle,* 13. Auflage, Rowohlt Taschenbuch Verlag, Hamburg, 2007.

MECKEL, M. (2009): *Systemrelevanz,* im Internet unter: http://www.faz.net/s/RubF0E19050B066464AB68BBD3CCF4AEB16/Doc~E956 9B47FD9C541A2BC20AEA7CCAEFD64~ATpl~Ecommon~Scontent.html, (Stand: 20.06.2009).

MÜLLER, D. (2009): *Crashkurs, Weltwirtschaftskrise oder Jahrhundertchance?,* Droemer Verlag, München, 2009.

NAGL, H. (2009): *Lockerung der Bilanzregeln. In: Handelsbaltt,* 29. Oktober 2008, Nr. 210, Handelsblatt GmbH, Düsseldorf, 2008.

NAGL, H. / OSMAN, Y. (2009): *Coba erwägt Garantie-Bond. In: Handelsblatt,* 11. Mai 2009, Nr. 89, Handelsblatt GmbH, Düsseldorf, 2009.

OHNE VERFASSER (2007) *EZB stützt das Finanzsystem. In: Handelsblatt,* 10. Augsut2007, Nr. 153, Handelsblatt GmbH, Düsseldorf, 2007.

OHNE VERFASSER (2009): Im Internet unter: http://www.software-kompetenz.de/servlet/is/22794/FD_l.png, (Stand: 19.03.2009).

OHNE VERFASSER (2009a): *Das Vertrauen muss in den Finanzsektor zurückkehren,* im Internet unter: http://www.news-nachrichten.com/wirtschaft/das-vertrauen-muss-in-den-finanzsektor-zurueckkehren-idnn20081011863/, (Stand: 19.03.2009).

OHNE VERFASSER (2009b): *Entwicklung der Finanzmarktkrise,* im Internet unter: http://www.bundesfinanzministerium.de/nn_69116/DE/Buergerinnen__und__Bu erger/Gesellschaft__und__Zukunft/finanzkrise/076__Entwicklung__Finanzmarkt krise.html?__nnn=true, (Stand: 14.06.2009).

OHNE VERFASSER (2009c): *Wirtschaftspolitik,* im Internet unter: http://www.bpb.de/popup/popup_lemmata.html?guid=WJAE21, (Stand: 27.03.2009).

OHNE VERFASSER (2009d): *Maßnahmenpaket zur Stabilisierung der Finanzmärkte,* im Internet unter: http://www.bundesfinanzministerium.de/nn_69116/DE/Wirtschaft__und__Verwa ltung/Finanz__und__Wirtschaftspolitik/Finanzpolitik/schaubild/schaubild.html, (Stand: 16.06.2009).

OHNE VERFASSER (2009e): *Fonds zur Stabilisierung der Finanzmärkte in Deutschland nimmt Arbeit auf,* im Internet unter: http://www.soffin.de/downloads/20081027_Pressenotiz_SoFFin.pdf, (Stand: 26.04.2009).

OHNE VERFASSER (2009f): *Struktur des Fonds,* im Internet unter: http://www.soffin.de/fonds_orga.php?sub=2, (Stand: 26.04.2009).

OHNE VERFASSER (2009g): *Rettungsübernahmegesetz - RettungsG,* im Internet unter: http://www.gesetze-im-internet.de/bundesrecht/rettungsg/gesamt.pdf, (Stand: 08.05.2009).

OHNE VERFASSER (2009h): *Gesetz zur Errichtung eines Finanzmarktstabilisierungsfonds,* im Internet unter: http://www.gesetze-im-internet.de/bundesrecht/fmstfg/gesamt.pdf, (Stand: 08.05.2009).

OHNE VERFASSER (2009i): *Finanzmarktstabilisierungsergänzungsgesetz – FMStErgG,* im Internet unter: http://www.bundesfinanzministerium.de/nn_4328/DE/BMF__Startseite/Aktuelles /Aktuelle__Gesetze/Gesetzentwuerfe__Arbeitsfassungen/entw__Finanzmarktst abilisierungsergaenzungsgesetz__anl,templateId=raw,property=publicationFile. pdf, (Stand: 08.05.2009).

OHNE VERFASSER (2009j): *Zinssatz der EZB für Hauptrefinanzierungsgeschäfte,* im Internet unter: http://www.bundesbank.de/statistik/statistik_zeitreihen.php?lang=de&open=zins en&fu nc=row&tr=SU0202#comm (Stand: 14.07.2009).

OHNE VERFASSER (2009k): *Statistik des Euro-Währungsgebiets,* im Internet unter: http://www.bundesbank.de/download/ezb/monatsberichte/2000/200003mb_ezb _stat.pdf, (Stand: 30.05.2009).

OHNE VERFASSER (2009l): *Autobanken: Es geht ums Prinzip. In: bank und markt,* 38. Jahrgang, Juni 2009, Fritz Knapp Verlag, Frankfurt am Main, 2009.

OHNE VERFASSER (2009m): *Aus der Finanzwerbung. Die Tücke des Objekts. In: bank und markt,* 38. Jahrgang, Juni 2009, Fritz Knapp Verlag, Frankfurt am Main, 2009.

OHNE VERFASSER (2009n): *Großer Zuspruch für Verbundorganisation. In: Initiativbanking,* 2. Ausgabe, corps. Corporate Publishing Services GmbH, Düsseldorf, 2009.

OHNE VERFASSER (2009o): *Von der US-Immobilienkrise zur weltweiten Rezession,* im Internet unter: http://www.tagesschau.de/finanzkrise/, (Stand: 14.06.2009).

OHNE VERFASSER (2009p): *Oktober 2008: Der Monat der Rettungspakete,* im Internet unter:
http://www.tagesschau.de/wirtschaft/chronologiefinanzmarktkrise106.html,
(Stand: 14.06.2009).

OHNE VERFASSER (2009q): *November 2008: Die Konjunktur kippt,* im Internet unter:
http://www.tagesschau.de/wirtschaft/chronologiefinanzmarktkrise108.html,
(Stand: 14.06.2009).

OHNE VERFASSER (2009r): *Dezember 2008: Autokonzerne mit herben Problemen,* im Internet unter:
http://www.tagesschau.de/wirtschaft/chronologiefinanzmarktkrise110.html,
(Stand: 14.06.2009).

OHNE VERFASSER (2009s): *Januar 2009: Der Staat steigt bei der Commerzbank ein,* im Internet unter:
http://www.tagesschau.de/wirtschaft/chronologiefinanzmarktkrise112.html,
(Stand: 14.06.2009).

OHNE VERFASSER (2009t): *Februar 2009: Wird die HRE verstaatlicht?,* im Internet unter:
http://www.tagesschau.de/wirtschaft/chronologiefinanzmarktkrise114.html,
(Stand: 14.06.2009).

OHNE VERFASSER (2009u): *März 2009: Das Zittern bei Opel geht weiter,* im Internet unter:
http://www.tagesschau.de/wirtschaft/chronologiefinanzmarktkrise118.html,
(Stand: 14.06.2009).

OHNE VERFASSER (2009v): *April 2009: Globaler Kampf gegen die Finanzkrise,* im Internet unter:
http://www.tagesschau.de/wirtschaft/chronologiefinanzmarktkrise120.html,
(Stand: 14.06.2009).

OHNE VERFASSER (2009w): *Mai 2009: HRE wird staatlicher, Opel vorerst gerettet,* im Internet unter:
http://www.tagesschau.de/wirtschaft/chronologiefinanzmarktkrise122.html,
(Stand: 14.06.2009).

OHNE VERFASSER (2009x): *Finanzmarkt,* im Internet unter:
http://www.bpb.de/popup/popup_lemmata.html?guid=LOUGLL, (Stand: 15.06.2009).

OHNE VERFASSER (2009y): *Wettbewerb,* im Internet unter:
http://www.bpb.de/popup/popup_lemmata.html?guid=V09KO5, (Stand: 15.06.2009).

OHNE VERFASSER (2009z): *Struktur des deutschen Finanzsystems,* im Internet unter:
http://www.soffin.de/finanzmarkt.php?sub=6, (Stand: 16.06.2009).

OHNE VERFASSER (2009aa): *Aufgaben des Fonds,* im Internet unter:
     http://www.soffin.de/fonds_aufgaben.php?sub=2, (Stand: 16.06.2009).

OHNE VERFASSER (2009ab): *Leitung des Fonds,* im Internet unter:
     http://www.soffin.de/fonds_leitung.php?sub=2, (Stand: 16.06.2009).

OHNE VERFASSER (2009ac): *Finanzierung des Fonds,* im Internet unter:
     http://www.soffin.de/fonds_finanzierung.php?sub=2, (Stand: 16.06.2009).

OHNE VERFASSER (2009ad): *Leistungen – Auflagen,* im Internet unter:
     http://www.soffin.de/leistungen_auflagen.php?sub=3, (Stand: 16.06.2009).

OHNE VERFASSER (2009ae): *Leistungen – Garantien,* im Internet unter:
     http://www.soffin.de/leistungen_garantien.php?sub=3, (Stand: 16.06.2009).

OHNE VERFASSER (2009af): *Leistungen – Rekapitalisierung,* im Internet unter:
     http://www.soffin.de/leistungen_rekapitalisierung.php?sub=3, (Stand:
     16.06.2009).

OHNE VERFASSER (2009ag): *Leistungen – Risikoübernahme,* im Internet unter:
     http://www.soffin.de/leistungen_risiko.php?sub=3, (Stand: 16.06.2009).

OHNE VERFASSER (2009ah): *Gesetz zur Umsetzung eines Maßnahmenpakets zur
     Stabilisierung des Finanzmarktes,* im Internet unter:
     http://www.bundesfinanzministerium.de/nn_4328/DE/BMF__Startseite/Aktuelles
     /Aktuelle__Gesetze/Gesetze__Verordnungen/Finanzmarktstabi.html, (Stand:
     17.06.2009).

OHNE VERFASSER (2009ai): *Gesetz zur Umsetzung eines Maßnahmenpakets zur
     Stabilisierung des Finanzmarktes,* im Internet unter:
     http://www.bundesfinanzministerium.de/nn_69116/DE/BMF__Startseite/Aktuelle
     s/Aktuelle__Gesetze/Gesetze__Verordnungen/Finanzmarktstabi__anl,templateI
     d=raw,property=publicationFile.pdf, (Stand: 17.06.2009).

OHNE VERFASSER (2009aj): *Stabilisierung der Finanzmärkte,* im Internet unter:
     http://www.bundesfinanzministerium.de/nn_69116/DE/Wirtschaft__und__Verwa
     ltung/Finanz__und__Wirtschaftspolitik/Finanzpolitik/122__Paket__Finanzmaerk
     te.html?__nnn=true, (Stand: 17.06.2009).

OHNE VERFASSER (2009ak): *Finanzmarktstabilisierungsfonds-Verordnung,* im Internet
     unter:
     http://www.bundesfinanzministerium.de/nn_1928/DE/BMF__Startseite/Aktuelles
     /Aktuelle__Gesetze/Gesetze__Verordnungen/Finanzmarktstabilisierungsfonds_
     _Verordnung__anla,templateId=raw,property=publicationFile.pdf, (Stand:
     19.06.2009).

OHNE VERFASSER (2009al): *HRE kann VEB werden,* im Internet unter:
     http://www.tagesschau.de/wirtschaft/bundestag194.html, (Stand: 20.06.2009).

OHNE VERFASSER (2009am): *Was sich rentiert. In: Finanztest,* Juli 2009, Stiftung
     Warentest, Berlin, 2009.

OHNE VERFASSER (2009an): *Was sicher ist. In. Finanztest,* Juli 2009, Stiftung
     Warentest, Berlin, 2009.

OHNE VERFASSER (2009ao): *Basel //. Die neue Baseler Eigenkapitalvereinbarung,* im Internet unter: http://www.bundesbank.de/bankenaufsicht/bankenaufsicht_basel.php, (Stand: 30.06.2009).

OHNE VERFASSER (2009ap): *Sparkasse Herford, Persönlich. Nah. Zuverlässig.* In: *Sparkasse Herford Jahresbericht 2008,* AM/COMMUNICATIONS, Berlin, 2009.

OHNE VERFASSER (2009aq): *Lagebericht 2008 der Deutschen WertpapierService Bank AG.* In: *dwpbank, Geschäftsbericht 2008,* 2009.

OHNE VERFASSER (2009ar): *Unsere Kunden.* Im Internet unter: http://www.dwpbank.de/Deutsch/Unternehmen/Referenzen/index.phtml, (Stand: 01.07.2009).

OHNE VERFASSER (2009as): *EU genehmigt Staatshilfe für Commerzbank,* im Internet unter: http://www.handelsblatt.com/unternehmen/banken-versicherungen/eu-genehmigt-staatshilfen-fuer-commerzbank;2267988, (Stand: 01.07.2009).

OHNE VERFASSER (2009at): *Commerzbank baut Vorstand um,* im Internet unter: http://www.wirtschaftspresse.biz/pshb/fn/relhbi/sfn/biz_getblob/SH/4ca0031260 d200e0340dc41924947c/rid/1226141/db/HB/cmd/PDFHB20090508001.pdf/sco de/B0429BF88DBEC8E8EB513C45314081F94D1036B5/index.pdf, (Stand: 01.07.2009).

OHNE VERFASSER (2009au): *Dax 30,* im Internet unter: http://www.sparkasse-herford.de/432f10d177ffe409/index.htm, (Stand: 02.07.2009).

OHNE VERFASSER (2009av): *Leistungen – Garantien,* im Internet unter: http://www.soffin.de/leistungen_garantien.php?sub=3, (Stand: 02.07.2009).

OHNE VERFASSER (2009aw): *Geschäftsbericht 2008 des Commerzbank-Konzerns,* 2009.

OHNE VERFASSER (2009ax): *Sparkassen und Volksbanken kritisieren Bankrettung.* In: *Handelsblatt,* 16. März 2009, Nr. 52, Handelsblatt GmbH, Düsseldorf, 2009.

OHNE VERFASSER (2009ay): *Der Schlüssel zur Mobilität. In Geschäftsbericht der Volkswagen Financial Services AG,* CAT Consultants, Hamburg 2009.

OHNE VERFASSER (2009az): *EZB appelliert an Verantwortung der Banker,* im Internet unter: http://www.handelsblatt.com/politik/konjunktur-nachrichten/ezb-appelliert-an-verantwortung-der-banker;2415588, (Stand: 05.07.2009).

OHNE VERFASSER (2009aaa): *Sparkassenpräsident kritisiert Volkswagen-Bank,* im Internet unter: http://www.handelsblatt.com/unternehmen/banken-versicherungen/sparkassenpraesident-kritisiert-volkswagen-bank;2147119, (Stand: 06.07.2009).

OHNE VERFASSER (2009aab): *Volkswagen Bank zapft den Bund an. In: Handelsblatt,* 19. Februar 2009, Nr. 35, Handelsblatt GmbH, Düsseldorf, 2009.

OHNE VERFASSER (2009aac): *Autobanken blasen zum Gegenangriff. In: Handelsblatt,* 01. April 2009, Nr. 64, Handelsblatt GmbH, Düsseldorf, 2009.

OHNE VERFASSER (2009aad): *Hintergrund - Finanzmarkt – Glossar,* im Internet unter: http://www.soffin.de/finanzmarkt_glossar.php?sub=6. (Stand: 05.07.2009).

OHNE VERFASSER (2009aae): *Juni 2009, General Motors muss in die Insolvenz,* im Internet unter: http://www.tagesschau.de/wirtschaft/chronologiefinanzmarktkrise124.html, (Stand: 14.07.2009).

OHNE VERFASSER (2009aaf): *Monatsbericht März 2009 der EZB,* im Internet unter: http://www.bundesbank.de/download/ezb/monatsberichte/2009/200903.mb_ezb .pdf, (Stand: 15.07.2009).

OHNE VERFASSER (2009aag): *Monatsbericht Juni 2009 der EZB,* im Internet unter: http://www.bundesbank.de/download/ezb/monatsberichte/2009/200906.mb_ezb .pdf, (Stand: 15.07.2009).

OHNE VERFASSER (2009aah): *Pressemitteilung SoFFin vom 10.07.2009,* im Internet unter: http://www.soffin.de/presse.php?sub=5, (Stand: 15.07.2009).

OHNE VERFASSER (2009aai): *Monatsbericht Juli 2009 der EZB,* im Internet unter: http://www.bundesbank.de/download/ezb/monatsberichte/2009/200907.mb_ezb .pdf, (Stand: 15.07.2009).

OHNE VERFASSER (2009aaj): *Monatsbericht Dezember 2008 der Bundesbank,* im Internet unter: http://www.bundesbank.de/download/volkswirtschaft/monatsberichte/2008/2008 12mb_bbk_12h.pdf, (Stand: 20.07.2009).

OHNE VERFASSER (2009aak): *Bank intern-Umfrage,* im Internet unter: http://www.markt-intern.de/home/redaktionen/bank-intern/aktuelles.html, (Stand: 20.07.2009).

OHNE VERFASSER (2009aal): *Häufig gestellte Fragen zur Finanzkrise – und ihre Antworten,* im Internet unter: http://www.gutfuerdeutschland.de/?id=47#1, (Stand: 26.07.2009).

OHNE VERFASSER (2009aam): *Banken knausern mit Unternehmenskrediten. In: Handelsblatt,* 01. Juli 2009, Nr. 123, Handelsblatt GmbH, Düsseldorf, 2009.

OHNE VERFASSER (2009aan): *Der Geldmarkt ist noch lange nicht gesund. In: Handelsblatt,* 15. – 17. Mai 2009, Nr. 93, Handelsblatt GmbH, Düsseldorf, 2009.

OHNE VERFASSER (2009aao): *Monatsbericht Mai 2009 der Bundesbank,* im Internet unter: http://www.bundesbank.de/download/volkswirtschaft/monatsberichte/2009/2009 05mb_bbk_mh.pdf, (Stand: 26.07.2009).

OHNE VERFASSER (2009aap): *Erträge der Sparkassen geraten unter Druck. In: Handelsblatt,* 12. Februar 2009, Nr. 30. Handelsblatt GmbH, Düsseldorf, 2009.
OSMAN, Y. (2009): *Kunden ziehen Geld aus Sparkassen ab. In: Handelsblatt,* 12. März 2009, Nr. 50. Handelsblatt GmbH, Düsseldorf, 2009.

OSMAN, Y. (2009a): *Genossen suchen nach Sparpotenzial. In: Handelsblatt,* 02. Juli 2009, Nr. 124, Handelsblatt GmbH, Düsseldorf, 2009.

OSMAN, Y. / BASTIAN, N. (2009): *Wo ist nur all das Geld geblieben. In: Handelsblatt,* 12. Januar 2009, Nr. 7, Handelsblatt GmbH, Düsseldorf, 2009.

PAUL, S. / STEIN, S. (2008): *Sturm – Finanzmarktkrise und Konsequenzen für die Bankenaufsicht. In: Wissen und Handeln 08,* Institut für Kredit- und Finanzwirtschaft e.V., Bochum, 2008.

PFADENHAUER, M. (2005): *Auf gleicher Augenhöhe. Das Experteninterview – ein Gespräch zwischen Experte und Quasi-Experte. In: Bogner, A., Littig, B., Menz, W. (Hrsg.): Das Experteninterview,* 2. Auflage, VS Verlag für Sozialwissenschaften, Wiesbaden, 2005.

RICHARD, W. / MÜHLMEYER, J. / WEFERS, G. / BERMANN, B. (2001): *Betriebslehre für Banken und Sparkassen,* 25. Auflage, Merkur Verlag, Rinteln, 2001.

STORN, A. (2009): *Kassensturz aus dem Dorf. In: Die Zeit,* 26.März 2009, Nr. 14, Verlagsgruppe Georg von Holtzbrinck GmbH, Hamburg, 2009.

SZALLIES, R. (2009): *Neue Realitäten – neue Kunden? In: bank und markt,* 38. Jahrgang, Juni 2009, Fritz Knapp Verlag, Frankfurt am Main, 2009.

TRINCZEK, R. (2005): *Wie befrage ich Manager? Methodische und methodologische Aspekte des Experteninterviews als qualitativer Methode empirischer Sozialforschung. In: Bogner, A., Littig, B., Menz, W. (Hrsg.): Das Experteninterview,* 2. Auflage, VS Verlag für Sozialwissenschaften, Wiesbaden, 2005.

WAGNER, N. (2008): *Die Finanzmarktkrise, Internationale Perspektiven,* Konrad-Adenauer-Stiftung, Sankt Augustin/Berlin, 2008.

WAHLERS, G. (2008): *Die Finanzmarktkrise, Internationale Perspektiven,* Konrad-Adenauer-Stiftung, Sankt Augustin/Berlin, 2008.

WEBER, A. (2009): *Finanzkrise: Fragen der Aufarbeitung, Bewältigung und Prävention. In: Auszüge aus Presseartikeln der Deutschen Bundesbank,* 25. März 2009, Nr. 13 Selbstverlag der Deutschen Bundesbank, Frankfurt am Main, 2009.

WINTZENBURG, J. (2009): *Wo ist das Geld geblieben? In: Stern,* Nr. 23, 2009, Gruner + Jahr AG & Co KG, Hamburg, 2009.

WÖHE, G. (2005): *Einführung in die Allgemeine Betriebswirtschaftslehre,* 22. Auflage, Verlag Franz Vahlen GmbH, München, 2005.

WÜBKER, G. (2009): *Zurück zur Tugend. In: Banken & Sparkassen,* 3 / 2009, av-news GmbH, München, 2009.

WURM, G. / MÖHLMEIER, H. / SKORZENSKI, F. / WIERICHS, G. (2001): *Allgemeine Wirtschaftslehre für den Bankkaufmann / die Bankkauffrau,* 3. Auflage, Stam Verlag, Köln, 2001.

Anhang

Anhang 1: Entwicklung der Finanzmarktkrise 104

Anhang 2: Leitzinsänderungen der EZB 119

Anhang 3: Interviewleitfaden 120

Anhang 4: Interviewbericht 1 122

Anhang 5: Interviewbericht 2 133

Anhang 6: Interviewbericht 3 146

Anhang 7: Interviewbericht 4 159

Anhang 8: Interviewbericht 5 172

Anhang 9: Giroguthaben der Banken über Mindesreserve-Soll 183

Anhang 10: Zusammenfassung der Interviewberichte 184

Anhang 1: Entwicklung der Finanzmarktkrise

Ende 2006

Der Boom in den USA ist vorbei. In den USA bricht der Immobilienmarkt zusammen, immer mehr Menschen, die sich mit günstigen Krediten ein Haus gekauft haben, können ihre Kredite nicht mehr bedienen. Amerikanische Banken vermelden erstmals Zahlungsausfälle in Rekordhöhe, aber noch scheint das Problem handhabbar und auf die USA konzentriert.

Juni / Juli 2007

Die Lage spitzt sich zu: Banken und Hypothekenfinanzierer haben in großem Stil untereinander gehandelt und mit Immobilien besicherte Papiere weiterverkauft. Im Sommer 2007 kommt es zu einer (wirklichen) Hypothekenkrise, zahlreiche Hedgefonds müssen geschlossen und liquidiert werden. Der Markt für Wertpapiere, die auf Immobiliendarlehen beruhen, kommt weitgehend zum Erliegen. Betroffen ist als erstes die New Yorker Investmentbank Bear Stearns.

Juli / August 2007

Die amerikanische Immobilienkrise erreicht Deutschland: Es wird bekannt, dass sich auch zahlreiche deutsche Banken am US-Hypothekenmarkt verspekuliert haben und nun Gelder in Millionenhöhe abschreiben müssen. Besonders hart trifft es die Mittelstandsbank IKB. Bund, Bankenwirtschaft und die bundeseigene Kreditanstalt für Wiederaufbau (KfW) springen mit einem finanziellen Rettungspaket ein. Bis ins Jahr 2008 zieht sich dieser Prozess, an dessen Ende der Verkauf der IKB an den Finanzinvestor Lone Star steht. Betroffen sind auch deutsche Landesbanken wie die Sachsen LB, die West LB und die Bayern LB.

September 2007

Am 13. September 2007 ist der britische Immobilienfinanzierer Northern Rock am Ende. Verängstigte Kunden des Instituts räumen ihre Konten. Die britische Notenbank rettet die Bank schließlich mit einem Notkredit, der Staat bürgt für alle Einlagen bei Northern Rock. Die US-Notenbank Federal Reserve senkt die Leitzinsen, auch die Europäische Zentralbank (EZB) pumpt zusätzliche Mittel in den Geldmarkt, damit den Banken kurzfristig Geld zur Verfügung steht.

Oktober 2007 – Januar 2008

Ein Finanzunternehmen nach dem anderen vermeldet hohe Verluste, darunter die Citigroup und die US-Investmentbank Merrill Lynch.

Februar 2008

Der amerikanische Kongress verabschiedet ein Konjunkturprogramm in Höhe von 150 Milliarden Dollar.

März 2008

Das amerikanische Investmenthaus Bear Stearns wird am 14. März kurz vor dem Zusammenbruch an die Bank J.P. Morgan Chase verkauft, die Fed übernimmt bilanzielle Risiken in Höhe von 29 Milliarden Dollar.

Juli 2008

Die kalifornische Hypothekenbank IndyMac bricht zusammen. Die US-Hypothekengiganten Fannie Mae und Freddie Mac geraten immer mehr in Bedrängnis.

September 2008

Die Investmentbank Merrill Lynch wird von der Bank of America aufgekauft, der Versicherungsriese AIG gerät durch Milliardenverluste in akute Geldnot. Die US-Notenbank rettet AIG mit einem Kredit von 85 Mrd. Dollar.

15. September 2008

Als „schwarzer Montag" geht der 15. September 2008 in die Finanzgeschichte ein. Die amerikanische Investmentbank Lehman Brothers meldet Insolvenz an und löst damit eine beispiellose Panikwelle auf den internationalen Finanzmärkten aus, der Geldfluss kommt nahezu zum Erliegen, die Kreditinstitute leihen sich kaum noch Geld.

21. September 2008

Jetzt melden auch die Investmentbank Goldman Sachs und Morgan Stanley Gewinneinbrüche. Die beiden letzten verbliebenen US-Investmentbanken verzichten auf ihren Sonderstatus und werden zu gewöhnlichen Geschäftsbanken.

26. September 2008

Die größte US-Sparkasse Washington Mutual bricht zusammen. Die US-Regierung kündigt darauf hin ein Rettungspaket in Höhe von 700 Milliarden Dollar an.

29. September 2008

Die Regierungen von Belgien, Luxemburg und den Niederlanden übernehmen für elf Milliarden Euro große Teile des strauchelnden Konzerns Fortis. In Großbritannien wird die Hypothekenbank Bradford & Bingley verstaatlicht, wenig später retten Frankreich, Belgien und Luxemburg den Immobilienfinazierer Dexia vor der Pleite. Nach langen nächtlichen Verhandlungen steht fest: Bund, Banken und Finanzaufsicht schnüren ein milliardenschweres Finanzierungspaket für den angeschlagenen Münchner Immobilienfinanzierer Hypo Real Estate und beschließen, mit 35 Milliarden Euro zu bürgen.[377]

3. Oktober 2008

Nach dem Senat stimmt auch das US-Repräsentantenhaus dem geänderten Rettungsplan für die Banken zu. US-Präsident George W. Bush macht kurz darauf mit seiner Unterschrift den Weg für das Inkrafttreten frei. Die Niederlande übernehmen Teile des Finanzkonzerns Fortis für 16,8 Milliarden Euro.

4. Oktober 2008

Das DAX-Unternehmen Hypo Real Estate gibt bekannt, dass an dem mit der Bundesregierung ausgehandelten Rettungspaket beteiligte Banken ihre Zusagen zurückgezogen haben. Das Unternehmen kämpfe ums Überleben.

5. Oktober 2008

Die Bundesregierung und die Finanzbranche einigen sich auf ein erweitertes Rettungspaket für die Hypo Real Estate, wonach zusätzlich zum vereinbarten Bürgschaftsrahmen von 35 Milliarden Euro die Banken einen Kredit in Höhe von 15 Milliarden Euro gewähren. Zudem stellt die Bundesregierung eine staatliche Garantie für alle privaten Spareinlagen in Aussicht.

6. Oktober 2008

Der Deutsche Aktienindex DAX stürzt um mehr als sieben Prozent ab, der Dow Jones Index verliert zwischenzeitlich mehr als 800 Punkte - so viel wie nie zuvor. Trotz späterer Erholung schließt der Leitindex unter 10.000 Punkten. Island stellt aus Angst vor einem Staatsbankrott das Bankenwesen unter staatliche Kontrolle.

---

[377] O.V. [Entwicklung der Finanzmarktkrise] (2009b), Web.

7. Oktober 2008

Die EU-Finanzminister beschließen, "systemrelevante Finanzinstitute" zu unterstützen und europaweit Spareinlagen von mindestens 50.000 Euro zu garantieren.

08. Oktober 2008

Großbritannien beschließt eine Teilverstaatlichung der größten Banken des Landes und ein Hilfspaket mit einem Gesamtvolumen von 500 Milliarden Pfund für die angeschlagenen Institute. Viele internationale Notenbanken senken in einer konzertierten Aktion ihre Leitzinsen.

10. Oktober 2008

Die Finanzminister der sieben führenden Industrienationen (G7) beschließen einen gemeinsamen Aktionsplan zur Überwindung der globalen Finanzkrise. Die Börsen setzen ihre rasante Talfahrt fort, der DAX liegt zwischenzeitlich um mehr als zehn Prozent im Minus.

12. Oktober 2008

Die Mitgliedsländer der Eurozone einigen sich auf einem Sondergipfel auf gemeinsame Regeln für nationale Rettungspläne zugunsten des Finanzsektors. Sie erklären das gemeinsame Ziel, Banken vor dem Zusammenbruch zu bewahren.

13. Oktober 2008

Die Bundesregierung einigt sich auf ein Banken-Rettungspaket mit einem Volumen von 480 Milliarden Euro. Mit bis zu 400 Milliarden Euro bürgt der Staat für Kredite von Banken untereinander, weitere 80 Milliarden Euro werden für eine Beteiligung des Staates am Eigenkapital der Kreditinstitute bereitgestellt. Auch Frankreich, die Niederlande, Österreich und Spanien beschließen milliardenschwere Rettungs- und Stützungspakete für den Finanzsektor.

15. Oktober 2008

Die USA geben das größte Haushaltsdefizit der Geschichte bekannt. Die Bundesregierung verteidigt ihr 480-Milliarden-Rettungspaket im Bundestag. Die EU-Kommission lockert die Bilanzierungsregeln für Banken und erhöht die Garantien für die Konteninhaber. Der EU-Gipfel billigt den Plan der Euro-Länder gegen die Krise.[378]

---

[378] O.V. [Chronologie der Finanzmarktkrise] (2009p), Web.

17. Oktober 2008

Das Finanzmarktstabilisierungsgesetz (FMStG) wird verabschiedet. Der Deutsche Bundestag und der Bundesrat verabschieden damit ein umfangreiches Maßnahmenpaket zur Stabilisierung des deutschen Finanzmarkts. Die in diesem Gesetz enthaltenen Maßnahmen sind eng mit den Mitgliedsländern der Europäischen Union und den G7-Staaten abgestimmt und beinhalten zahlreiche Bedingungen, die Banken erfüllen müssen, wenn sie staatliche Hilfe in Anspruch nehmen wollen.[379]

18. Oktober 2008

Das Gesetz zur Errichtung eines Finanzmarktstabilisierungsfonds (Finanzmarktstabilisierungsfondsgesetz – FMStFG) tritt in Kraft.[380]

20. Oktober 2008

Die Maßnahmen des neuen Gesetzes werden in einer Rechtsverordnung (Verordnung zur Durchführung des Finanzmarktstabilisierungsfondsgesetzes, kurz: Finanzmarkt-stabilisierungsfonds-Verordnung (FMStFV)) festgelegt und vom Bundeskabinett beschlossen. Bedürftige Banken können ab sofort staatliche Hilfe in Anspruch nehmen, um ihren Kapitalbedarf zu decken.[381]

21. Oktober 2008

Die BayernLB nimmt als erste deutsche Bank die Unterstützung aus dem Rettungspaket in Anspruch. 5,4 Milliarden Euro sollen als Kapitalspritze fließen. Der Freistaat Bayern und die bayerischen Sparkassen sollen mit einer weiteren Milliarde Euro zur Kapitalerhöhung beitragen.

27. Oktober 2008

Der Rettungsfonds der Bundesregierung nimmt offiziell seine Arbeit auf. Fast zeitgleich kündigt die Postbank nach Millionenverlusten eine Kapitalerhöhung an - und schlägt damit staatliche Hilfe aus.

28. Oktober 2008

Die BaFin stellt den Entschädigungsfall für die deutsche Tochter der insolventen US-Bank Lehman Brothers fest.

---

[379] O.V. [Entwicklung der Finanzmarktkrise] (2009b), Web.
[380] Vgl. o.V. [FMStFG] (2009h), Web.
[381] O.V. [Entwicklung der Finanzmarktkrise] (2009b), Web.

29. Oktober 2008

Die Hypo Real Estate beansprucht als erste Privatbank Mittel aus dem staatlichen Rettungsfonds. Zwei deutsche Immobilienfonds stoppen ihre Auszahlungen.

30. Oktober 2008

Laut Finanzminister Steinbrück wollen weitere Geschäftsbanken Mittel aus dem Rettungspaket abrufen. Die Deutsche Bank wendet erstmals die neuen Bilanzierungsregeln an - und verbucht deswegen noch einen kleinen Gewinn.

31. Oktober 2008

Die Finanzmarktkrise erwischt immer mehr offene Immobilienfonds, seit Wochenbeginn haben elf Immobilienfonds aus Liquiditätsmangel vorläufig geschlossen. Der Bankenrettungsfonds der Bundesregierung bewilligt der Hypo Real Estate die beantragte Finanzspritze von 15 Milliarden Euro. Die isländische Finanzaufsicht stellt den Entschädigungsfall für die Kaupthing-Bank fest.[382]

03.November 2008

Die Commerzbank gibt nach einem hohen Quartalsverlust bekannt, dass sie das staatliche Rettungspaket in Anspruch nimmt. Mit einer stillen Einlage von 8,2 Milliarden Euro erhöht der Staat die Eigenkaptalbasis der Bank und räumt ihr Garantien für Schuldverschreibungen von bis zu 15 Milliarden Euro ein. Die HSH Nordbank will ebenfalls das Rettungspaket nutzen und staatliche Kreditgarantien von bis zu 30 Milliarden Euro beantragen. […]

5. November 2008

Die Bundesregierung beschließt ein milliardenschweres Konjunkturpaket mit 15 Maßnahmen, die einer drohenden Rezession infolge der Finanzmarktkrise entgegenwirken und eine Million Arbeitsplätze sichern sollen.

08. November 2008

Deutschlands größte Landesbank, die LBBW, ist von der Finanzmarktkrise betroffen und erwartet durch ein Island-Geschäft einen "Verlust in Höhe von 350 Millionen Euro".

10. November 2008

Der strauchelnde Versicherungsriese AIG wird erneut von der US-Regierung gestützt. Der seit September unter staatlicher Kontrolle stehende US-Hypothekenfinanzierer

---

[382] O.V. [Chronologie der Finanzmarktkrise] (2009p), Web.

Fannie Mae gibt einen Rekordverlust von Juli bis September bekannt: 29 Milliarden Dollar.

12. November 2008

Die so genannten fünf Wirtschaftsweisen rechnen für 2009 mit einer Stagnation des deutschen Bruttoinlandsprodukts und befürchten eine Rezession. Die EU-Kommission will Rating-Agenturen einer verbindlichen Kontrolle unterwerfen. Die US-Regierung kündigt an, das 700 Milliarden Dollar schwere Rettungspaket für die Finanzmärkte neu auszurichten: Die Märkte für die Kreditvergabe sollen unterstützt werden.

17. November 2008

Die staatliche KfW-Bankengruppe meldet für die ersten neun Monate des Jahres einen Verlust von fast 1,8 Milliarden Euro infolge der Finanzmarktkrise. Die Citigroup gibt die Streichung von weiteren 53.000 Jobs bekannt.

21. November 2008

Die Eigner der größten deutschen Landesbank LBBW gewähren dem Institut eine Kapitalspritze von fünf Milliarden Euro. Die LBBW will zudem Fusionsgespräche mit der BayernLB führen. Bundespräsident Köhler greift die Banken scharf an und fordert eine grundlegende Erneuerung der Branche. Der Immobilienfinanzierer Hypo Real Estate, der bereits im Oktober mit einer milliardenschweren Stützungsaktion gerettet werden musste, erhält 20 Milliarden Euro aus dem Finanzmarktstabilisierungsfonds.

22. November 2008

Die rund 30.000 deutschen Sparer, die bei der angeschlagenen isländischen Kaupthing-Bank angelegt haben, erhalten ihr Geld zurück - mit Unterstützung der deutschen Steuerzahler.

28. November 2008

Die Commerzbank profitiert indirekt von ihrem niedrigen Aktienkurs und übernimmt die Dresdner Bank zum Schnäppchenpreis. Die BayernLB braucht weitere zehn Milliarden Euro frisches Kapital und bekommt dieses vom Land Bayern und aus dem Rettungsfonds des Bundes.[383]

---

[383] O.V. [Chronologie der Finanzmarktkrise] (2009q), Web.

02. Dezember 2008

Bei der angeschlagenen BayernLB wird jede vierte Stelle gestrichen, 5.600 Mitarbeiter müssen gehen. Der Sparkasse Washington Mutual wird vom neuen Eigentümer JP Morgan Chase ein Sparprogramm verordnet, dem 9200 Jobs zum Opfer fallen.

06. Dezember 2008

Der künftige US-Präsident Obama kündigt die größte Investition in die Infrastruktur des Landes seit 50 Jahren an. Die Kauflaune der Deutschen ist am Nikolaustag ungebrochen, das Weihnachtsgeschäft trotzt der Wirtschaftskrise.

09. Dezember 2008

Die Volkswagen Finanztöchter Financial Services und die VW Bank wollen das Banken-Rettungspaket der Bundesregierung in Anspruch nehmen. Die schwer angeschlagene Münchener Immobilienbank Hypo Real Estate sichert sich weitere Garantien in Höhe von zehn Milliarden Euro aus dem Banken-Rettungspaket des Bundes. Die Weltbank senkt ihre Prognose für das globale Wirtschaftswachstum im kommenden Jahr erneut und erwartet nun die schlimmst Krise seit der Großen Depression in den 30er-Jahren.

18. Dezember 2008

Die EU-Kommission genehmigt das staatliche Rettungspaket für die BayernLB. Das Europaparlament stimmt der Ausweitung der Einlagensicherung zu. Dadurch sind im Fall einer Bankenpleite ab 2009 Spareinlagen europaweit bis 50.000 Euro garantiert.[384]

08. Januar 2009

Die Commerzbank wird teilverstaatlicht. Der Bund erhält 25 Prozent plus eine Aktie an dem Institut, das die Dresdner Bank bis zum Monatsende übernehmen will.

14. Januar 2009

Die Deutsche Bank meldet für das vierte Quartal einen Verlust von 4,8 Milliarden Euro und vereinbart mit der Deutschen Post neue Bedingungen für die Übernahme von deren Postbankaktien. Die Deutsche Post erhält dabei im Gegenzug für 22,9 Prozent der Postbank-Anteile ein Paket von acht Prozent der Deutsche-Bank-Aktien.

---

[384] O.V. [Chronologie der Finanzmarktkrise] (2009r), Web.

20. Januar 2009

BMW liebäugelt mit einer Staatsbürgschaft für seine Finanzsparte. […] In Deutschland zwingt die anhaltende Absatzkrise am Automarkt immer mehr Hersteller zur Kurzarbeit, darunter auch Europas größten Autobauer VW und den Münchener Hersteller BMW. […] Der angeschlagene Immobilienfinanzierer Hypo Real Estate erhält weitere Garantien in Höhe von zwölf Milliarden Euro vom Staat.

21. Januar 2009

In ihrem Jahreswirtschaftsbericht erwartet die Regierung in Deutschland die schärfste Rezession seit Bestehen der Bundesrepublik: In diesem Jahr wird das BIP demnach um 2,25 Prozent schrumpfen. Der Chef des Bankenrettungsfonds SoFFin, Merl, gibt seinen Posten auf - offenbar im Streit über die Führung des Fonds.

26. Januar 2009

Der Ex-Nord-LB-Chef Rehm wird neuer Chef des Bankenrettungsfonds SoFFin. Der niederländische Finanzkonzern ING erwirtschaftet einen Milliardenverlust und streicht 7000 Jobs.

29. Januar 2009

Die Krise schlägt sich immer mehr auf dem Arbeitsmarkt nieder - die Zahl der registrierten Arbeitslosen stieg im Januar um 387.000 auf 3.489.000. Der Vorstandchef der schwer angeschlagenen Hypo Real Estate ruft nach dem Staat als Anteilseigner.

31. Januar 2009

Offenbar arbeitet das Finanzministerium an einem Gesetzesentwurf, der die Verstaatlichung von Banken in Deutschland ermöglichen soll. Erster Kandidat: die Hypo Real Estate. Auch Kanzlerin Merkel schließt eine Verstaatlichung nicht aus.[385]

02. Februar 2009

Die Bundesregierung erklärt, sie werde eine Pleite der Hypo Real Estate nicht zulassen. Gleichzeitig wächst die Kritik an Verstaatlichungsplänen.

---

[385] O.V. [Chronologie der Finanzmarktkrise] (2009s), Web.

11. Februar 2009

Der Bankenrettungsfonds SoFFin gewährt dem Immobilienfinanzierer Hypo Real Estate weitere zehn Milliarden Euro Garantien. Die Schweizer Großbank Credit Suisse meldet für 2008 einen Jahresverlust von umgerechnet rund 5,5 Milliarden Euro.

15. Februar 2009

Der Immobilienfinanzierer Aareal beantragt Mittel aus dem Bankenrettungspaket der Bundesregierung.

18. Februar 2009

Die Bundesregierung stellt die Weichen für eine Enteignung angeschlagener Banken im äußersten Notfall und billigt im Kabinett einen entsprechenden Gesetzentwurf. [...][386] Das Gesetz zur weiteren Stabilisierung des Finanzmarktes (FMStErgG) tritt in Kraft. Es ändert diverse Gesetze wie z.B. das Finanzmarktstabilisierungsfondsgesetz vom 17. Oktober 2008.[387] Die teilverstaatlichte Commerzbank rutscht tief in die roten Zahlen - wie auch die LBBW. Die angeschlagene HSH Nordbank will trotz des Abbaus von rund 1100 Stellen und Milliardenverlusten rund 200 Millionen Euro an ihre Anteilseigner ausschütten. Die Bundesregierung will Anleger künftig besser schützen und beschloss im Kabinett entsprechende Gesetzentwürfe: Die neuen Regeln sollen Sparer besser vor Falschberatung schützen und die Einlagensicherung auf 100.000 Euro verfünffachen. Der Bankenrettungsfonds SoFFin gewährt zum ersten Mal dem Finanzdienstleister eines Autokonzerns Hilfen: Die Volkswagen Bank erhält Garantien über zwei Milliarden Euro. [...]

20. Februar 2009

Der Bankenfonds SoFFin will der HSH Nordbank die notwendigen Milliardenbeihilfen nicht gewähren, solange die Eigentümer nicht die Altlasten beseitigt haben.

23. Februar 2009

Die amerikanische Citigroup wird womöglich teilverstaatlicht. Medienberichten zufolge denkt der US-Staat darüber nach, bis zu 40 Prozent der ehemals weltgrößten Bank zu kaufen.

---

[386] O.V. [Chronologie der Finanzmarktkrise] (2009t), Web.
[387] Vgl. o.V. [FMStErgG] (2009i), Web.

24. Februar 2009

In Kiel beschließen die Länderregierungen von Schleswig-Holstein und Hamburg, dass sie der angeschlagenen HSH Nordbank drei Milliarden Euro Kapital geben.[388]

06. Mär 2009

Der Bundestag verabschiedet gegen heftige Kritik der Opposition das Rettungsübernahmegesetz, mit dem notfalls Banken verstaatlicht werden können.

14. März 2009

Die G20-Finanzminister einigen sich bei ihrem Vorbereitungstreffen für den Weltfinanzgipfel auf das Ziel, den Internationalen Währungsfonds zu stärken und die Kontrolle der Finanzmärkte zu verbessern.

18. März 2009

Die deutschen Sparkassen melden trotz der Krise einen Milliardengewinn für 2008.

20. März 2009

Der Bundestag beschließt das Rettungsübernahmegesetz, das die Verstaatlichung von Banken und die Enteignung ihrer Aktionäre ermöglicht.

27. März 2009

Die KfW-Bankengruppe meldet für 2008 einen Verlust von 2,7 Milliarden Euro. In Erwartung einer Verstaatlichung der Immobilienbank Hypo Real Estate legt Großaktionär J.C. Flowers seinen Sitz im Aufsichtsrat nieder.

28. März 2009

Der Bankenrettungsfonds SoFFin steigt bei der angeschlagenen Immobilienbank Hypo Real Estate ein und sichert sich für 60 Millionen Euro eine Beteiligung von 8,7 Prozent.[389]

03. April 2009

Der Bundesrat macht mit der Zustimmung zum Rettungsübernahmegesetz den Weg für eine mögliche Zwangsverstaatlichung der Hypo Real Estate frei.[390]

---

[388] O.V. [Chronologie der Finanzmarktkrise] (2009t), Web.
[389] O.V. [Chronologie der Finanzmarktkrise] (2009u), Web.
[390] O.V. [Chronologie der Finanzmarktkrise] (2009v), Web.

09. April 2009

Das Gesetz zur Rettung von Unternehmen zur Stabilisierung des Finanzmarktes kurz Rettungsübernahmegesetz (RettungsG) tritt in Kraft.[391] Der Bund macht bei der HRE-Übernahme ernst und bietet den Aktionären 1,39 Euro pro Anteilschein.

14. April 2009

Die US-Bank Goldman Sachs meldet einen Milliardengewinn inmitten der Wirtschaftskrise. [...] Der SoFFin verlängert seine Milliarden-Garantien für die angeschlagene HRE.

17. April 2009

Startschuss für den Versuch einer einvernehmlichen Verstaatlichung: Die Aktionäre der angeschlagenen Hypo Real Estate können ihre Anteilscheine ab sofort für 1,39 Euro dem Bund anbieten.

21. April 2009

Die Bundesregierung einigt sich darauf, bis Mitte Mai einen Gesetzentwurf für ein Bad-Bank-Modell vorzulegen.

25. April 2009

Die G7-Finanzminister sehen erste Anzeichen für ein Ende der Wirtschaftskrise. Ein geheimes Papier der BaFin sorgt für einigen Wirbel: Angeblich geht daraus hervor, dass sich die Risikoposten von 17 deutschen Banken auf 816 Milliarden Euro addieren.

27. April 2009

In Deutschland bleibt die Konsumstimmung trotz der Wirtschaftskrise stabil.[392]

04. Mai 2009

Bei der HRE läuft die Frist ab, die der Bund den Aktionären zur Annahme seines Kaufangebots gesetzt hat. Zwar erzielt der Bund keine Mehrheit, eine Verstaatlichung wird es aber vermutlich dennoch nicht geben.

05. Mai 2009

Die HRE meldet fürs erste Quartal einen Verlust in Höhe von 382 Millionen Euro.

---

[391] Vgl. o.V. [RettungsG] (2009g), Web.
[392] O.V. [Chronologie der Finanzmarktkrise] (2009v), Web.

07. Mai 2009

Der Bund besitzt nun 47,31 Prozent der HRE und kann auf eine Komplettübernahme ohne Enteignung setzen. Die EU-Kommission gibt nach langer Prüfung grünes Licht für die zweite Tranche der Staatshilfen für die Commerzbank.

08. Mai 2009

Die Commerzbank schreibt im ersten Quartal tiefrote Zahlen.

12. Mai 2009

Die EU-Kommission billigt die Staatshilfe für die WestLB, verlangt aber drastische Einschnitte bei den Beteiligungen und Geschäften der Landesbank.

13. Mai 2009

Das Kabinett verabschiedet den Gesetzentwurf zur Schaffung von Bad Banks.

14. Mai 2009

Der Bundestag beschließt die Erhöhung der gesetzlichen Einlagensicherung für Sparguthaben, Tages- oder Festgelder.

16. Mai 2009

Die Commerzbank-Aktionäre billigen den Einstieg des Staates.

31. Mai 2009

Die angeschlagene Hypo Real Estate will weitere Hilfe vom Staat.[393]

02. Juni 2009

[…] In Deutschland wächst nach der Opel-Hilfe und der Arcandor-Diskussion die Kritik an Staatshilfen - und die Angst vor einem "Dammbruch" bei den Staatshilfen. Die Aktionäre der Hypo Real Estate stimmen nach langer Diskussion der vom Bund betriebenen Kapitalerhöhung zu.

10. Juni 2009

[…] Das Bundeskabinett billigt einen Gesetzentwurf, der das sogenannte Bad-Bank-Modell auch für die Landesbanken vorsieht.

---

[393] O.V. [Chronologie der Finanzmarktkrise] (2009w), Web.

11. Juni 2009

[…] In Amerika haben die Großbanken das Vertrauen der Menschen verspielt, kleine Regionalbanken mit konservativen Strategien können sich dagegen profilieren. Die Europäische Zentralbank und das Institut für Weltwirtschaft in Kiel rechnen mit einer Rückkehr zum Wachstum im kommenden Jahr.

12. Juni 2009

Die Wirtschaftskrise droht Verbraucher- und Sozialverbänden zufolge immer mehr Privathaushalte in Deutschland in finanzielle Not zu treiben.

15. Juni 2009

Das ifo-Institut meldet, dass in der deutschen Industrie etwa jede zweite Firma über fehlende Aufträge klage. Das Wirtschaftsministerium zieht eine Zwischenbilanz der Kredit- und Bürgschaftsprogramme: Von den 40 Milliarden Euro Kreditvolumen aus den Konjunkturpaketen I und II seien bisher 1,3 Milliarden Euro bewilligt. […]

17. Juni 2009

US-Präsident Obama stellt Pläne zur Reform der Finanzmarktaufsicht vor – Kurz gefasst soll Kontrolle nicht mehr die Ausnahme, sondern die Regel werden. Außerdem zahlen zehn US-Großbanken Milliardenkredite an den Staat zurück, um den Einfluss der US-Regierung auf die Unternehmen zurückzudrängen. […]

18. Juni 2009

Korrektur nach oben für China: Nach einem durch das Konjunkturprogramm der Regierung angekurbelten "beachtlichen" Wachstum geht die Weltbank nun von einem Wirtschaftswachstum von 7,2 Prozent im laufenden Jahr aus. […] Die angeschlagene Mittelstandsbank IKB benötigt nach Informationen aus Finanzkreisen weitere Milliardenhilfe vom Staat. Die EU-Staats- und Regierungschefs einigen sich bei ihrem Gipfel in Brüssel auf Grundzüge einer Reform der Finanzaufsicht.

22. Juni 2009

Der Ifo-Geschäftsklimaindex steigt zum dritten Mal in Folge leicht an. […] Finanzaufsicht und Islands Regierung geben grünes Licht: Der Auszahlung der Sparguthaben der deutschen Kunden der isländischen Kaupthing Bank steht nichts mehr im Wege. Auf die ärmsten Länder wirkten sich die Folgen der globalen Wirtschaftskrise besonders dramatisch aus, warnt die Weltbank.

24. Juni 2009

Angesichts der Rekord-Neuverschuldung, die das Kabinett mit dem Haushalt 2010 beschließt, kritisiert DIW-Präsident Zimmermann die Ankündigung von Steuersenkungen in einigen Wahlprogrammen. Die Wirtschaftskrise wird den Arbeitsmarkt hart treffen: Die OECD rechnet bis Ende 2010 mit 5,1 Millionen Arbeitslosen in Deutschland.

30. Juni 2009: Die EU-Kommission genehmigt die Finanzhilfen für die baden-württembergische Landesbank LBBW.[394]

---

[394] O.V. [Chronologie der Finanzmarktkrise] (2009aae), Web.

Anhang 2: Leitzinsänderungen der EZB

Zeitraum	Leitzins
2007-01	3,50%
2007-02	3,50%
2007-03	3,75%
2007-04	3,75%
2007-05	3,75%
2007-06	4,00%
2007-07	4,00%
2007-08	4,00%
2007-09	4,00%
2007-10	4,00%
2007-11	4,00%
2007-12	4,00%
2008-01	4,00%
2008-02	4,00%
2008-03	4,00%
2008-04	4,00%
2008-05	4,00%
2008-06	4,00%
2008-07	4,25%
2008-08	4,25%
2008-09	4,25%
2008-10	3,75%
2008-11	3,25%
2008-12	2,50%
2009-01	2,00%
2009-02	2,00%
2009-03	1,50%
2009-04	1,25%
2009-05	1,00%
2009-06	1,00%

Tabelle: Leitzinsänderungen EZB[395]

---

[395] Vgl. o.V. [Bundesbank] (2009j), Web. Tabelle: eigene Darstellung.

Anhang 3: Interviewleitfaden

Interviewleitfaden

Interview vom: _____

Das Ziel der Untersuchung besteht darin herauszufinden, ob es durch die staatlichen Maßnahmen der Bundesregierung in den Finanzsektor – insbesondere bei Privatbanken – zu Wettbewerbsverzerrungen für Sparkassen und Genossenschafts-banken kommt.

Das Ziel des Interviews ist es, das Kundenverhalten und eine mögliche Entstehung von Wettbewerbsverzerrungen zu untersuchen sowie zu rekonstruieren.

Alle Gesprächsinhalte werden vertraulich behandelt. Die Ergebnisse und Aussagen werden anonymisiert. In der Untersuchung kann nicht auf eine bestimmte Sparkasse bzw. Volksbank oder ein bestimmtes Vorstandsmitglied geschlossen werden.

Ich werde mir im Gesprächsverlauf Notizen machen. Sind Sie damit einverstanden, dass ich zusätzlich dieses Gespräch aufzeichne?

_____

1. Fragen zu Person und Aufgabengebiet

1.1 Seit wann sind Sie Mitglied des Vorstands des Kreditinstitutes XY?

1.2 Welche Bereiche verantworten Sie?

2. Kundenreaktionen

2.1 Am 15. September 2008 meldete die amerikanische Investmentbank Lehman Brothers Insolvenz an. Beschreiben Sie bitte die Reaktion Ihrer Kunden auf dieses Ereignis.

2.2 Am 5. Oktober 2008 sprach die Bundesregierung eine staatliche Garantie für alle Spareinlagen aus. Veränderte sich dadurch das Verhalten Ihrer Kunden?

2.3 Am 17. Oktober 2008 wurde das Finanzmarktstabilisierungsgesetz (FMStG) verabschiedet. Ziel ist die Stabilisierung des deutschen Finanzmarktes. Gab es durch dieses neue Gesetz Auswirkungen auf Ihr Haus?

2.4 Wie verhalten sich Ihre Kunden heute? Ergaben sich in der Zwischenzeit (Oktober 2008 bis Mai 2009) andere Verhaltensweisen?

2.5 Wenn eine Privatbank eine Anleihe mit Staatsgarantie begibt (wie z.B. die Commerzbank), ergeben sich dadurch Auswirkungen auf Sparkassen und Genossenschaftsbanken? Wie reagieren die Kunden auf solche Angebote?

3. Wettbewerbsverzerrungen

3.1 Was verstehen Sie unter Wettbewerbsverzerrungen?

3.2 Wie zeigen sich die genannten Wettbewerbsverzerrungen auf dem Bankenmarkt?

3.3 Macht es Ihrer Meinung nach einen Unterschied, ob eine Privatbank oder eine Landesbank staatliche Hilfen des SoFFin in Anspruch nimmt?

3.4 Sollten Ihrer Meinung nach alle Banken, Sparkassen und Genossenschaftsbanken staatliche Hilfe erhalten und welche Auswirkungen würden sich daraus ergeben?

3.5 Früher haben die Privatbanken die Gewährträgerhaftung der Sparkassen kritisiert und sahen darin Wettbewerbsverzerrungen zum Nachteil der Privatbanken. Sehen Sie Parallelen zwischen der Gewährträgerhaftung und den jetzigen staatlichen Eingriffen?

3.6 Verursachen die Auflagen des Finanzmarktstabilisierungsgesetzes (FMStG) (zusätzliche) Wettbewerbsverzerrungen (z.B. durch die Begrenzung der Vorstandsgehälter, Überprüfung der Geschäftspolitik etc.)?

3.7 Welche Maßnahmen müssten von der Bundesregierung unternommen werden, um Wettbewerbsverzerrungen möglichst zu vermeiden?

3.8 „Einige der so begünstigten Unternehmen begreifen die Staatshilfen offensichtlich als Grundlage, um nicht marktgerechte Einlagenkonditionen zu bieten und damit sogar zu werben", sagte Sparkassenpräsident Heinrich Haasis.[396]

Herr Haasis regte an, die Zinsangebote von Banken mit staatlicher Unterstützung gesetzlich zu begrenzen. "Wenn der Staat schon mit öffentlichen Geldern in den Wettbewerb eingreift, ist auch eine Preisregulierung für die begünstigten Unternehmen gerechtfertigt".[397] Wie ist Ihre Meinung dazu?

4. Auswirkungen der Finanzmarktkrise auf Ihr Kreditinstitut?

4.1 Ergeben sich durch die Finanzmarktkrise Auswirkungen für Ihr Kreditinstitut? Führen Sie hierzu Analysen durch?

1. auf die Kundeneinlagen
2. auf die Eigenanlagen
3. auf das Depot B

4.2 Viele Privatbanken haben angekündigt, sich auf ihr Kerngeschäft, d.h. auf das Privatkundengeschäft und Mittelstandskundengeschäft, zu fokussieren. Ergibt sich dadurch eine veränderte Situation im Wettbewerb für Sparkassen und Genossenschaftsbanken?

5. Abschlussfrage und Dank

Möchten Sie noch wichtige Aspekte dieses Themas nennen, die durch das Interview Ihrer Meinung nach zu wenig berücksichtigt wurden?

---

[396] Köhler, P. (2009), S. 55.
[397] Köhler, P. (2009), S. 55.

Anhang 4: Interviewbericht 1

Transkription des Interviews vom 28.05.2009

Dauer des Interviews: 17.00 – 18.00 Uhr

Ort des Interviews: Büro des Vorstandes im Kreditinstitut 1

Gespräch vor Einschalten des Aufnahmegerätes:

Ich stellte mich kurz vor und beschrieb die Inhalte meiner Untersuchung und die Zielsetzung der Experteninterviews.

Interviewdurchführung:

Das Interview fand in einer angenehmen Gesprächsatmosphäre statt, und das Vorstandsmitglied antwortete bereitwillig und ausführlich auf meine Fragen. Während des Interviews gab es keine Störungen.

1. Fragen zu Person und Aufgabengebiet

1.1 und 1.2 Seit wann sind Sie Mitglied des Vorstands beim Kreditinstitut 1 und welche Bereiche verantworten Sie?

Ich bin seit dreieinhalb Jahren Vorstand beim Kreditinstitut 1 und ich verantworte das Privatkundengeschäft und das Eigenanlagenmanagement.

2. Kundenreaktionen

2.1 Am 15. September 2008 meldete die amerikanische Investmentbank Lehman Brothers Insolvenz an. Beschreiben Sie bitte die Reaktion Ihrer Kunden auf dieses Ereignis.

Ich möchte zuerst den Bogen in Richtung der britischen Hypothekenbank Northern Rock spannen. Da gab es in dem Zeitfenster Medienberichte, dass dort die Kunden vor den Türen Schlange gestanden haben, um die Spareinlagen abzuholen. Das war das, was in der Rückbetrachtung auf unsere Kunden die größte Wirkung gezeigt hatte. Wir hatten zu dem Zeitpunkt verstärkt Anfragen von Kunden, insbesondere auch von Kunden, die sich sehr gut im Wertpapierbereich auskennen, die sich gefragt haben, wie sicher das Termingeld bei unserem Kreditinstitut 1 sei. Über Aktienkurse brauchte man nicht zu sprechen. Darüber wussten die Kunden Bescheid. Die Sicherheit von Bankeinlagen betrafen damals ca. 70 % bis 80 % der Anfragen auch von qualifizierten Kunden. Diese hatten sich Gedanken gemacht, wie sicher die Bankeinlagen in Deutschland und insbesondere bei uns im Haus sind.

Darüber hinaus gab es das Thema Zertifikate. Wir hatten ein Passivprodukt, das den Namen „Zertifikat" trug. Wir haben auch noch von anderen Kreditinstituten gehört, dass viele Kunden angefragt haben, ob dies ähnliche Produkte wie Lehman Zertifikate seien. Das hat uns veranlasst, den Namen zu verändern. Mit anderen Worten heißt das Produkt nun „Sparkapital" und nicht mehr „Einlagenzertifikat". Für das Neugeschäft wechselten wir den Namen, obwohl das von Anfang an ganz unterschiedliche Produkte gewesen sind, die nicht miteinander vergleichbar sind. Unser „Einlagenzertifikat" hatte nichts mit der Börse oder der Bonität von Emittentenzahlungen zu tun. War damit also unproblematisch.

2.2 Am 5. Oktober 2008 sprach die Bundesregierung eine staatliche Garantie für alle Spareinlagen aus. Veränderte sich dadurch das Verhalten Ihrer Kunden?
Mit der Garantie, die damals Frau Merkel und Herr Steinbrück ausgesprochen hatten, ist es deutlich ruhiger geworden. Da war für alle Kunden klar, dass Bankeinlagen sicher sind. Nichtsdestotrotz hatten wir eine Reihe von Kunden, die ganz gezielt ihre Einlagen verteilt haben. Diese wollten ihre Einlagen nicht nur bei einem Kreditinstitut haben. Die haben ihr Geld dann willkürlich auf andere Kreditinstitute verteilt. Dadurch haben wir auch Kunden hinzugewonnen, die bislang keine Bankverbindung mit unserem Hause hatten. Tenor war: „Wir möchten bei Ihnen ein Konto eröffnen und kommen mit einem Teil unseres Geldes zu Ihnen." Die Konditionen auf der Einlagenseite waren damals relativ egal. Da stand das Thema Sicherheit und nicht der Zinssatz im Vordergrund.

Auch noch nachdem die Garantie der Bundesregierung ausgesprochen wurde?
Ja. Auch noch danach. Verstärkt natürlich vor der Garantieerklärung. Aber das Thema Sicherheit war im Oktober und November 2008 immer noch sehr deutlich ausgeprägt. Rentabilität spielte eine untergeordnete Rolle. Das Komische war, dass wir auch eine Reihe von Firmenkunden gehabt haben, die wir früher nicht als Kunden gewinnen konnten, die auch vor Ort ein Konto bei uns eröffnet haben. Die gesagt haben: „Mit der Geschäftspolitik der Dresdner Bank oder Commerzbank sind wir nicht mehr einverstanden. Wir suchen ganz bewusst eine Bank vor Ort." Das wird bei anderen Kreditinstituten bestimmt genauso gewesen sein. Es sind aber auch Adressen an uns herangetreten, bei denen wir vorher keinen Fuß in die Tür bekommen hatten. Die dann gesagt hatten: „Jetzt ist die Zeit da, eine Kontoverbindung vor Ort zu beginnen." Das war zu der Zeit bemerkenswert.

Hatten Sie zu der Zeit erhöhte Bargeldverfügungen von Ihren Kunden?

Die hatten wir auch. Wir hatten auch Kuriositäten dabei, wobei ich nicht weiß, ob das so repräsentativ ist. Es waren gefühlt eher die älteren Leute, also die Generation 70 Jahre aufwärts. Die gesagt haben: „Wir haben das schon einmal in der Vergangenheit mitgemacht." Wenn man dann gefragt hat: „Was machen Sie denn mit dem Geld?", dann haben die geantwortet, dass sie das Geld zu Hause unter dem Kopfkissen haben möchten. Die wollten bewusst das Geld in bar haben und nicht mehr bei einem Kreditinstitut.

Was wir weiter sehr verstärkt festgestellt haben, das war die Nachfrage nach Gold; Goldbarrenkauf oder Goldmünzenkauf. Das hatte ab September 2008 einen ganz anderen Stellenwert bei unseren Kunden. Wobei man sagen muss, die Kunden, die dann wirklich Gold gekauft haben, gingen bei uns fast gegen Null. Gut, dass mal jemand für seine Enkelkinder eine Goldmünze gekauft hatte, okay. Aber zu dem Thema Gold gab es einige Nachfragen bei uns. Die Goldbarren sind bei uns aber nicht kiloweise über den Schalter gegangen. Das gab es bei uns nicht. Und das hat sich auch im Jahr 2009 fortgesetzt. Im gesamten ersten Quartal 2009 wurden verstärkt Goldbarren – also physisches Gold – nachgefragt und von manchen Kunden erworben. Der Goldpreis spielte dabei auch keine große Rolle. Es ging nur darum, erstmal das Gold zu haben.

2.3 Am 17. Oktober 2008 wurde das Finanzmarktstabilisierungsgesetz (FMStG) verabschiedet. Ziel ist die Stabilisierung des deutschen Finanzmarktes. Gab es durch dieses neue Gesetz Auswirkungen auf Ihr Haus?

Nein. Auf die Kunden hatte das wenig Auswirkungen. Die Garantieerklärung der Bundesregierung hatte eine stabilisierendere Wirkung auf unsere Kunden. Das FMStG hatte eher eine untergeordnete Bedeutung gehabt. Vielleicht spielte das Gesetz zu einem späteren Zeitpunkt eine Rolle, nämlich als die Bundesregierung bei der Commerzbank eingestiegen ist. Das hatte die Situation weiter beruhigt. Was anderes wäre es gewesen, wenn die Bundesregierung gesagt hätte, man wickelt die Commerzbank komplett ab. Dann wäre ich gespannt gewesen, ob die Garantie für die Spareinlagen wirklich bei den Kunden weiter gezogen hätte, oder ob die Kunden die Garantie deutlich hinterfragt hätten.

2.4 Wie verhalten sich Ihre Kunden heute? Ergaben sich in der Zwischenzeit (Oktober 2008 bis Mai 2009) andere Verhaltensweisen?

Beim Thema Gold, also physischem Gold, gibt es weiterhin eine abflachende Nachfrage bei uns im Hause. Was sich allerdings komplett geändert hat, ist die Zinssensibilität der Kunden. Das haben wir im ersten Quartal 2009 sehr deutlich gemerkt, als die Commerzbank für Jahrsanlagen 3 % geboten hatte und der Euribor für zwölf Monate bei ca. 1,7 % oder bei 1,5 % lag. Da konnten wir unseren Kunden schwer verständlich machen, warum die Commerzbank 3 % zahlt und wir 2 % oder 1,75 %. Die Kunden haben sich überlegt: „Die Einlagen sind bei der Commerzbank genauso sicher wie beim Kreditinstitut 1. Das Angebot der Commerzbank kann ich doch gut annehmen." Es lag zum einen an der Garantie der Bundesregierung und zum anderen daran, dass die Bundesregierung direkt bei der Commerzbank eingestiegen war. Das konnten wir im Kundengespräch auch nicht wegdiskutieren. Das war schon sehr unerfreulich. Das muss ich ganz klar sagen.

2.5 Wenn eine Privatbank eine Anleihe mit Staatsgarantie begibt (wie z.B. die Commerzbank), ergeben sich dadurch Auswirkungen auf Sparkassen und Genossenschaftsbanken? Wie reagieren die Kunden auf solche Angebote?

Bei unseren Kunden ging es weniger um die staatsgarantierte Anleihe der Commerzbank. Die war bei unseren Kunden kaum ein Thema. Es ging mehr um die Passivanlagen, z.B. das Termingeld für ein Jahr bei der Commerzbank. Beim Anleihenbereich haben sich unsere Kunden eher andere Emittenten ausgesucht. Da ging es eher um VW und BMW. Diese Anleihen waren ja auch sehr interessant. Die Kunden haben sich dabei die Frage gestellt: „Können die Pleite gehen oder können die nicht Pleite gehen?" In Unternehmensanleihen haben unsere Wertpapierkunden lukrativere Anlagechancen gesehen und genutzt.

3. Wettbewerbsverzerrungen

3.1 Was verstehen Sie unter Wettbewerbsverzerrungen?

Wir verstehen darunter das Thema Konditionsgestaltung, dass sich Kreditinstitute auf der Aktiv- oder Passivseite mit der Kondition deutlich außerhalb des Marktumfeldes bewegen. Dabei meine ich nicht das Viertelprozent, was wir immer haben. Damit konnten wir in der Vergangenheit gut leben und können das auch in Zukunft. Das muss auch so sein, aber nicht wie bei dem Beispiel mit der Jahresanlage bei der Commerzbank. Wenn die Commerzbank 3 % Zinsen anbietet, während die nationalen Kapitalmärkte 1,75 % widerspiegeln, dann kann nicht ein Kreditinstitut deutlich mehr bieten. Unserer Meinung nach war die Commerzbank de facto Pleite. Das kann nicht sein, dass die mit unseren Steuergeldern - letztendlich gesehen - subventioniert werden. Und dann gehen die noch mit hohen Konditionen an den Markt. Im Endeffekt wird uns das Leben doppelt schwer gemacht. Das kann so nicht funktionieren. Wenn man sich dann noch überlegt, dass es vor ca. drei bis vier Jahren die Diskussion gab, dass Deutschland - es ging in Richtung der Landesbanken - over banked wäre. Da stellt man sich doch die Frage, warum rettet man dann überhaupt die Commerzbank? Da könnte man auch sagen: Das ist der schwächste Kandidat, der muss raus fallen, und damit haben wir mehr Luft für die anderen Kreditinstitute; mit welchen Konsequenzen auch immer. Aber vom Prinzip her hätte man die anderen deutschen Banken, die an der Commerzbank beteiligt sind oder Wertpapiere von der Commerzbank halten, schadlos stellen können.

Also, bei uns im Hause bedeutet Wettbewerbsverzerrung schwerpunktmäßig das Thema Konditionsgestaltung.

Sind das für Sie die reinen Zinskonditionen oder fallen unter den von Ihnen genannten Punkt „Konditionsgestaltung" auch die Preisgestaltung von Girokonten oder Zugaben zur Kontoeröffnung wie z.B. ein Navigationsgerät, eine Kaffeemaschine oder 75 EUR für eine Kontoeröffnung?
Ja, natürlich meine ich damit auch kostenfreie Girokonten. Ich meine das ganze Paket. Das zahlen im Endeffekt wir, also die Steuerzahler. Wir als Privatpersonen oder die Kreditinstitute, die Steuern zahlen, bezahlen diese Konditionen. Wir zahlen die Commerzbank. Und das sind Dinge, die einfach nicht gehen.

3.2 Wie zeigen sich die genannten Wettbewerbsverzerrungen auf dem Bankenmarkt?
Das hatte ich vorhin ja schon beschrieben. Die Kundengespräche werden für uns schwieriger. Es gibt kaum noch Argumente für die Berater in den Kundengesprächen. Durch die Garantie der Bundesregierung sind alle Kreditinstitute für die Kunden „gleich" sicher. Die unterstützten Banken können keine nicht-marktgerechten Konditionen zulasten der anderen Kreditinstitute anbieten.

3.3 Macht es Ihrer Meinung nach einen Unterschied, ob eine Privatbank oder eine Landesbank staatliche Hilfen des SoFFin in Anspruch nimmt?
Also grundsätzlich gesehen kann es da keinen Unterschied geben. Wenn man bei dem einen die Subventionen ablehnt, dann muss man das bei dem anderen genauso machen. Auf der anderen Seite sind wir weder von der WestLB noch von der Hypo Real Estate betroffen. Das tangiert uns beides nicht. Aber vom Grundsatz her kann es

da keinen Unterschied geben, egal wie das Geschäftsmodell aussieht, ob das Kreditinstitut das Privatkundengeschäft betreibt oder nicht.

3.4 Sollten Ihrer Meinung nach alle Banken, Sparkassen und Genossenschaftsbanken staatliche Hilfe erhalten und welche Auswirkungen würden sich daraus ergeben?

Ich persönlich hätte damit ein massives Problem. Wir leben in einer freien Marktwirtschaft. Das heißt, die Entscheidungen, die ich heute treffe, die habe ich ergebnistechnisch früher oder später zu verantworten. Und wenn ich mit meinen Entscheidungen falsch gelegen habe, dann muss ich auch die Konsequenzen daraus tragen. Das gilt genauso auch für den Handwerker vor Ort. Wenn der sich mit seinen Angeboten verkalkuliert und dann feststellt, er hat kein Geld verdient und sein Eigenkapital ist aufgebraucht, dann geht der in die Insolvenz. Da stört sich im Endeffekt auch keiner drum. Dann ist der Pleite. Warum soll das für Banken nicht genauso gelten? Und von daher würde ich den Vorschlag ablehnen, dass alle systemrelevanten Banken staatliche Hilfe in Anspruch nehmen müssen. Ich bin eher ein Freund davon, zu sagen, bitte, dann muss auch mal ein großes Institut abgewickelt werden. Mit allen Konsequenzen, die dahinter stehen. Aber dann wissen die Verbraucher oder die Firmenkunden, woran sie wirklich sind. Heute interessiert den Kunden nur noch der Preis. Dann können wir auch die ING DiBa hinzunehmen, die durch ihre Mutter indirekt gestützt wird oder die VW-Bank. Das kann doch irgendwo nicht funktionieren. Dem Kunden gegenüber hat man keine Argumente. Der sagt sich: „Ist doch eh alles sicher. Ich gehe dahin, wo ich den höchsten Preis bzw. Zins bekomme." Der Markt kann so nicht funktionieren. Weil dadurch die guten Kreditinstitute langfristig aus dem Markt rausgekegelt werden. Ein unmögliches Beispiel ist Kaupthing, die letztes Jahr ca. 5 % für Tagesgelder gezahlt haben. Warum soll man nicht sagen, dass die Kunden Pech gehabt haben. Der Zins ist der Preis für das Risiko. Wenn ich bereit bin, bei Kaupthing anzulegen, und Kaupthing und die isländische Einlagensicherung den Bach runter geht, dann habe ich halt mit Zitronen gehandelt. Mit der Meinung kann ich ein Außenseiter sein, aber ich bin der Meinung, dass die Marktwirtschaft gilt, und dann muss ich auch für Fehlentscheidungen einstehen. Letztendlich werden wir aus dem Markt herausgedrängt werden, wenn alle anderen weiterhin solche nicht-marktgerechten Konditionen anbieten. Das kann nicht funktionieren.

3.5 Früher haben die Privatbanken die Gewährträgerhaftung der Sparkassen kritisiert und sahen darin Wettbewerbsverzerrungen zum Nachteil der Privatbanken. Sehen Sie Parallelen zwischen der Gewährträgerhaftung und den jetzigen staatlichen Eingriffen?

Würde ich schon durchaus so sehen. Jetzt nicht juristisch gesehen. Aber emotional gesehen gibt es durchaus Parallelen. Die WestLB ist da ein passendes Beispiel. Die WestLB hat alle paar Jahre tüchtig daneben gelegen. Wenn die das Land nicht gehabt hätte, sondern einen privaten Investor, da wäre auch die Frage gewesen, was wäre mit der WestLB weiter passiert? Mit der Commerzbank ist es das Gleiche. Wenn der Bund nicht eingestiegen wäre, würde es die Commerzbank heute nicht mehr geben.

Ergeben sich dadurch Ihrer Meinung nach Wettbewerbsverzerrungen? Sie sagten, dass durch die heutigen Eingriffe der Bundesregierung Wettbewerbsverzerrungen entstehen. Es werden z.B. keine marktgerechten Konditionen angeboten. Welche Auswirkungen hatte die Gewährträgerhaftung?

Dadurch gab es eher gefühlte Wettbewerbsverzerrungen. In der Kombination von Kommunen und Sparkassen. Da gab es bei uns das eine oder andere Beispiel, dass sich eine Kommune für eine Geldanlage oder Kreditaufnahme bei einer Sparkasse entschieden hat. Da stellte sich für die Kommune nicht die Frage, welcher Marktanbieter - also regionale Sparkasse oder Volksbank - stellt den besten Preis, sondern es wurde sich häufig für die Sparkasse entschieden.

Haben Sie von der Gewährträgerhaftung auch etwas im Privatkundenbereich gespürt?

Nein. Die Gewährträgerhaftung spielte im Privatkundenbereich überhaupt keine Rolle; eher im Firmenkundenbereich bei der Kreditaufnahme von Kommunen. Da konnte man feststellen, dass es da eine sehr enge Bindung zwischen Sparkasse und Kommune gibt. Das würde ich eher unter dem Aspekt der Wettbewerbsverzerrung sehen.

3.6 Verursachen die Auflagen des Finanzmarktstabilisierungsgesetzes (FMStG) (zusätzliche) Wettbewerbsverzerrungen (z.B. durch die Begrenzung der Vorstandsgehälter, Überprüfung der Geschäftspolitik etc.)?

Die Frage ist, ob die Geschäftspolitik wirklich beeinflusst wird oder ob nicht Vertreter hingeschickt werden, die im Grunde genommen alles abnicken. Eins muss man ja auch sehen, wenn man die Finanzkrise von Anfang an betrachtet. Bei der IKB saßen ja auch schwerpunktmäßig über die KfW politische Vertreter im Aufsichtsrat. Die haben ja auch mehr oder weniger alles abgenickt. Das Gleiche gibt es auch bei den

Landesbanken. Da sitzen ja auch viele Politiker in den Aufsichtsgremien. Mit anderen Worten: Nicht so wirklich die Profis. Und da ist die Frage, wen heute die Bundesregierung in die Aufsichtsräte schickt. Schickt man da irgendwelche „Repräsentanten" oder schickt man da Leute mit Fachkenntnis. Und man kann natürlich nur hoffen, dass man da wirklich Profis hinschickt, um das eine oder andere kritisch zu durchleuchten. Wichtig ist es natürlich auch, wenn es um den Bereich Depot A geht, dass sich das wirklich Profis ansehen. Es ist schwer zu sagen, ob es dadurch zusätzliche Wettbewerbsverzerrungen gibt.

Meinen Sie, dass es auch mit Mitarbeitern Schwierigkeiten geben könnte, wenn bei dem einen Kreditinstitut ggf. die Gehälter begrenzt werden?

Das kann ich mir durchaus vorstellen. Gerade im Investmentbereich. Wenn man mal hört, was da für Zahlungen gerade auch im variablen Bereich getätigt worden sind. Wenn man das beschneidet, dann werden die Topleute dahin gehen, wo sie am besten verdienen können. Es gab aus Amerika Berichte in der Zeitung, dass die festen Gehaltsbestandteile angehoben werden sollen, um gute Mitarbeiter bei Banken zu halten.

3.7 Welche Maßnahmen müssten von der Bundesregierung unternommen werden, um Wettbewerbsverzerrungen möglichst zu vermeiden?

Das geht im Endeffekt nur über die Vertreter, die in die Aufsichtsräte geschickt werden, um bzgl. der Preisgestaltung zu intervenieren. Ansonsten hätte man das im Vorfeld in die Verträge mit aufnehmen sollen, wenn ein Kreditinstitut staatliche Hilfen in Anspruch nimmt, dann müssen marktgerechte Konditionen gestellt werden. Eine gestützte Bank darf nicht erhöhte Konditionen anbieten und dann noch damit werben, dass die staatlich gesichert sind. Den Kunden wird vorgemacht, dass sie einen höheren Zins zu weniger Risiko erhalten können. Das geht einfach nicht. Hier ist die Frage, ob die entsprechenden Aufsichtsräte das Thema angehen oder ob die sagen, dass das ein Thema ist, das uns nur ganz am Rande interessiert. Die haben momentan andere Sorgen. Wir haben für den Genossenschaftsbereich die Bundestagsabgeordnete über den BVR angeschrieben und haben auf die Wettbewerbsverzerrungen im Januar / Februar 2009 hingewiesen. Was dabei rauskommt, das müssen wir einfach abwarten. So etwas Ähnliches wird der Sparkassenverband vermutlich auch gemacht haben.

3.8 „Einige der so begünstigten Unternehmen begreifen die Staatshilfen offensichtlich als Grundlage, um nicht marktgerechte Einlagenkonditionen zu bieten und damit sogar zu werben", sagte Sparkassenpräsident Heinrich Haasis.

Herr Haasis regte an, die Zinsangebote von Banken mit staatlicher Unterstützung gesetzlich zu begrenzen. "Wenn der Staat schon mit öffentlichen Geldern in den Wettbewerb eingreift, ist auch eine Preisregulierung für die begünstigten Unternehmen gerechtfertigt". Wie ist Ihre Meinung dazu?

Wie bereits erwähnt, sehe ich das genauso. Ich kann noch nicht absehen, dass sich etwas getan hat. Das kostenfreie Girokonto gibt es nach wie vor.

4. Auswirkungen der Finanzmarktkrise auf das Kreditinstitut 1?

4.1 Ergeben sich durch die Finanzmarktkrise Auswirkungen für Ihr Kreditinstitut hier vor Ort? Sie haben es vorhin bereits angesprochen, dass es Auswirkungen auf die Kundeneinlagen gab.

Ja, ganz massiv. Es gab insbesondere im vierten Quartal 2008 Umschichtungen. Da habe ich jetzt keine genauen Zahlen parat. Es war unwahrscheinlich, was aus dem Investmentbereich raus gegangen ist. Der festverzinsliche Wertpapierbereich war bei uns eher unbedeutend. Die Aktienkunden kennen das Geschäft. Schwerpunktmäßig gab es große Umschichtungen bei Investmentfonds. Die Kunden wollten daraus komplett aussteigen. Darunter waren auch sehr sichere Fondsanlagen. Einfach nach dem Motto: „Ich möchte das Guthaben bei der Bank haben und nicht in Investmentfonds. Da weiß ich, dass es sicher ist." Das war schon sehr massiv damals.

In welche Anlagen wurde das Geld umgeschichtet?

Hauptsächlich in Tagesgelder, Festgelder oder Jahresanlagen. Also den typischen Trend, den man in den vergangenen Jahren auch schon kannte. Das Geld wurde relativ kurz in Passivanlagen angelegt. Darüber hinaus wurde auch Bargeld verfügt. So sind manche Kunden auch ganz aus unseren Passivanlagen raus gegangen. Teilweise haben manche auch Goldanlagen getätigt.

Hat sich die Strategie bei Ihren Eigenanlagen durch die Finanzmarktkrise geändert?

Da wir kontinuierlich konservativ aufgestellt waren, haben wir riesiges Glück gehabt. Wir haben aber dennoch eine andere Strategie angewendet. Wir hatten unser Corporate-Bond-Portfolio fast bis auf Null zurückgefahren. Das haben wir nach und nach ab Oktober 2008 wieder aufgebaut. Weil wir die Spreads, die sich massiv ausgeweitet hatten, genutzt haben, um in Financials und Industrieanleihen zu investieren. In Depot A hatten wir schon eine Strategieänderung. Wir hatten die Limite immer schon für diese Anleihen gehabt, haben diese aber nicht genutzt. Die historischen Spreads waren ja massiv zurückgegangen, und so waren wir in der

Vergangenheit nicht investiert. Für die niedrigen Zinsvorteile wollten wir uns damals das Risiko nicht ins Depot A einkaufen. Genauso hatten wir Glück mit den Bankschuldverschreibungen außerhalb des Verbundes, dass wir diesen mehr oder weniger auf Null zurückgefahren hatten. Und dann konnten wir die Chance nutzen, um Bestände aufzubauen. Das war für uns ein sehr gutes Jahr gewesen. Für die Direktanlage in Aktien haben wir auch Limite. Wir sind momentan aber nicht direkt in Aktien investiert. Letztes Jahr hatten wir vom Risikoergebnis im Depot A ein Plus erwirtschaftet. Und dieses Jahr logischerweise auch. Mit anderen Worten: Wir sind nicht direkt in Aktien investiert, überlegen aber gerade, ob wir hier nicht Bestände aufbauen sollten. Dann aber nicht direkt über eine Aktienanlage, sondern eher über Zertifikate oder Indexfonds.

Sie hatten eben gesagt, dass viele Kunden ihr Geld aus dem Wertpapierbereich in den Passivbereich umgeschichtet hatten. Wie verhalten sich momentan die Kunden im Depot B?

Der Trend der Umschichtung ist momentan nicht mehr gegeben. Aber die Kunden bleiben immer noch auf der Einlagenseite. Es gibt zurzeit nicht den Trend, dass Kunden den Sprung in Wertpapiere wagen. Die Umsätze in Aktien, Aktienfonds und Rentenfonds sind zurzeit im Gesamtportfolio eher unbedeutend. Wenn ich die Entwicklung im vierten Quartal 2008 betrachte, dann können die Umschichtungen aus dem Wertpapierbereich mit den heutigen Umsätzen nicht kompensiert werden. Vor allem auch, da viele Kunden insbesondere im mittleren Segment Angst um ihre Jobs haben und daher nicht in den Wertpapierbereich einsteigen möchten.

4.2 Viele Privatbanken haben angekündigt, sich auf ihr Kerngeschäft, d.h. auf das Privatkundengeschäft und Mittelstandskundengeschäft, zu fokussieren. Ergibt sich dadurch eine veränderte Situation im Wettbewerb für Sparkassen und Genossenschaftsbanken?

Änderungen bei großen Kreditinstituten dauern immer etwas länger. Mittelfristig wird der Wettbewerb dadurch sicherlich aber noch stärker werden. Wichtig ist, dass dieser Wettbewerb zu marktgerechten Preisen stattfindet. Momentan haben wir den Eindruck, dass sich vor allem die Commerzbank gezielt Risiko einkauft. Dies sehen wir bei Kreditkonditionen für mittlere bis schlechtere Kundenbonitäten. Hier haben wir das Gefühl, dass sich die Commerzbank Kunden zu Dumpingkonditionen einkauft. Hierbei werden auch schlechteren Schuldnern Topkonditionen geboten. Wir kaufen uns dieses Risiko nur zu höheren, angemessenen Kreditkonditionen ein.

5. Abschlussfrage und Dank

Möchten Sie noch wichtige Aspekte dieses Themas nennen, die durch das Interview Ihrer Meinung nach zu wenig berücksichtigt wurden?

Nein. Meiner Meinung nach wurde alles berücksichtigt.

Anhang 5: Interviewbericht 2

Transkription des Interviews vom 04.06.2009

Dauer des Interviews: 10.20 – 11.45 Uhr

Ort des Interviews: Büro des Vorstandes 2 im Kreditinstitut 2

Interviewteilnehmer: Vorstand 1 und Vorstand 2 des Kreditinstitutes 2

Gespräch vor Einschalten des Aufnahmegerätes:

Ich stellte mich kurz vor und beschrieb die Inhalte meiner Studie und die Zielsetzung der Experteninterviews.

Interviewdurchführung:

Das Interview fand in einer angenehmen Gesprächsatmosphäre statt, und die Vorstandsmitglieder antworteten bereitwillig und ausführlich auf meine Fragen. Vorstand 1 hat an dem Interview bis 11.00 Uhr teilgenommen.

1. Fragen zu Person und Aufgabengebiet

1.1 Seit wann sind Sie Mitglied des Vorstands beim Kreditinstitut 2?

V1: Ich bin seit dem 01.09.1987, also seit mehr als 20 Jahren Vorstand beim Kreditinstitut 2.

V2: Ich bin seit über 18 Jahren Vorstand beim Kreditinstitut 2.

1.2 Welche Bereiche verantworten Sie?

V1: Ich verantworte die Bereiche Strategie und Services, Personal, Revision und Marketing.

V2: Ich bin zuständig für die Bereiche Privatkunden, Private Banking sowie Immobilien, Treasury und Kommunalkunden.

2. Kundenreaktionen

2.1 Am 15. September 2008 meldete die amerikanische Investmentbank Lehman Brothers Insolvenz an. Beschreiben Sie bitte die Reaktion Ihrer Kunden auf dieses Ereignis.

V2: Die Tendenz zu sicheren Anlageformen wurde in diesen Wochen deutlich verstärkt. Das Kreditinstitut 2 verfügt nach wie vor über ein sehr gutes Image hinsichtlich seiner Stabilität und Sicherheit. Die zahlreichen Fragen zu unserem

Sparkassenzertifikat und zu unseren Sicherungssystemen konnten ausreichend und gut beantwortet werden. Auch wenn die Konditionsfragen zunehmend in den Hintergrund gerückt sind, müssen wir bei einigen lokalen Wettbewerbern teilweise auf Jahresgeldangebote von 5 % - wie etwa von der Deutschen Bank - und mehr reagieren. Der von der Bundesregierung ausgesprochene Schutzschirm für alle Einlagen wirkt sich insofern für uns nicht gerade förderlich aus."

Wie haben sich die Kunden vor der Garantie der Bundesregierung für Spareinlagen verhalten?

V1: Es gab einen stärkeren Informationsbedarf, auf den wir gut vorbereitet waren. Bei den Kunden gab es Verunsicherung. Es ging dann weiter bis in den Oktober 2008 hinein, dass es gewisse Panikreaktionen und irrationale Reaktionen gegeben hat. Diese äußerten sich in der Form, dass Kunden ihr Geld sehen oder mitnehmen wollten, zum Teil auch in größeren Beträgen mitgenommen haben. Das sind aber in der Regel ganz wenige Einzelfälle geblieben, die nicht typisch gewesen sind.

V2: Das Stichwort Gold wäre hier noch zu nennen. Ab September 2008 hat es eine Vervielfachung der durchschnittlichen Absatzzahlen gegeben. Und das ist aktuell immer noch so. Der Goldpreis stößt in diesen Tagen wieder an sein Allzeithoch. Und damals gab es eine sprunghafte Zunahme sowohl des Preises als auch der Nachfrage nach Gold. Später um die Jahreswende ging der Preis um 100 oder 150 USD pro Unze zurück. Jetzt steigt der Preis wieder. Damals gab es sogar, was die physische Auslieferung betraf, wochenlange Wartezeiten. Auch nach dem 15. September 2008 und vor dem 06. Oktober 2008 spielte die Zinsfrage eine relativ geringe Rolle. Es ging nur darum, das Geld bei der Sparkasse unterbringen zu können. Teilweise wurden auch erhebliche Beträge von der Konkurrenz abgeräumt. Wir konnten Ende September/ Anfang Oktober 2008 Zuflüsse in einem mittleren zweistelligen Millionen-Bereich generieren.

2.2 Am 5. Oktober 2008 sprach die Bundesregierung eine staatliche Garantie für alle Spareinlagen aus. Veränderte sich dadurch das Verhalten Ihrer Kunden?

V1: Das Verhalten hat sich insofern geändert, dass die Risikobereitschaft und die Preissensibilität einiger Kundengruppen zugenommen haben. Das heißt, dass sich die Bedeutung des Themas Sicherheit verringert hat, in dem Glauben, dass Frau Merkel ihre Staatsgarantie erfüllt. Das war richtig und wichtig in dieser Situation, hatte aber den Effekt, dass es wieder zu Preisverhandlungen - insbesondere zu aggressiven Konditionen von Mitbewerbern - mit Kunden kam.

V2: Das ist richtig. Insbesondere im Bereich Private Banking wurde berichtet, dass es dort abrupt mit der Erklärung, also ab dem 06. Oktober 2008, wieder zu harten Preisverhandlungen kam. Es war die Phase, als der Geldmarkt extrem reagiert hatte. Die fünf vor dem Komma wurde von Kunden gefordert. Es kam nicht mehr auf die Sicherheit an, denn die war ja durch Frau Merkels Garantie gegeben. Die Preise standen wieder ganz klar im Vordergrund. Wir haben bei uns im Hause nach der zweiten Septemberhälfte und in der ersten Oktoberhälfte 2008 wahrgenommen, dass wir eine relativ ausgeglichene Einlagenbilanz hatten; allerdings mit Zu- und Abflüssen auf sehr erhöhtem Niveau gegenüber den sonstigen Geldbewegungen, die wir zu anderen Kreditinstituten gehabt haben. Goldkäufe gab es zu der Zeit weiterhin. Die Wartezeiten für physisches Gold lagen bei ca. drei bis vier Wochen. Es gab aber nicht mehr so viele Bargeldabhebungen. Diese hatten sich normalisiert. Im Oktober 2008, nach der Garantie, hatten wir im Wertpapierbereich die größten Abflüsse. Gerade die Investmentprodukte litten darunter, weil von Frau Merkel ausdrücklich darauf hingewiesen wurde, dass diese nicht der staatlichen Garantie unterliegen. Sie hatte dabei übersehen, dass ein Sondervermögen einer besonderen Sicherheit nach dem Investmentgesetz und Depotgesetz unterliegt. Das ist in der Öffentlichkeit nicht richtig angekommen. Man muss auch erinnern an die von vielen Zeitungen präsentierten Checklisten, wo man nachsehen konnte, ob diese Produkte garantiert sind oder nicht. Das war diese Phase Ende September / Anfang Oktober 2008, in der die Medien auch eine große Rolle spielten und das Kundenverhalten spürbar beeinflussten.

2.3 Am 17. Oktober 2008 wurde das Finanzmarktstabilisierungsgesetz (FMStG) verabschiedet. Ziel ist die Stabilisierung des deutschen Finanzmarktes. Gab es durch dieses neue Gesetz Auswirkungen auf Ihr Haus?

V2: Es war eine turbulente Zeit. Insbesondere deshalb, weil die Commerzbank mit als erste unter diesen Schirm geschlüpft ist; während die Deutsche Bank durch die Weigerung von Herrn Ackermann, nicht darunter zu gehen, dafür gesorgt hat, dass der Geldmarkt nicht wieder in Gang kam. Herr Ackermann hatte quasi in der Arbeitsgruppe mitgewirkt und gesagt, das sei gut, wenn der Schirm käme. Dann hat er sich aber in der Öffentlichkeit geweigert, Geld für die Deutsche Bank aus diesem Fonds anzunehmen. Der Geldmarkt ist in den letzten vier bis sechs Wochen erst wieder einigermaßen in Gang gekommen - funktioniert aber bei weitem nicht so, wie es noch vor etwa einem Jahr gewesen war. Damals gab es schon Kundengespräche zu der Qualität von Konkurrenzangeboten. Es kam die Frage auf, welche Bank, z.B. die Commerzbank, die Deutsche Bank oder die Autobanken die sicherste sei. Es war viel Unruhe im Markt und es gab vor allem einen hohen Gesprächsbedarf bei unseren

Kunden. Gesprächsbedarf, der sehr viel Zeit gebunden und der sich nicht unbedingt auf konkrete Geschäftsabschlüsse ausgewirkt hat, aber der sehr zur Beruhigung der Kunden beigetragen hat. Es gab unzählige Gespräche, die mit einer sehr hohen Arbeitsbelastung der Mitarbeiter verbunden waren.

2.4 Wie verhalten sich Ihre Kunden heute? Ergaben sich in der Zwischenzeit (Oktober 2008 bis Mai 2009) andere Verhaltensweisen?

V2: Es ist nichts mehr so, wie es früher war. Der intensive Wettbewerb der Geschäftsbanken hat in den letzten Wochen nachgelassen. Man muss auch sehen, dass die ganz extremen Angebote ca. Januar und Februar 2009 ausgelaufen sind. Dann hat die ING DiBa ihren Standardsatz auf 1,5 % heruntergesetzt und mit 4 % für neues Geld bis zum 30. April 2009 noch einmal um Kundengelder geworben. Insofern hat sich der Wettbewerb etwas reduziert. Es gibt aber immer noch Angebote von Autobanken und von Spezialbanken, bei denen in der Spitze noch eine fünf geboten wird. In der Breite hat sich der Wettbewerb etwas beruhigt.

V1: Die Nachfrage nach Gold hat ihren Höhepunkt überschritten. Sie mag noch über dem langjährigen Durchschnitt liegen, aber es gibt keine Lieferprobleme mehr.

2.5 Wenn eine Privatbank eine Anleihe mit Staatsgarantie begibt (wie z.B. die Commerzbank), ergeben sich dadurch Auswirkungen auf Sparkassen und Genossenschaftsbanken? Wie reagieren die Kunden auf solche Angebote?

V2: Die Angebote spielen schon eine Rolle. Die Deutsche Bank und die Commerzbank haben über die Jahreswende für mehrere Monate 4 % bzw. 4,5 % für ein Jahr gezahlt. Die Tatsache, warum das so war, spielte bei den Kunden eine geringe Rolle. Die Zinssätze haben bei vielen Kunden zu Preisverhandlungen geführt. Die Besonderheit war, dass die Zu- und Abflüsse auf einem hohen Niveau stattfanden, das bedeutet, es gab Kunden, die weiterhin verunsichert waren und lieber das Geld bei einer Sparkasse anlegten, auch wenn sie wussten, dass sie woanders 1 % mehr bekommen konnten. Und andere sagten: „Das ist mir egal. Es gibt Einlagensicherungssysteme, es gibt die Garantie von Frau Merkel und im Übrigen, Sie glauben doch wohl selber nicht, dass die Commerzbank oder die Deutsche Bank in einem Jahr Pleite ist." Deswegen waren diese Wanderungsbewegungen zu beiden Seiten sehr stark ausgeprägt.

Was hat die Kunden mehr angesprochen die Passivanlagen der Privatbanken oder eine staatlich garantierte Anleihe?

V2: Nach meinen Beobachtungen ist die exakte Art der Besicherung bei den Kunden nicht so genau angekommen. Es spielte keine Rolle, dass da nun eine vom SoFFin garantierte Anleihe der Commerzbank auf dem Markt war. Die Sicherungssysteme der Sparkassenorganisation sind institutssichernde Systeme. Da konnten die Kunden auch eine Landesbankanleihe nehmen. Bei uns im Privatkundenbereich spielte eine SoFFin-gesicherte Commerzbankanleihe keine Rolle.

Gibt es einen Trend, was den Anlagehorizont von Kunden betrifft?

V2: Der Anlagehorizont hat sich gedreht. Aus der Geldmarktsituation, die im Herbst 2008 herrschte und durch die Zinserhöhung der EZB auf 4,25 % im Juli 2008, waren die kurzfristigen Anlagen deutlich interessanter als die langfristigen. Das heißt, so lange die Zinsen so hoch waren, waren eher kurzfristige Anlagemöglichkeiten gefragt. Das drehte so im Januar und Februar 2009. Wir haben aus der Erkenntnis dessen, was die EZB in Aussicht gestellt hatte, den Kunden frühzeitig sagen können, dass die Zinsen in Richtung ein bis zwei Prozent im Frühjahr 2009 fallen werden. Bei fallenden Zinsen sind Jahres- und Monatsgelder nicht mehr so interessant. Wir haben den Kunden frühzeitig geraten, in mittelfristige Anlagen zu wechseln, um sich die damals aktuellen Zinssätze für drei bis vier Jahre zu sichern. Das können wir auch ganz klar in der Absatzstatistik erkennen. Im Januar und Februar 2009 dominierten noch sehr deutlich die kurzfristigen Anlagemöglichkeiten oder kurzfristig verfügbaren Angebote. Seitdem wir mit mittelfristigen Angeboten im Markt sind, sind diese seit März 2009 deutlich in den Vordergrund getreten.

3. Wettbewerbsverzerrungen

3.1 Was verstehen Sie unter Wettbewerbsverzerrungen?

V1: Ich verstehe darunter einen Kampf mit ungleichen Bedingungen. Das heißt, es gibt Wettbewerber, die über ungerechtfertigte Vorteile verfügen, die sie zulasten ihrer Konkurrenten im Markt einsetzen. Beispiele dafür sind Autobanken oder die Commerzbank, die die Konditionen auch für uns hochtreiben, ohne dass sie selbst ein unternehmerisches und betriebswirtschaftliches Risiko eingehen. Sie werden vom Bankenrettungsschirm gestützt.

V2: Ich habe hier einen aktuellen Artikel aus der Zeitschrift „bank und markt", in der von der Redaktion geschrieben wird, dass Autobanken staatliche Garantien ohne echte wirtschaftliche Notlage in Anspruch nehmen und zeitgleich hohe Konditionen, die weit über dem Marktniveau liegen, anbieten. „Vor allem ist es dieses, was in der Branche allgemein als Missbrauch des Rettungsschirms verstanden wird." Die Mutterkonzerne der Autobanken, z.B. Daimler oder VW, mussten damals für eine drei- bis fünfjährige Anleihe ca. 8,5 % Zinsen zahlen. Wenn diese dann Einlagen mit 4,5 % und 5 % über ihre Autobanken einsammeln ist das ja immer noch preiswerter als über die

Konzernfinanzierung. Nur, die Wettbewerbsverzerrung besteht bei den Autobanken darin, dass es hier eine Vermischung gibt. Zum einen gibt es Absatzfinanzierungen für Pkws in einer Phase, in der der Absatz bis Februar 2009, bevor die Abwrackprämie kam, dramatisch eingebrochen war, und eben in zwei Fällen - VW-Bank und GM-Bank, die im Zweifel ohne echte Notlage Garantien genommen haben, um damit dann im Wettbewerb weiter die Sicherheit herausstellen zu können.

3.2 Wie zeigen sich die genannten Wettbewerbsverzerrungen auf dem Bankenmarkt?

V2: Diese zeigen sich zum einen durch hohe Konditionen, die nicht marktgerecht sind und zum anderen darin, dass die gestützten Banken kein wirtschaftliches Risiko tragen. Das Ganze wäre ja nicht so dramatisch, wenn jemand, der aufgrund seiner Bonität höhere Bonitätsprämien zahlen muss als jemand, der über eine bessere Bonität verfügt. Der dann gezwungen ist, diese Bonitätsprämien, auf der Aktivseite ebenfalls dort einzupreisen und dort entsprechend höhere Zinssätze zu verlangen. Das Beispiel Commerzbank zeigt aber sehr deutlich, dass die Commerzbank sowohl auf der Einlagenseite sehr aggressiv auf dem Markt auftritt - die haben ja immer noch die 3,5 % für ein Jahr - als auch auf der Aktivseite; speziell, weil sie ein von Vermittlern getriebenes Geschäft im Wohnungsbaufinanzierungsgeschäft hat. Da ist sie mit Top-Konditionen unterwegs. Die Commerzbank ist beispielsweise deutlich günstiger als die ING DiBa. Dadurch entsteht eine Vermischung; das sind Wettbewerbsverzerrungen.

V1: Sie kaufen teuer ein und leihen günstig wieder aus.

V2: Sie verlagern die Fristentransformation aus der Gesamtbanksteuerung in das Kundengeschäft. Sie kaufen Einlagen für z.B. 4,5 % ein und geben 10-Jahresgeld zu 3,95 % wieder aus. In einem normalen Geschäftsmodell kann das nicht funktionieren. Das sind Wettbewerbsverzerrungen.

V1: Und das alles geschieht mit Staatsgarantie.

3.3 Macht es Ihrer Meinung nach einen Unterschied, ob eine Privatbank oder eine Landesbank staatliche Hilfen des SoFFin in Anspruch nimmt?

V1: Von der Sache her ist die Systemrelevanz entscheidend. So macht das auf den ersten Blick keinen Unterschied. Wenn man aber genauer hinschaut, dann gibt es schon Unterschiede.

V2: Die Ausgangslage und das Ziel des Finanzmarktstabilisierungsgesetzes ist ja die Stabilisierung des Finanzmarktes. Und dafür ist die Systemrelevanz ein ganz entscheidender Punkt. Damit müsste im Grunde genommen zu gleichen Bedingungen jede Bank, die systemrelevant ist und deren Instabilität ein Problem für den

Finanzmarkt darstellt, Mittel vom SoFFin bekommen müssen. Weil das aber sehr unterschiedlich ist und insbesondere durch diese Machtspielchen, die von Herrn Ackermann betrieben wurden, ist der Finanzmarkt nicht so schnell stabilisiert worden, wie es damals die Absicht war, als das Gesetz verabschiedet wurde. Die Umsetzung ist durch diese Störfaktoren etwas problematisch gewesen.

3.4 Sollten Ihrer Meinung nach alle Banken, Sparkassen und Genossenschaftsbanken staatliche Hilfe erhalten und welche Auswirkungen würden sich daraus ergeben?

V1: Ich wäre strikt dagegen gewesen. Es gibt grundsätzlich Unterschiede zwischen den drei genannten Gruppen. Die Sparkassen und Genossenschaftsbanken haben eigene Sicherungssysteme. Man kann darüber diskutieren, ob alle Privatbanken hätten verpflichtet werden können oder sollen. Das mag sinnvoll erscheinen, aber ist jetzt eine akademische Diskussion.

V2: Der entscheidende Aspekt ist die Systemrelevanz. An der Stelle ist es in den USA genauso gewesen. Die amerikanische Regierung hat meiner Meinung nach 22 Institute zwangsbeglückt; aber einige tausend eben nicht, weil deren Systemrelevanz nicht gegeben war. Wenn man diesen Maßstab hier ebenfalls angelegt hätte, dann hätte man so den Filter für staatliche Hilfen nehmen können.

V1: Die Gruppe der Sparkassen einschließlich der Landesbanken ist als Ganzes zu sehen, und sie ist zweifelsohne systemrelevant. Aber diese Systemrelevanz musste bisher nicht dazu führen, dass wir unter diesen Schirm müssen. Unter den Schirm muss der Teil, der dringend Hilfe benötigt; das sind die Landesbanken. Dies wird zurzeit intensiv und kontrovers behandelt. Die Landesbanken brauchen ein Konstrukt, ob das jetzt eine Zweckgesellschaft, eine Bad Bank oder eine AIDA-Lösung ist, um die Probleme, die sie in der Refinanzierung haben, nachhaltig zu lösen. Hier fehlt eine Lösung, die politisch verhandelt und gefunden werden muss zwischen der EU, der Bundesregierung sowie den Landesregierungen.

3.5 Früher haben die Privatbanken die Gewährträgerhaftung der Sparkassen kritisiert und sahen darin Wettbewerbsverzerrungen zum Nachteil der Privatbanken. Sehen Sie Parallelen zwischen der Gewährträgerhaftung und den jetzigen staatlichen Eingriffen?

V1: Rein technisch ist es natürlich nicht das gleiche. Aber in gewisser Weise kann man schon einen Vergleich ziehen. Die Umstände haben sich in sehr kurzer Zeit verkehrt. Die Sparkassen und Genossenschaftsbanken sind ja die einzigen wirklich privaten Banken noch, die ohne Staatshaftung arbeiten. Wohingegen die großen systemrelevanten Privatbanken mehr oder weniger alle verstaatlicht sind. Die Landesbanken lasse ich jetzt mal außen vor.

Haben Sie die Gewährträgerhaftung als Sparkasse gespürt?

V1: In einer ausgesprochenen Form nicht. Aber die gefühlte Sicherheit unserer Kunden zu ihrer Sparkasse ist schon Teil unseres Vertrauens, das wir bei unseren Kunden genießen. Sie sehen uns traditionell als sicherste Institutsgruppe an. Das musste man bisher gar nicht erklären. Dieser Erklärungsbedarf ist erst im Herbst letzten Jahres aufgetreten.

V2: Also ich kann sagen, dass die Gewährträgerhaftung aktiv von der Kundenseite aus bis zum Beschluss von Brüssel im Jahr 2001 nie eine Rolle spielte. Danach hatte ich zwei bis drei Einzelfälle. Das waren Großanleger, die sich danach erkundigt haben.

V1: Aber in der Breite des Geschäftes war es nie ein Thema.

V2: Das ist im Grunde genommen die gleiche Kundenreaktion wie auf die SoFFin-garantierten Anleihen. So explizit fragen die Kunden nicht. Es ist eine gefühlte Wahrnehmung. Umfragen, die in den letzten Monaten durchgeführt wurden, bestätigen zum einen, dass die Sparkassen als die sicherste Gruppe angesehen werden und zum anderen, dass sie mit ihrer Kommunikation am besten durch die Kapitalmarktkrise gekommen sind.

Wie sah das in der Geschäftsbeziehung zu den Kommunen bzw. dem Gewährträger aus?

V1: Die Kommunen haben ihre eigenen Vergaberichtlinien. Dadurch sind sie gezwungen, Vergleichsangebote einzuholen. Das ist nichts Neues. Da gibt es keine Exklusivitäten in der Geschäftsbeziehung zu den Kommunen. Eine gewisse Nähe gibt es natürlich. Eine vertrauensvolle und intensive Zusammenarbeit, aber keine Exklusivität.

V2: Im Übrigen ist es ja so, dass eine Reihe von Kommunen schon in der Haushaltssicherung sind und andere kurz davor stehen. Dann stellt sich die Frage der Anlage von verfügbaren Geldern nicht. Das sind, wenn überhaupt nur vorübergehende Dinge, dass z.B. ein Termingeld angelegt wird. Die Kreditseite ist deutlich höher, aber diese spielt ja bei der Einlagensicherung keine Rolle.

3.6 Verursachen die Auflagen des Finanzmarktstabilisierungsgesetzes (FMStG) (zusätzliche) Wettbewerbsverzerrungen (z.B. durch die Begrenzung der Vorstandsgehälter, Überprüfung der Geschäftspolitik etc.)?

V1: Das sind die Pferdefüße dieser Regulierung. Gerade in Sanierungsfragen braucht man ein sehr qualifiziertes Management. Wenn man das Management austauschen möchte und neues Personal sucht, wird es mit den staatlichen Vorgaben schwierig gute Leute zu finden. Bei der Frage der Überprüfung der Geschäftspolitik ist es schwierig, marktgerechte Konditionen zu bewerten. Wie soll man das kontrollieren? An welchen Maßstäben soll man das festmachen? Und darüber hinaus gib es die Vorgabe, sich insbesondere auf den Mittelstand zu konzentrieren. Solche Vorgaben sind eigentlich nur populistisch.

V2: Wenn man die Marktanteile sieht, die im klassischen Mittelstandsgeschäft auf der Kreditseite getätigt werden, dann spielen Großbanken keine so große Rolle.

V1: Es kommt auch noch hinzu, dass diese gestützten Banken eine zusätzliche Konkurrenz zu nicht fairen Bedingungen hervorrufen. Diese Art von staatlichen Eingriffen sind Musterbeispiele für negative Maßnahmen, durch die Märkte in Unordnung gebracht werden können und die zu Marktstörungen führen. Die eigentlichen Dinge, die jetzt stören, die so genannte Kreditklemme bei den großen Unternehmen liegt in der nicht vollständig gelösten Aufgabe, den Kapitalmarkt und Finanzmarkt wieder funktionsfähig zu machen. Das haben wir in Deutschland noch nicht geschafft. Erstens, weil es immer noch Banken gibt, die nicht alle Karten auf den Tisch gelegt haben, wie z.B. die Deutsche Bank. Zweitens, weil das wichtige Thema der Landesbanken noch nicht gelöst ist.

3.7 Welche Maßnahmen müssten von der Bundesregierung unternommen werden, um Wettbewerbsverzerrungen möglichst zu vermeiden?

V1: Erstens: Ganz schnell den Landesbanken eine gleich faire Behandlung anbieten, die auch die Privatbanken bekommen haben. Zweitens: Für die staatlichen Hilfen eine angemessene Gegenleistung festlegen - soweit dies noch nicht geschehen ist - und dafür sorgen, dass wieder die betriebswirtschaftliche Marktdisziplin in die subventionierten Banken zurückkommt.

V2: Man kann mit dem Beispiel Commerzbank erneut arbeiten. Die Commerzbank muss für die Hilfen insgesamt 1,5 Milliarden Euro jährlich auf den Tisch legen. Sie hat im besten Jahr 2007 ein operatives Ergebnis von 1,7 Milliarden Euro erzielt. Das muss man mal berücksichtigen. Wenn sie weiterhin Wohnungsbaukredite mit Topsätzen am Markt bieten und auf der Anlagenseite deutlich über den Marktsätzen anbieten, dann kann das ja nur darauf hindeuten, dass die Commerzbank operativ stark belastet wird. Es wird ganz schön schwierig, die 1,5 Milliarden Euro jährlich zu verdienen. Zumal ja auch die Belastung von der Dresdner Bank hinzukommt.

V1: Das ist ein guter Hinweis. Das Beispiel zeigt, dass möglicherweise auch die Gesamtkonditionen dieser Staatshilfe noch einmal zu überdenken sind. Das könnte die Banken dazu verleiten, Risiken einzugehen, die erneut destabilisierend wirken.

V2: Wir vermuten, dass hier die Risiken in zwei Richtungen ausgeweitet werden müssen, um das Geld zu verdienen, das benötigt wird; zum einen die Fristentransformation zu erweitern und das Risiko von der Gesamtbank noch stärker in Richtung Kundengeschäft zu verlagern. Das Beispiel hatten wir vorhin schon gehabt. Und das zweite sind die Bonitätsrisiken, die dann wieder eingegangen werden müssen, um mehr Geld zu verdienen.

3.8 „Einige der so begünstigten Unternehmen begreifen die Staatshilfen offensichtlich als Grundlage, um nicht marktgerechte Einlagenkonditionen zu bieten und damit sogar zu werben", sagte Sparkassenpräsident Heinrich Haasis. Herr Haasis regte an, die Zinsangebote von Banken mit staatlicher Unterstützung gesetzlich zu begrenzen. "Wenn der Staat schon mit öffentlichen Geldern in den Wettbewerb eingreift, ist auch eine Preisregulierung für die begünstigten Unternehmen gerechtfertigt". Wie ist Ihre Meinung dazu?

V1: Je länger der Staat drin bleibt, desto mehr wird er gezwungen sein, immer weiter zu regulieren und immer neue Maßnahmen zu schaffen. Es gibt ein schönes Beispiel aus Indien. Der Staat hatte wegen einer Schlangenplage, insbesondere bei den Kobras, pro abgeschlagenen Kopf einer Schlange eine Belohnung ausgesetzt. Die Folge war, dass die Bauern begonnen haben, diese Schlangen zu züchten. Das ist ein Musterbeispiel für misslungene Staatseingriffe. Das wird früher oder später immer eintreten, wenn ein Staat versucht, in Einzelregulierungen, mit einzelnen Anreizen in Märkte einzugreifen. Die Bundesregierung musste in diesem Fall handeln, um einen Zusammenbruch des Finanzmarktes zu verhindern. Der Staat sollte so schnell wie möglich wieder herausgehen.

V2: Die Regulierung mit staatlich angeordneten Preisen, das kann nicht sein. Der Markt muss sich selber regulieren. Bleiben wir mal bei dem Beispiel Commerzbank. Wenn die Bank 1,5 Milliarden Euro verdienen muss, bevor sie einen Cent an die Aktionäre ausschütten kann, dann führt eine solche Politik ggf. dazu, dass sie die 1,5 Milliarden Euro nicht verdienen kann. Zum zweiten, wenn sie Risiken eingehen muss, um zu versuchen, die 1,5 Milliarden Euro plus X zu verdienen, dann kann es auch mal sein, dass in schlechten Jahren ein Verlust erwirtschaftet wird und dann kommt der Bund in die Situation, dass er mehr als seine Beteiligung von 25 % dort reinschießen muss.

V1: Das bleibt dann am Staat kleben und dann heißt es endgültig „Commerzamt" und nicht mehr Commerzbank.

4. Auswirkungen der Finanzmarktkrise auf das Kreditinstitut 2?

4.1 Ergeben sich durch die Finanzmarktkrise Auswirkungen für Ihr Kreditinstitut hier vor Ort? Sie haben es vorhin bereits angesprochen, dass es Auswirkungen auf die Kundeneinlagen gab.

V2: Wir hatten auf der Kundenseite starke Zuflüsse. Die bilanzwirksamen Einlagenzuflüsse kommen zur einen Hälfte aus verkauften Wertpapieren und zur anderen Hälfte aus Zuflüssen von verunsicherten Kunden, die ihr Geld bei einer Sparkasse anlegen wollten. Wir haben Einzelfälle, die im ein- und zweistelligen Millionenbereich zu uns gekommen sind, während umgekehrt auch berichtet wurde, dass Millionenbeträge abgeflossen sind – etwa zur Commerzbank oder zu andern Banken, weil gesagt wurde: „Da kann schon nichts passieren. Die sind ja staatlich gesichert." Das zweite ist eine Folge der Finanzmarktkrise: Das Überschwappen in die Realwirtschaft. Die Wirkung auf die Realwirtschaft wurde versucht, mit anderen Mitteln zu beruhigen oder abzumildern; ein Thema ist die Abwrackprämie. Wenn wir uns die Einlagenentwicklung 2009 anschauen, dann ist es eine Vermischung von Gründen, die sich hier auf den Saldo ausgewirkt haben, wie z.B. die Tatsache, der Abwrackprämie mit zwei Millionen Stück bei einem Etat von fünf Milliarden Euro, also 2.500 Euro im Einzelfall. Dann sind das 6.000 Fahrzeughalter, die bei uns im Kreis rechnerisch von der Abwrackprämie profitieren. Diese sind ca. zu dreiviertel abgerufen. Dann reden wir hier über einen kleinen zweistelligen Millionenbetrag, der bei uns deswegen als Einlagen abgeflossen ist, während die Abwrackprämie ja noch nicht ausgezahlt worden ist. D.h., das war i.d.R. teilweise auch eine Vorfinanzierung. Die Auswirkungen vermischen sich also auf der Einlagenseite.

Hatte die Finanzmarktkrise Auswirkungen auf die Eigenanlagen Ihres Hauses?

V2: Auf jeden Fall. Wir sind noch vorsichtiger geworden als wir bislang im Rahmen einer konservativen Anlagepolitik uns bewegt haben. Wir haben Adressrisiken noch bewusster betrachtet. Wir haben keinen Cent ungedeckt im Kapitalmarkt bei Instituten der Privatbanken angelegt. Wenn wir Gelder im Rentenbereich angelegt haben, dann haben wir dies über Pfandbriefe getan; immer in dem Glauben, dass der Pfandbrief als sicher gehalten wird. Und die Maßnahme zur Rettung der HRE hat ja unter anderem auch die Absicht, eben den deutschen Pfandbriefmarkt zu stabilisieren. Auch wenn sich vorübergehend die Spreads ausgeweitet hatten. Diese haben sich aber auch schon wieder beruhigt.

Wie sieht das mit der Direktanlage in Aktien aus?

V2: Wir haben die Aktienquote, die ohnehin relativ klein gewesen war, von der Spitze, die wir Mitte 2007 hatten, durch Reduzierung von Aktienbeständen heruntergefahren. Wir sind auch von den Aktienkursrückgängen getroffen worden und haben natürlich auch im ein oder anderen Umfang Kursverluste zur realisieren gehabt. Wir haben das Jahr 2008 in Bezug auf die Gesamtposition der eigenen Wertpapiere mit einer schwarzen Null abgeschlossen.

Gab es durch die Finanzmarktkrise Auswirkungen auf das Depot B?

V2: Ja, es gab schon Veränderungen. Speziell waren es die vorhin erwähnten großen Positionen, die aus der Verunsicherung der Anleger heraus im Oktober 2008 verkauft wurden. Es ist auch in der Folge in Teilbereichen - es gab ja noch einen Stichtag, und nämlich den 31.12.2008 bezüglich der Einführung der Abgeltungssteuer -, im Zusammenhang damit ist es beim Absatz von Wertpapieren zu Wellenbewegungen gekommen. Auf der einen Seite wurden Wertpapierpositionen aufgebaut, um die steuerliche Altregelung zu konservieren und auf der anderen Seite wurden Wertpapiere, insbesondere Investmentfonds verkauft. Geldmarktfonds haben massiv an Volumen verloren.

4.2 Viele Privatbanken haben angekündigt, sich auf ihr Kerngeschäft, d.h. auf das Privatkunden- und Mittelstandskundengeschäft, zu fokussieren. Ergibt sich dadurch eine veränderte Situation im Wettbewerb für Sparkassen und Genossenschaftsbanken?

V2: Zum einen muss man sagen, dass das keine Neuankündigung ist. Wenn man in der 130-jährigen Geschichte der Großbanken ca. 250 Strategiewechsel zu verzeichnen hatte, dann ist so eine Aussage ja nun nicht so aussagekräftig. Zum Mittelstandskundengeschäft haben wir eher im Gegenteil etwas anderes beobachtet. Die Tatsache der Fusion von Commerzbank und Dresdner Bank führte dazu, dass sich eine ganze Reihe von Kunden im Vorfeld von möglichen weiteren Kreditverhandlungen mit der neuen Gruppe Commerzbank und Dresdner Bank, sich stärker auf die Sparkasse zubewegt haben. Mit der Frage: „Könnt ihr uns unsere Linie erweitern? Könnt ihr uns zusätzliche Linien einräumen? Wir sehen, dass wir mit unserer Zweit- und Drittbankverbindung bei der Commerzbank und Dresdner Bank, nun befürchten müssen, dass auf Grund der Signale, die von dort ausgesendet werden, dass eins und eins nicht zwei sind, sondern nur 1,5 oder 1,2 ergibt." Das haben wir durchaus in den Fällen, die wir im Vorstand besprechen, in einer nennenswerten Zahl als Signal empfangen. Wie weit das jetzt im mittleren und kleineren Segment auch so ist, kann ich jetzt nicht sagen. Wobei sicherlich die Tatsache festzustellen ist: Je größer das Engagement insgesamt ist oder je größer der Kreditbedarf eines Unternehmens ist, umso eher ist die Teilung bei der Bereitstellung von Kreditlinien üblich. Je kleiner ein Engagement ist, je kleiner ein Unternehmen ist, umso eher ist die Wahrscheinlichkeit, dass das Unternehmen eine einzige Bankverbindung oder eine Hausbank und eine Nebenbankverbindung hat. Die Hausbank stellt in den meisten Fällen den größten Kreditbedarf zur Verfügung. Das sind die Wirkungen, die wir bei den größeren Unternehmen merken, das Mittelstandsgeschäft, das wir als Sparkasse betreiben; dass kann eine Großbank nicht leisten. Und das Problem einer Großbank ist ihre Zentralisierung. Das bedeutet, dass dezentral keine Kreditentscheidungen getroffen werden können. Das geschieht alles in Frankfurt zentral. Das war nun die Kreditseite. Bei der Einlagenseite hat sich der extreme Wettbewerb, wie bereits erwähnt, beruhigt.

5. Abschlussfrage und Dank

Möchten Sie noch wichtige Aspekte dieses Themas nennen, die durch das Interview Ihrer Meinung nach zu wenig berücksichtigt wurden?

V2: Ich denke, dass wir das Thema umfassend behandelt haben.

Anhang 6: Interviewbericht 3

Transkription des Interviews vom 09.06.2009

Dauer des Interviews: 14.00 – 15.00 Uhr

Ort des Interviews: Büro des Vorstandes im Kreditinstitut 3

Gespräch vor Einschalten des Aufnahmegerätes:

Ich stellte mich kurz vor und beschrieb die Inhalte meiner Untersuchung und die Zielsetzung der Experteninterviews.

Interviewdurchführung:

Das Interview fand in einer angenehmen Gesprächsatmosphäre statt, und das Vorstandsmitglied antwortete bereitwillig und ausführlich auf meine Fragen. Während des Interviews gab es keine Störungen.

1. Fragen zu Person und Aufgabengebiet

1.1 Seit wann sind Sie Mitglied des Vorstands beim Kreditinstitut 3?

Seit 1996.

1.2 Welche Bereiche verantworten Sie?

Wir sind ein Vierergremium und haben das Institut in Markt und Nicht-Markt aufgeteilt. Ein Kollege und ich, wir teilen uns den kompletten Markt. Also bei mir bedeutet das konkret: Alle Filialen, Private-Banking, Vertriebssteuerung, Wertpapiere, Versicherungen und diverse Kleinigkeiten.

Wir hatten am 09. Oktober 2008 eine Kundenveranstaltung durchgeführt, die eigentlich ein anderes Thema zum Inhalt hatte. Es sollte eigentlich eine reine Produktveranstaltung werden. Das Interesse an dem Termin hatte sich durch die Finanzmarktkrise enorm ausgeweitet, dass wir die komplette Stadthalle gemietet hatten. Vom ersten Platz vorne links bis zum letzten Platz oben rechts waren alle Sitzplätze gefüllt. Darunter 300 Mitarbeiter. Ich habe in meinem ganzen Berufsleben noch nie eine derart angespannte und aufmerksame Stille gehört wie bei dieser Kundenveranstaltung. Ich habe direkt am Anfang der Veranstaltung ausgeführt, dass eine Produkt-Veranstaltung zu diesem Zeitpunkt überhaupt keinen Sinn macht. Ich habe das Thema um 180 Grad geändert und habe über die Positionierung des Kreditinstitutes 3 in Zeiten der Finanzkrise referiert. Ich dachte, als ich in der Stadthalle auf die Bühne ging, das kann jetzt richtig schief gehen. Wenn jetzt der erste Kunde im

Saal die Nerven verliert und wir finden noch so zwanzig andere Personen im Raum, die genauso reagieren, dann kann die Veranstaltung richtig schief gehen. Aber sie ist nicht schief gegangen. Aber es war eine Art von Spannung in dem Raum, wie ich sie in meinem ganzen Berufsleben noch nicht erlebt hatte.

2. Kundenreaktionen

2.1 Am 15. September 2008 meldete die amerikanische Investmentbank Lehman Brothers Insolvenz an. Beschreiben Sie bitte die Reaktion Ihrer Kunden auf dieses Ereignis.

Kundenreaktionen gab es zu dem Zeitpunkt eigentlich überhaupt nicht. Reaktionen gab es vor allem bei mir. Unsere Kunden haben für sich selbst die Auswirkungen zunächst nicht gesehen. Ursprünglich war es ein rein amerikanisches Thema. Die hatten erst eine Immobilienkrise und dann eine Konjunkturkrise. Dann hatten die Amerikaner eine Finanzkrise. Es war ein rein originäres amerikanisches Thema. Und es hat keine Überlegungen von unseren Kunden im größeren Stil gegeben, die ich erfahren habe, dass das Auswirkungen auf Deutschland haben könnte. Als mir klar wurde, welche Größenordnung Lehman Brothers hat, - wenn Sie vorher sehen, Bear Stearns war eigentlich Pleite und noch zwei, drei andere der amerikanischen Investmentbanken auch, Morgan Stanley hat es auch nur gerade so geschafft, - da habe ich, obwohl ich auch weit davon entfernt bin, für mich gedacht, das kann jetzt der Dominostein sein. Der 15. September 2008 hatte keine Auswirkungen auf unsere Kunden gehabt. Auf mich persönlich: Jetzt wird es sehr sehr gefährlich. Heute etwas pointierter als vor einem dreiviertel Jahr, war das der wirtschaftliche Kardinalfehler des letzten Jahrhunderts, was da gemacht worden ist. Und es ist geradezu unverantwortlich, weil jeder, der mal ein bisschen Wirtschaftswissenschaften studiert hat, weiß, was das Systemrisiko ist und was der Dominoeffekt ist. Das war ein extrem riskantes „Spiel", was der amerikanische Finanzminister zugelassen hat. Ich halte es für verantwortungslos.

2.2 Am 5. Oktober 2008 sprach die Bundesregierung eine staatliche Garantie für alle Spareinlagen aus. Veränderte sich dadurch das Verhalten Ihrer Kunden?

Wir betrachten die Zeit vom 15. September bis zum 5. Oktober 2008. Der 15. September hatte überhaupt keine Auswirkungen gehabt, aber in der Folge hat sich sehr langsam, aber dann mit immer größeren Schritten aufbauend, Angst breit gemacht. Lehman sagte 99 von 100 Personen in Deutschland gar nichts. Aber alle verstehen, was 1948 passiert ist und was 1923 passiert ist. Das ist im kollektiven Gedächtnis des Landes geblieben. Und demzufolge durch die Berichterstattung der

Medien ist den Menschen klar geworden, hier ist nicht nur ein Unfall passiert. Hier ist etwas geschehen, das nachhaltig Auswirkungen auf die Solidität des Geldes haben kann. Und dadurch ist dann - völlig unabhängig von dem Namen Lehman, sondern ausgelöst von der Komplexität der Verwerfungen, die sichtbar wurden -, eine mit den Händen greifbare Angst um den Wert des Geldes entstanden. Ich bin der festen Überzeugung, dass Frau Merkel und Herr Steinbrück dieses Land damals mit der einzig richtigen Maßnahme vor einem großen Chaos gerettet haben. Der Satz ist ja überaus simpel, den Frau Merkel ausgesprochen hat: „Und ich versichere den Sparerinnen und Sparern dieses Landes, dass die Einlagen sicher sind. Auch dafür steht diese Regierung ein." Dieser simple Satz war niemals einzuhalten. Keine Regierung hätte den einhalten können. Aber jeder hat ihn geglaubt. Wenn das nicht geschehen wäre – da bin ich mir ziemlich sicher –, dann wäre es innerhalb kürzester Frist zu dramatischen Situationen gekommen.

Was haben Sie hier vor Ort in dem Kreditinstitut 3 erlebt? Wie haben die Kunden reagiert?

Nach dem 5. Oktober 2008 war es so: Wir haben ein Kundenservicecenter (KSC), in dem eingehende Telefonate von unseren Kunden für unsere Filialen aufgefangen werden. In dem die üblichen Fragen z.B. „wie ist mein Kontostand?", „wie sind die Öffnungszeiten?" und sonstige Informationen fallabschließend bearbeitet werden. Ausgelegt ist dieses KSC für 1.500 Anrufe pro Tag. Wir können es mit ein bisschen Variation auf 2.000 Anrufe pro Tag ausdehnen. Das ist auch kein Problem. Ab 2.200 Anrufe pro Tag geht nichts mehr. Wir hatten in der Spitze 8.000 registrierte Anrufe. Das bedeutet im Klartext, dass das Kreditinstitut 3 nicht mehr zu erreichen war. Unsere Berater haben so ca. drei bis vier Kundengespräche pro Tag als Richtschnur. Wir hatten in der Spitze zehn bis zwölf Termine pro Tag pro Berater gehabt. Und das alles nur mit einer einzigen Frage: „Wie sicher ist mein Geld?" Die Telefonate, die dann durchgekommen sind bei uns im Haus, die haben das Problem noch verstärkt. Nach der Grußformel und einer Standardfrage geht ein Gespräch per Telefon normalerweise relativ schnell. Zu der Zeit war das nicht so. Das einmal Loslassen der Emotionen und der Angst ist recht schwierig zu kommunizieren. Die Telefongespräche haben also viel länger gedauert als sonst. Das war schon extrem. Es gab für unsere Mitarbeiter Überstunden ohne Ende. Wir haben – weil wir auch das dann nicht mehr in den Griff bekamen – Anzeigen in Tageszeitungen geschaltet mit Erklärungen des Kreditinstitutes 3. Die haben wir ganz gezielt geschaltet, weil weder unser KSC noch unsere Filialen noch sonst eine Abteilung in der Lage waren, die drei Fragen, die wir in den Anzeigen für alle beantwortet haben, zu beantworten.

Ich höre daraus, dass die Kunden einen erhöhten Informationsbedarf hatten. Gab es weitere Kundenreaktionen?

Bezogen auf das Kreditinstitut 3 gab sehr sehr wenige Panikreaktionen. Zwei Hände voll, mehr nicht. In dieser Zeit hat ein extremer Zufluss von Geldern, die bei anderen Instituten waren, stattgefunden. Das Geld kam in einem Maße auf uns zu, dass wir mit der Liquidität schon nichts mehr anfangen konnten. Das Geld floss einfach rein. Wir waren für viele der letzte sichere Hafen. Aber bezogen auf Bargeldabhebungen gab es ganz wenige Fälle. Es gibt so drei, vier Geschichten in unserem Haus, die auch gerne weitererzählt werden, aber mehr als anekdotischen Charakter haben die nicht.

Gab es in Ihrem Haus Depotumschichtungen von Kunden?

Ja, dass Investmentfonds ein Sondervermögen sind, ist in einer derartigen Situation fast niemandem begreiflich zu machen. Fonds haben aus zwei Gründen sehr gelitten. Das eine ist, dass das Wertpapier an sich von einem Tag zum anderen zu einem unkalkulierbaren Risikoobjekt erklärt wurde - obwohl es das nicht ist. Und Punkt zwei war die Staatsgarantie von Spareinlagen. Das Thema Sondervermögen hat niemand hören wollen.

Wie sah das in Ihrem Haus mit Goldkäufen aus?

Ich fange mal einen Schritt vorher an. Ich habe in meinem ganzen Berufsleben jedem davon abgeraten Gold zu kaufen. Ich würde Ihnen das nicht als Geldanlage anbieten, denn es ist völlig unkalkulierbar. Ich würde es jemanden erklären, dass er es wie eine Risikolebensversicherung kaufen kann. Und dann auch keine Anteile an einem Wertpapier, sondern physisches Gold. Meinetwegen ein Kilo oder einen Krügerrand, was auch immer. Aber niemals als Geldanlage. Als Geldanlage ist dies das Spekulativste, was es überhaupt gibt, und absolut niemandem zu empfehlen. Allerdings im Sinne einer Risikolebensversicherung, warum nicht. Sie müssen unterscheiden, wem empfehlen Sie das. Bei einem Private-Banking Kunden kann man schon einen Betrag nennen, der es dann auf ein paar Goldstücke zusammenbringt.

Hat sich die Nachfrage nach Gold zu dieser Zeit verändert?

Deutlich. Aber wenn sie sich bei dem Verkauf von Gold auf einem niedrigen Level befinden, von eins auf zwei, dann haben Sie 100 Prozent.

Gab es nur die reine Nachfrage nach Gold oder wurde dies auch in die Tat umgesetzt und physisches Gold gekauft?

Ja, es ist auch gekauft worden. Aber nicht so, dass das ganze Vermögen umgeschichtet wurde. Sondern nur so, wie ich es eben erläutert habe. Eher die Private-Banking Klientel. Es gab keine Panikreaktionen. Es wurde überlegt gekauft. Wir haben auch den Kunden die Risiken einer Goldanlage detailliert vermittelt: Keine Verzinsung, Abhängigkeit von der Schmuckindustrie, eine Notenbank verkauft ein paar tausend Barren, die Abhängigkeit vom US-Dollar und so weiter. Das kann man ja alles nicht kalkulieren. Das ist ein rein willkürlicher Preis. Das ist viel zu komplex. Allerdings ist schon Gold gekauft worden. Das stimmt. In einem sehr viel stärkeren Maße als sonst.

2.3 Am 17. Oktober 2008 wurde das Finanzmarktstabilisierungsgesetz (FMStG) verabschiedet. Ziel ist die Stabilisierung des deutschen Finanzmarktes. Gab es durch dieses neue Gesetz Auswirkungen auf Ihr Haus?

Nein, also das ist ein reines Expertenthema. Was wahrgenommen wurde ist, dass Banken vom Insolvenzrisiko durch den Staat befreit worden sind. Mehr nicht. Bei Firmenkunden hatte das eine ganz andere Bedeutung. Bei Firmenkunden haben wir ganz deutlich festgestellt, dass sie bewusst geschaut haben, mit welchen Kreditinstituten sie zusammenarbeiten. Mit wem binde ich mich, wenn ich das von der Kreditnehmerseite aus betrachte.

2.4 Wie verhalten sich Ihre Kunden heute? Ergaben sich in der Zwischenzeit (Oktober 2008 bis Mai 2009) andere Verhaltensweisen?

Spätestens mit Beginn des zweiten Quartals 2009, naja eigentlich schon im Januar 2009, da hat jeder verstanden, was eine Bestandsgarantie für Kreditinstitute bedeutet. Und der Zins stand bei unseren Kunden wieder im Vordergrund. Das Geld, das in Massen bei uns rein geflossen ist, das ist auch so wieder raus geflossen. Ein Teil ist geblieben, aber ein Großteil, der zu uns gekommen ist, ist auch wieder gegangen. Wir hätten das Geld nur mit Extremkonditionen halten können. Die Konditionen waren bei einigen Banken so hoch, weil sie jede Liquidität benötigten. Diese Banken haben auch jeden Zins gezahlt.

Wie sieht das im Wertpapiergeschäft aus?

Das Wertpapiergeschäft von Oktober bis Dezember 2008 hat eigentlich gar nicht stattgefunden. Ab Januar 2009 können wir durchaus wieder eine Normalisierung feststellen. Die starke Börsenentwicklung von Mitte März bis heute hat ein Großteil der Kunden überhaupt nicht mitgemacht. Wenn Wertpapiere gekauft wurden, dann keine Aktien. Und wenn Aktien, dann allenfalls Investmentfonds. Wenn Investmentfonds, dann Deutschlandfonds. Das ging immer so weiter in diesem kaskadenartigen Gebilde. Wertpapiere haben momentan einen schweren Stand.

Wie sieht das mit der Nachfrage nach Gold aus?
Die hat sich deutlich reduziert. Das hängt auch damit zusammen, dass Gold momentan einfach alles andere als preiswert ist.

2.5 Wenn eine Privatbank eine Anleihe mit Staatsgarantie begibt (wie z.B. die Commerzbank), ergeben sich dadurch Auswirkungen auf Sparkassen und Genossenschaftsbanken? Wie reagieren die Kunden auf solche Angebote?
Die Anleihe an sich war nicht interessant, sondern der Zins und die Sicherheit. Was ist die Commerzbank? Eine Bundesbank? Staatsgarantierte Anleihen von einer Privatbank - das ist ja schon ein Widerspruch in sich. Wie Vollgas und Bremse gleichzeitig. Also, wie hätten Sie es denn gerne? Die Kunden haben dieses Produkt teilweise wegen des hohen Zinssatzes, aber auch wegen der Staatsgarantie, nachgefragt. Klar, sonst war die Commerzbank absolut kein Thema. Aber an dieser Stelle nun schon.

Die Commerzbank hat nicht nur eine staatsgarantierte Anleihe angeboten, sondern auch Festgelder oder Jahresgelder. Waren diese Anlageformen bei Ihren Kunden ein Thema?
Nun, ich habe dies in vielen Veranstaltungen zum Thema gemacht. Der Staat muss sich von der Wirtschaftspolitik darüber im Klaren sein, was er da tut. Nach meiner festen Überzeugung ist die Commerzbank nicht durch die Finanzmarktkrise in Schwierigkeiten geraten. Die Commerzbank hat mit ihrer Tochter, der Eurohypo AG, das größte Eurograb überhaupt. Gleichzeitig hat sie ein sehr margenarmes, volumenmäßig sehr großes Geschäft mit Staatspapieren auch im Ostblock gehabt. Das alles ist damit verbunden. Die Commerzbank hat sich selber vor einer feindlichen Übernahme durch die Übernahme der Dresdner Bank retten wollen. Da soll mir mal jemand erklären, was das mit der Finanzkrise zu tun hat. Dieses Institut hat sich zum einen falsch engagiert und zum anderen einfach übernommen und ist deswegen in die Krise gekommen und nicht durch die Finanzkrise.

3. Wettbewerbsverzerrungen
3.1 Was verstehen Sie unter Wettbewerbsverzerrungen?
Definitorisch ist es sehr schwierig abzugrenzen. Da müsste man sich im Sinne einer Definition wirklich Gedanken machen. Wettbewerbsverzerrungen sind schlicht und

ergreifend – wenn Sie es nicht akademisch aufbauen wollen – keine gleichen Bedingungen. Die Commerzbank läuft mit einer Staatsgarantie durch die Gegend, und auch die Automobilbanken haben staatliche Unterstützung erhalten. Das hat mit fairem Wettbewerb nichts mehr zu tun. Automobilbanken sind Teil eines Absatzkanals für Automobilkonzerne. Bei Ihrem Beruf wissen Sie genau, wie die Kalkulation von Autobanken aussieht. Diese null Prozent Finanzierung heißt, dass, was Sie sonst beim Autokauf hätten raushandeln können, über die Finanzierung wieder reinkalkuliert wird. Und darüber hinaus wird auf der Leasingseite die Restwertkalkulation von den Autobanken etwas variabel gestaltet. Die Commerzbank und die Autobanken, z.B. die VW-Bank, sind große Beispiele für eine tatsächlich stattgefundene Wettbewerbsverzerrung. Was ich darunter verstehe, ist, dass es nicht gleiche Startbedingungen für alle Kreditinstitute gibt. Das ist jetzt allerdings keine akademische Definition.

3.2 Wie zeigen sich die genannten Wettbewerbsverzerrungen auf dem Bankenmarkt?

Wenn ich es richtig aus dem Kopf weiß, dann hat die Mercedes-Bank für lange Zeit für Tagesgeld 4,2 % angeboten. Aus der Sicht des Konzerns eine durchaus rationale Überlegung, denn für eine Anleihe hätten Sie mehr als 5 % bezahlen müssen. Warum soll die sich denn nicht über die Internetplattform der Bank refinanzieren? Wenn ich das richtig im Kopf habe, dann haben die das Geld richtig angesaugt, um ein Werk oder etwas anderes zu kaufen oder zu bauen. Dieses Geld haben Sie dann nicht mehr gebraucht, denn der Bau dieser Maßnahme hatte sich verzögert. Was hat die Mercedes-Bank dann getan? Sie hat das Geld absolut sicher für 1,5 % bei der EZB angelegt. Wenn klar ist, wie bei der VW-Bank oder bei der BMW-Bank, dass die auf einer Basis der staatlichen Garantie diese Zinsen anbieten, dann kann ich es niemandem verübeln, wenn der mir sagt, da liegen über zwei Prozent dazwischen, ich lege dort mein Geld an. Das Thema Sicherheit spielt überhaupt keine Rolle mehr, da alle Kreditinstitute durch die staatliche Garantie der Spareinlagen gleich sicher sind. Frau Merkel hat es ja sehr deutlich gesagt, dass sie sich darauf verständigt haben, dass keine Bank in Deutschland in Konkurs geht. Am Beispiel der Hypo Real Estate (HRE) können Sie sehen, was dabei herauskommt. Die HRE ist bis in die Steinzeit Pleite, sie wird aber am Leben erhalten, und das hat jeder verstanden.

3.3 Macht es Ihrer Meinung nach einen Unterschied, ob eine Privatbank oder eine Landesbank staatliche Hilfen des SoFFin in Anspruch nimmt?

Im Kern nicht. Aber es wird unterschiedlich gehandhabt. Mir ist nicht bewusst, dass ein Aktionär der Commerzbank zu einer Nachschussverpflichtung aufgefordert worden ist.

Es steht heute in der Zeitung, dass das beim Thema Landesbanken völlig anders ist. Grundsätzlich macht es keinen Unterschied, aber von der Bundesregierung wird ein Unterschied gemacht. Landesbanken sollten zu gleichen Bedingungen staatliche Hilfen wie Privatbanken in Anspruch nehmen können. Oder noch etwas konkreter gesagt: Die SoFFin-Tür darf nicht für einen Teil des Bankensektors verschlossen sein.

3.4 Sollten Ihrer Meinung nach alle Banken, Sparkassen und Genossenschaftsbanken staatliche Hilfe erhalten und welche Auswirkungen würden sich daraus ergeben?

Nein. Zumindest nicht heute. Man muss sich vor der Klugheit im Nachhinein hüten. Der Finanzminister ist mit extrem schwierigen Fragestellungen, die sofort beantwortet werden mussten, konfrontiert worden. Er hat mehr als nur akzeptable Lösungen gefunden. Ich finde es völlig in Ordnung, nicht sofort über alles einen staatlichen Schirm zu spannen, sondern zu schauen, wie kann der Staat, der Steuerzahler, Sie und ich als Bürger, von diesem Ereignis entlastet werden. Die Situation von deutschen und amerikanischen Banken kann nicht miteinander verglichen werden. Die Situation der amerikanischen Banken ist um ein Vielfaches schlechter. Wir in Deutschland, wir haben keine Immobilienkrise, wir haben auch keine Kreditpyramiden, weder auf der Firmenkundenseite noch auf der Privatkundenseite. Das ist in Amerika gang und gäbe. Meine Einschätzung ist die, dass die Situation in Amerika adäquat gelöst worden ist, weil es sonst zu viele Banken gegeben hätte, die den nächsten Tag nicht mehr erlebt hätten. In Deutschland gab es diese Situation nicht. Man hat daher auch nicht alle Kreditinstitute mit staatlicher Hilfe versorgen müssen. Ich scheue mich, das jetzt aus heutiger Sicht zu sagen, man hätte… Das ist wirklich Klugheit im Nachhinein.

3.5 Früher haben die Privatbanken die Gewährträgerhaftung der Sparkassen kritisiert und sahen darin Wettbewerbsverzerrungen zum Nachteil der Privatbanken. Sehen Sie Parallelen zwischen der Gewährträgerhaftung und den jetzigen staatlichen Eingriffen?

Ja, natürlich ist das absolut das Gleiche. Mich wundert diese Wendefreudigkeit, insbesondere die der Herren von der Commerzbank. Dieser Herr Müller, der hat wegen der Gewährträgerhaftung das Ende der Welt gesehen. Und für seinen Nachfolger ist es nun völlig normal staatliche Hilfen in Anspruch zu nehmen. Da fällt einem fast nichts mehr zu ein.

Hatte die Gewährträgerhaftung Auswirkungen auf die Kunden?

Das glaube ich nicht. Wir hatten allerdings zur Zeiten der Gewährträgerhaftung keine Finanzkrise. Insofern vergleichen wir jetzt zwei Dinge, die so nicht miteinander zu vergleichen sind. Ich glaube nicht, dass uns irgendjemand einen Euro vor der Finanzkrise wegen der Gewährträgerhaftung gegeben hat oder nachher nicht mehr gegeben hat. Wir haben seit 1825 das gleiche Geschäftsmodell, das total simpel ist. Wir kümmern uns um unsere Kunden, die wir kennen. Wir leihen es auf der einen Seite denjenigen, die es benötigen, und wir bekommen es auf der anderen Seite von Kunden, die ihr Geld bei uns anlegen, rein. Das ist ein Vertrauensbonus, der in dieser Stadt seit fast über 200 Jahre jetzt gewachsen ist. Das ist der Grund, warum die Kunden bei uns das Geld anlegen, und nicht wegen der Gewährträgerhaftung. Allerdings, wenn es die Gewährträgerhaftung vor der Hintergrund der Finanzkrise noch gäbe, dann wäre es ein sehr bemerkenswertes Argument. Aber wir haben sie ja nun für alle.

Gab es durch die Gewährträgerhaftung mit den Kommunen eine engere Kundenbindung?

Eigentlich nicht. Die Kommunen sind von Privatbanken aufgesucht worden mit den tollsten Geschäften wie Swaps oder Cross-Border-Leasing oder ähnliches. Dass die Gewährträgerhaftung mit den Kommunen eine engere Kundenbindung hervorrief, glaube ich nicht.

3.6 Verursachen die Auflagen des Finanzmarktstabilisierungsgesetzes (FMStG) (zusätzliche) Wettbewerbsverzerrungen (z.B. durch die Begrenzung der Vorstandsgehälter, Überprüfung der Geschäftspolitik etc.)?

Diese Frage kann ich nicht wirklich beantworten. Ob es nun für die Commerzbank Schwierigkeiten gibt, da das Vorstandsgehalt gedeckelt ist, das weiß ist nicht. Der zweite Punkt ist, dass ich es für eine Illusion halte zu glauben, dass ein deutscher Beamter, der bei der Bankenaufsicht beschäftigt ist, in der Lage ist, ein Geschäftsmodell zu überprüfen. Ich halte es für geradezu peinlich, wenn auch Vorstände von Großbanken sagen, die Bankenaufsicht würde das Geschäftsmodell überprüfen. Wozu sind die denn da? Was soll das? Soll ich wirklich von einem deutschen Beamten verlangen, dass er ja oder nein zu einem Geschäftsmodell sagt? Für mich ist das Unsinn. Ich denke auch, dass eine Bankenaufsicht das auch nicht tun sollte. Sie tut es ja auch nicht. Sie hat sich immer dagegen gewehrt, denn sie kommt dann in eine derart qualitativ, operative Verantwortung rein, die sie niemals wirklich ausfüllen könnte.

3.7 Welche Maßnahmen müssten von der Bundesregierung unternommen werden, um Wettbewerbsverzerrungen möglichst zu vermeiden?

Im Moment gar nichts. Jetzt etwas zu tun, wäre - glaube ich - mit der heißen Nadel gestrickt. Die Regierung muss an einer Stelle dafür sorgen, dass der Markt nicht wirklich eine Kreditklemme bekommt. Jedes Konjunkturpaket wird scheitern, wenn es keine Möglichkeit der Kreditaufnahme gibt. Demzufolge ist es nicht unbedingt auf die Wettbewerbsverzerrungen ausgerichtet, sondern der Kreditprozess muss funktionieren. Wenn ich trotzdem eng auf Ihre Frage eingehe, dann ist das der Zugang von Landesbanken zum SoFFin. Das ist ein Punkt, bei dem es momentan Wettbewerbsverzerrungen gibt, der aufgehoben werden sollte, könnte und müsste. Außerdem fehlt in Deutschland eine Insolvenzmöglichkeit für Banken. Ich begrüße es sehr, dass es erste Überlegungen für ein bankspezifisches Insolvenzrecht gibt.

3.8 „Einige der so begünstigten Unternehmen begreifen die Staatshilfen offensichtlich als Grundlage, um nicht marktgerechte Einlagenkonditionen zu bieten und damit sogar zu werben", sagte Sparkassenpräsident Heinrich Haasis. Herr Haasis regte an, die Zinsangebote von Banken mit staatlicher Unterstützung gesetzlich zu begrenzen. "Wenn der Staat schon mit öffentlichen Geldern in den Wettbewerb eingreift, ist auch eine Preisregulierung für die begünstigten Unternehmen gerechtfertigt". Wie ist Ihre Meinung dazu?

Der Mann hat Recht. Es ist so, dass eine Commerzbank sich selbst fürchterlich in Schwierigkeiten gebracht hat. Und wenn dieses Institut dann noch mit Konditionen, die nachweislich oberhalb des Marktzinses liegen, am Markt ist, dann ist das eine radikale Wettbewerbsverzerrung. Der Vorschlag von Herrn Haasis ist gerechtfertigt. Der Staat sollte allerdings nicht dafür sorgen, dass es marktgerechte Konditionen am Markt gibt, sondern diejenigen Institute, die vom Staat gestützt werden, sollten nicht die Möglichkeit haben, betriebswirtschaftlich alles machen zu können, was keinen Sinn hat. Wenn wir einen Marktzins von zwei Prozent haben und jemand bietet einen Prozentsatz X darüber an, dann muss man wissen, was das bedeutet. Es geht mir nicht darum, dass der Staat für eine Wettbewerbskontrolle sorgen soll, sondern nur, dass diejenigen, die vom Staat letztendlich in ihrer Existenz abhängig sind, nicht denjenigen, die nicht vom Staat abhängig sind, durch völlig irreale Zinsen das Wasser abgraben.

4. Auswirkungen der Finanzmarktkrise auf das Kreditinstitut 3?

4.1 Ergeben sich durch die Finanzmarktkrise Auswirkungen für Ihr Kreditinstitut hier vor Ort? Sie haben es vorhin bereits angesprochen, dass es Auswirkungen auf die Kundeneinlagen gab.

Ja, wie vorhin geschildert. Im Zeitraum Oktober, November, auch noch in den Dezember 2008 hinein, sind uns in unbekanntem Maße Gelder zugeflossen. Nachdem geglaubt wurde, dass die Regierung keine Bank in die Insolvenz wird gehen lassen, sind die Gelder zu großen Teilen wieder abgeflossen. Unter anderem auch deswegen, weil teilweise Konditionen am Markt gab, die weit von den Marktkonditionen entfernt waren. Das was ich eben beschrieben hatte. Die üblichen Verdächtigen, also die Commerzbank, die Autobanken und sonstige Banken.

Da wir sehr viele Kundenanfragen zu unserem Passivprodukt, zu unserem Sparkassenzertifikat, erhalten hatten, haben wir das Produkt in Zuwachssparen umbenannt. Die Medien hatten hier nicht zwischen Wertpapierzertifikat und Passivprodukt unterschieden. Der Tenor lautete: Zertifikate sind Teufelszeug. Somit haben wir durch die Namensänderung unseres Passivproduktes im Neugeschäft die Kundenanfragen reduziert. Außerdem ist die Erfassung der Verluste in Milliardenhöhe durch die Finanzmarktkrise weltweit nicht mehr zu fassen. Ich gebe zu, dass ich das Gefühl für die Größe verloren habe. Die Verluste übersteigen doch das Vorstellungsvermögen. Und das geht vielen Kunden auch so.

Hatte die Finanzmarktkrise auch Auswirkungen auf die Eigenanlagen des Kreditinstitutes 3?

Wir haben uns gefragt, wo wir als Kreditinstitut Risiken eingehen. Unser Verständnis ist, dass wir die Risiken auf der Marktseite nehmen und nicht in unserem Depot A. Demzufolge ist diese Entwicklung, wenn man jetzt von der Kursentwicklung bei Fonds absieht, an uns vorüber gegangen. Zwei Risiken gleichzeitig einzugehen ist geschäftspolitisch nicht sehr klug. Man sollte schon wissen, wo man seine Erträge generieren möchte und welche Risiken man dafür eingehen will. Demzufolge ist der große Teil der Verwerfung des Marktes an uns vorbeigegangen und hatte demzufolge auch keine Auswirkungen auf unser Depot A gehabt. Wenn man davon absieht, dass es Positionen gibt, die in Mitleidenschaft gezogen wurden. Das ist nichts, was uns groß berührt. Es ist einfach nur eine Entwicklung, die eingetreten ist. Es gab keine Strategieänderung im Depot A. Die entscheidende Voraussetzung war, dass wir eine Verständigung dafür herbeigeführt haben, wo wir Risiken nehmen wollen. Wenn der Marktzins bei drei liegt und fünf geboten wird, dann weiß ich, wofür diese zwei Prozent sind, nämlich zum Ausgleich von Risiko. Wenn Sie auf der anderen Seite ein aktives Firmenkundengeschäft haben - wir haben einen Marktanteil von ca. 60 % -, dann wissen Sie, von zehn Firmenpleiten sind Sie bei sechs mit dabei. Dann ist es für ein Haus nicht klug, Risiken zu verdoppeln.

Gab es in Ihrem Haus Auswirkungen auf das Depot B?
Das ist das, was wir eben besprochen haben. Das Thema Wertpapiere ist schwierigen Zeiten entgegen gegangen. Viele Kunden haben Wertpapiere auf Inhaberschuld-verschreibungen (IHS) der Sparkasse und Rentenpapiere beschränkt. Aber am liebsten waren viele Kunden gar nicht in Wertpapiere investiert. Für IHS ist die Abgeltungsteuer auch kein wirklicher Kaufgrund mehr, und da ist der Sparkassenbrief auf Grund fehlender Depotkosten einfach attraktiver. Aktienanlagen werden sehr verhalten getätigt. Die Aktie kommt so langsam wieder, aber ich glaube, dass der Schock durch zwei Kursstürze binnen kürzester Frist – im Jahr 2000 hatten wir das ganze schon mal – so groß war, dass viele Kunden die Aktienanlage zukünftig meiden werden. Auf der anderen Seite haben unsere Private-Banking Kunden gesagt, dass das schöne Einstiegskurse sind und haben Aktien gekauft. Investmentfonds hatten hohe Mittelabflüsse zu verzeichnen. Es gab aber keine Panikverkäufe durch unsere Kunden.

4.2 Viele Privatbanken haben angekündigt, sich auf ihr Kerngeschäft, d.h. auf das Privatkundengeschäft und Mittelstandskundengeschäft, zu fokussieren. Ergib sich dadurch eine veränderte Situation im Wettbewerb für Sparkassen und Genossenschaftsbanken?
Das tun die doch schon seit zehn Jahren. Die Presse muss ja auch etwas zu schreiben haben. Meine Antwort ist etwas losgelöst von Ihrer Frage. Die Stadt hat über 300.000 Einwohner. Die Stadt hat ca. 23 oder 24 Kreditinstitute, mit über einhundert Filialen. Hinzu kommen alle, die das gleiche Ziel haben, sprich Finanzvermittler und Versicherungen, plus alle überregionalen Banken plus alle Internetbanken. Wir können es ganz kurz machen: Diese Stadt braucht nicht so viele Kreditinstitute. Der Wettbewerb hier ist ein reiner Verdrängungswettbewerb. Je größer die Stadt ist, desto deutlicher kommt das zum Tragen. Das ist für uns absolut nicht neu. Das einzige, was mir Leid tut, ist die Deutsche Bank. Genauer gesagt die Deutsche Bank 24. Das war das erste Mal, dass eine Bank ihren Kunden auf die EC-Karte geschrieben hat, dass sie zweite Wahl sind. Das habe ich auch jedem Kunden so gesagt. Dies haben aber leider die Herren in Frankfurt auch erkannt.

Das ist meiner Meinung nach von den Privatbanken eine bloße Ankündigung. Zwischen dem Sagen und dem Tun ist ein riesiger Unterschied. Ob wir hier jetzt nun noch ein 25. Institut bekommen oder zwei Filialen mehr, das ist völlig gleich. Wenn Wettbewerber am Markt sind, die keine marktgerechten Konditionen anbieten, dann ist das schwierig. Wenn eine Bank für Tagesgeld den doppelten Marktsatz bietet, dann ist es ein schwieriges Geschäft für uns. Noch vor ein paar Monaten konnte man argumentieren, dass ein höherer Zins auch immer ein höheres Risiko beinhaltet. Durch die Staatsgarantie für Spareinlagen sind alle Kreditinstitute gleich sicher. Im Zweifel sagen die Kunden: „Sie sind ja ganz nett, aber…". Die wenigsten unserer Kunden wechseln dann auch tatsächlich zu einem anderen Institut. Wenn sie dann ein bisschen was rausgehandelt haben, dann wirkt die Kundenbindung. Aber was auch stimmt, es ist schon etwas anderes, ein Internetkonto zu eröffnen oder zu einer anderen Bank zu gehen. Letztes machen unsere Kunden eher selten. Eine Direktbankkontoeröffnung - das geht schon mit einem Klick und ist anonym.

5. Abschlussfrage und Dank
Möchten Sie noch wichtige Aspekte dieses Themas nennen, die durch das Interview Ihrer Meinung nach zu wenig berücksichtigt wurden?
Alles andere steht in dem Zeitungsartikel, den ich Ihnen am Anfang gegeben habe.

Anhang 7: Interviewbericht 4

Transkription des Interviews vom 17.06.2009

Dauer des Interviews: 15.00 – 16.00 Uhr

Ort des Interviews: Büro des Vorstandes im Kreditinstitut 4

Gespräch vor Einschalten des Aufnahmegerätes:

Ich stellte mich kurz vor und beschrieb die Inhalte meiner Studie und die Zielsetzung der Experteninterviews.

Interviewdurchführung:

Das Interview fand in einer angenehmen Gesprächsatmosphäre statt, und das Vorstandsmitglied antwortete bereitwillig und ausführlich auf meine Fragen. Während des Interviews gab es keine Störungen.

1. Fragen zu Person und Aufgabengebiet

1.1 Seit wann sind Sie Mitglied des Vorstands beim Kreditinstitut 4?

Ich bin seit dem 01.01.2006 Mitglied des Vorstands und seit dem 01.07.2008 bin ich Vorstandsvorsitzender beim Kreditinstitut 4. Bis dahin war ich Marktvorstand und ab dem 01.07.2008 Marktfolgevorstand.

1.2 Welche Bereiche verantworten Sie?

Zu meinen Verantwortungsbereichen gehören die Revision, die Orga, das Rechnungswesen, der Bereich Personal etc.

2. Kundenreaktionen

2.1 Am 15. September 2008 meldete die amerikanische Investmentbank Lehman Brothers Insolvenz an. Beschreiben Sie bitte die Reaktion von Ihren Kunden auf dieses Ereignis.

Ja, es gab sogar einige sehr heftige Kundenreaktionen. Nicht nur von Kunden, die von Lehman betroffen waren – wir hatten Gott sei Dank nur zwei Kunden, die Lehman Papiere im Depot hatten, die die Kunden aber auch selber gekauft hatten – sondern auch von Kunden, die gefragt haben: „Wie geht es weiter? Ist Lehman die erste und einzige Bank, oder wie viele gehen noch Pleite?" Dabei muss man wissen, dass es eine Reihe von Banken gab, die auch im Vorfeld schon die Segel gestrichen hatten. Das ging ja schon mehrere Monate vorher los. Hier vor Ort gab es eine große Verunsicherung bei den Kunden. Wir haben gemerkt, dass viele Kunden ihr angelegtes

Geld aus dem Ausland zurückgeholt haben. Wobei ich ganz ausdrücklich sage, dass ich keinen Kunden bedauere, der sein Geld bei Kaupthing angelegt hat. Im Leben gibt es nichts geschenkt. Wenn ich eindeutig höhere Zinssätze für meine Anlagen haben möchte, dann gehe ich auch ein entsprechendes Risiko ein. Zinsen sind ein Preis für das Risiko. Ja, es gab eine große Besorgnis bei uns in der Kundschaft. Bis hin zu der Frage: „Wie sicher sind meine Anlagen beim Kreditinstitut 4?" Es gab die Sorge, dass auch wir betroffen sein könnten. Es gab die Frage: „Könnt auch ihr Pleite gehen?" Wir haben in der Zeit nichts anderes mehr gemacht als Kundenberatung. Das ist ja auch unsere Aufgabe. Wir haben in den Gesprächen versucht, die Ängste zu reduzieren oder ganz zu nehmen und wollten ganz dicht bei unseren Kunden sein. Also genau das, was wir am besten können, das haben wir nach der Pleite von Lehman ganz besonders zeigen können.

2.2 Am 5. Oktober 2008 sprach die Bundesregierung eine staatliche Garantie für alle Spareinlagen aus. Veränderte sich dadurch das Verhalten Ihrer Kunden?

Ja, das wurde sehr wohl wahrgenommen. Wobei diese Äußerung von Frau Merkel und Herrn Steinbrück - Sie haben es ja vielleicht noch vor Augen; Schulter an Schulter - nicht unbedingt zur Beruhigung beigetragen hat. Diese Äußerung hat das ganze Ausmaß dieser Misere noch hervorgehoben. Wenn eine Bundesregierung sagen muss, wir garantieren eure privaten Einlagen, dann fragen sich die Sparer, warum die das jetzt machen. Von daher hat es nicht unbedingt dazu beigetragen, dass alle Kunden beruhigt durchgeatmet haben, sondern im Gegenteil, meiner Meinung nach wurde dadurch die Verunsicherung noch richtig geschürt. Das hat aber auch dazu geführt, dass Kunden ihre Gelder wieder bei anderen Banken, z.B. Deutsche Bank, Commerzbank, Dresdner Bank und wie sie alle heißen, angelegt haben. Denn die Kanzlerin hat ja gesagt, dass die Einlagen bei allen Instituten gleich sicher sind. Von den Mittelzuflüssen, die wir nach den Tagen der Pleite von Lehman ins Haus bekommen haben, ist nur ein Teil geblieben.

Haben Kunden innerhalb Ihres Hauses Gelder umgeschichtet?

Ja, wir hatten sehr hohe Zuflüsse aus Geldmarktfonds. Die Geldmarktfonds hatten in dieser Zeit ja auch nicht sonderlich gut performt. Geldmarktfonds investieren ja auch teilweise in kurzfristige Anleihen und somit mussten auch diese Fonds Kursrückgänge verzeichnen. Sonst kam es aber nicht zu großen Umschichtungen von unseren Kunden. Was wir gemerkt haben, ist, dass das Wertpapiergeschäft im Gegensatz zu 2008 deutlich nachgelassen hat. Geschätzt haben wir 2009 40 % weniger Umsätze im

Wertpapierbereich getätigt als 2008. Die Kunden bevorzugen momentan für ihre Geldanlage schon die herkömmlichen Spareinlagen, wie z.B. Sparkassenbriefe.

2.3 Am 17. Oktober 2008 wurde das Finanzmarktstabilisierungsgesetz (FMStG) verabschiedet. Ziel ist die Stabilisierung des deutschen Finanzmarktes. Gab es durch dieses neue Gesetz Auswirkungen auf Ihr Haus?

Meiner Meinung nach ist das mehr ein Expertenthema. Das Gesetz hat gravierende Auswirkungen in Bezug auf Wettbewerbsverzerrungen insbesondere bei den Großbanken gehabt. Sie werden bestimmt gehört haben, dass die Großbanken im ersten Quartal 2009 gewaltige Gewinne eingefahren haben; teilweise ja schon Bankgarantien wieder zurückgegeben haben oder dies planen. Diese Häuser haben ihre eigenen Wertpapiere, ihre eigenen Anleihen, die an der Börse irgendwann mal zu 20 % oder 25 % notiert waren, wieder zurückgekauft, weil es ja nun nach dem Finanzmarktstabilisierungsgesetz keinen Ausfall dieser Papiere mehr geben konnte. Diese Papiere stehen heute wieder bei 40 % oder 50 %. Das Geld, das die Häuser für die Rückkäufe benötigt hatten, wurde unter anderem dadurch finanziert, dass man Kreditportfolien verkauft hat; Stichwort Kreditklemme. Mit diesem Vorgehen wurde unglaublich viel Geld verdient und zwar unser Geld; Steuergeld. Somit hat das Gesetz an dieser Stelle erhebliche Auswirkungen gehabt. Wir sehen es teilweise auch, dass wir von vielen Kunden insbesondere Firmenkunden gebeten werden, Linien, die bisher bei anderen Banken waren, aufzunehmen. Wir sind an der Stelle praktisch dreimal gefordert: Erstens brauchen unsere Firmenkunden in der Krise Liquidität. Wir müssen sie hierbei begleiten. Das machen wir auch gerne, das ist nämlich unser Job. Zweitens müssen wir daneben noch teilweise Linien von anderen Häusern mit aufnehmen, die das Geld für etwas anderes gebrauchen oder die restriktiv eigenkapitalschonend vorgehen, da sie kein Eigenkapital mehr haben. Und das Dritte ist, dass wir natürlich nicht wie eine Bank in Frankfurt eine Firma aus 300 Kilometer Entfernung sehen, sondern, wir sind hier vor Ort und hier bei uns ist es so, dass sieben von zehn bis zu acht von zehn Menschen, die dort arbeiten, unsere Kunden sind. Wir sind somit massiv an der Stelle gefordert. Bei den Kreditlinien, die von den Firmenkunden nun bei uns im Haus benötigt werden, geht es ausschließlich um Kreditlinien bei Privatbanken, in wenigen Fällen um Linien bei Landesbanken. Häufig geht es auch um Kreditlinien bei der IKB, die auch ganz offen den Kunden sagt: „Wir müssen die Linien zurückfahren." Diese Kunden kommen dann zu uns. Das Gesetz hat wenig zur Beruhigung unserer Kunden beigetragen. Natürlich sind die Menschen auch verunsichert, wenn sie überlegen, was die ausufernde Helferei letztlich für den Steuerzahler bedeutet. Das kann man immer schön an der Hypo Real Estate deutlich machen. Ich meine, dass 101

Milliarden Euro zur HRE rübergegangen sind. Wenn man das mal an Hand von aneinander gelegten Fünfhunderteuroscheinen ausrückt, ist das eine Strecke von hier bis zum Autobahnkreuz Lotte. Ein 30 Zentimeter Stapel an Fünfhunderteuroscheinen beträgt ca. eine Million Euro. Dann sind das so ungefähr 30 Kilometer. Das ist Wahnsinn. Und das macht die Menschen schon ängstlich. Wir haben in der Zeit eine Kundenveranstaltung zum Thema Finanzmarktkrise mit großer Resonanz durchgeführt. Die Leute haben auf dieser Veranstaltung gesagt, dass es ja ganz schön ist, dass jetzt jedem geholfen wird. Auf der anderen Seite ist es natürlich nicht zu bezahlen. Die Hilfe betrifft heute im Wesentlichen Garantien. Wenn diese Garantien wirklich benötigt werden, dann kann das Frau Merkel nicht bezahlen. Und das ist auch den Bürgern klar. Die Menschen haben zwar positiv auf die Hilfen reagiert, dass das Bankensystem stabilisiert worden ist, haben aber Angst, was mit der Währung, mit dem Euro zukünftig passiert. Das kann man ganz deutlich merken.

2.4 Wie verhalten sich Ihre Kunden heute? Ergaben sich in der Zwischenzeit (Oktober 2008 bis Juni 2009) andere Verhaltensweisen?

Das Kundenverhalten hat sich etwas beruhigt. Was immer noch zu Kundenreaktionen führt, das ist die ausufernde Helferei. Das gilt aber nicht nur für Banken, sondern auch für Industrieunternehmen. Meiner Meinung nach sieht man das auch an den Ergebnissen der Europawahl. Die Menschen wollen eigentlich nicht, dass jetzt ausufernd geholfen wird. Ich weiß nicht, ob jeder sechste Bürger nun Marktwirtschaftler geworden ist, der vorher noch dafür war, dass Opel geholfen wird. Es ist momentan schon in den Köpfen der Kunden, was es bedeutet, mit Steuergeldern zu helfen, die eigentlich nicht da sind. Darüber hinaus jagen die Leute wieder den Prozenten hinterher. Die Mittelzuflüsse, die wir hatten, sind zum Teil wieder abgeflossen.

Wie sieht das in Ihrem Haus mit der Nachfrage nach Gold aus?

Wir haben noch nie so viel Gold verkauft wie zu der Zeit. Jetzt fragen Sie mich bitte nicht wie viel Zentner. Es sind schon erhebliche Mengen an Gold von Kunden erworben worden. Die Nachfrage ist jetzt nun deutlich zurückgegangen. Das ist ja auch immer eine Frage des Preises. Mit dem Anstieg des Goldpreises, aber auch mit dem Abkühlen dieser Unruhe hat sich die Nachfrage deutlich verringert.

2.5 Wenn eine Privatbank eine Anleihe mit Staatsgarantie begibt (wie z.B. die Commerzbank), ergeben sich dadurch Auswirkungen auf Sparkassen und Genossenschaftsbanken? Wie reagieren die Kunden auf solche Angebote?

Unsere Kunden reagieren durchaus auf solche Angebote. Allerdings gab es keine Nachfrage nach der Anleihe, die die Commerzbank ausgegeben hat. Es gab ja auch Anleihen der NordLB mit Staatsgarantie. Das war insbesondere für Bürger in Niedersachen – das ist ja unsere Landesbank – interessant, und es hat nach diesen Landesbankanleihen Nachfrage gegeben. Wir versuchen natürlich mit dem Preis mitzuhalten und die Einlagen bei uns zu platzieren. Das ist den Kunden durchaus einen Renditeabschlag wert. Das Thema Sicherheit steht weiterhin bei unseren Kunden im Vordergrund. Aber die Menschen versuchen wieder mehr Rendite zu erzielen und gehen wieder ein bisschen Risiko ein. Unsere Kunden fragen eher die Passivanlagen der Commerzbank mit den attraktiven Zinssätzen nach. Die Kunden ziehen schon mit dem Argument wieder Einlagen ab, dass Frau Merkel gesagt hat, dass die Einalgen sicher sind. Die Kunden nehmen den höheren Zins dann gerne mit. Das verstehen wir auch unter Wettbewerbsverzerrungen. Eigentlich ist die Commerzbank Pleite, die Dresdner Bank gibt es faktisch nicht mehr, auch das sind Dinge, die wahrscheinlich erst in einigen Jahren deutlich machen, was wir hier für gewaltige historische Bewegungen am Markt hatten. Die Dresdner Bank hat im März 2009 ihren letzten Jahresabschluss vorgelegt. Den aller aller letzten. Die Dresdner Bank wird es nicht mehr geben. Das ist schon bedeutend. Die Commerzbank kann eben diesen höheren Zins nur bieten, weil sie mit staatlichen Geldern unterstützt worden ist. Und deswegen sind es Wettbewerbsverzerrungen, die sich ganz deutlich widerspiegeln.

3. Wettbewerbsverzerrungen

3.1 Was verstehen Sie unter Wettbewerbsverzerrungen?

Wettbewerb unter Gleichen wird dann nicht mehr stattfinden können, wenn ein Teilnehmer vom Staat mehr Unterstützung erhält als ein anderer. Mit dieser Begründung sind die Gewährträgerhaftung und die Anstaltslast Mitte 2005 gekippt worden. Man hatte eben gesagt, dass die Sparkassen und Landesbanken unter dem Schirm des Staates oder des Gewährträgers stehen. Die Gewährträgerhaftung ist ungerecht. Und genau diejenigen, die Mitte 2008 sogar noch den Ländern und auch der Bundesregierung geschrieben haben, dass der Staat im Finanzsektor nichts zu suchen hat und der Staat vom Bankgeschäft auch gar keine Ahnung hat, die rühmen sich jetzt mit dem Zugewinn an Sicherheit und werden vom Staat mit Geld oder Garantien unterstützt. Darin spiegelt sich eindeutig eine Wettbewerbsverzerrung wider. Das was den Sparkassen und Landesbanken in der Vergangenheit vorgeworfen wurde, genau das kommt jetzt zum Tragen. Ich verstehe unter Wettbewerbsverzerrungen ungleiche Bedingungen auf dem Markt durch staatliche Unterstützung.

3.2 Wie zeigen sich die genannten Wettbewerbsverzerrungen auf dem Bankenmarkt?

Die zeigen sich zum einen in der Verzinsung. Es kann nicht sein, dass z.b. eine VW-Bank – ist die überhaupt systemrelevant oder nicht? Das kann man ja auch mal fragen – Kredite zu 0,99 % herausgibt und gleichzeitig 3,5 % Guthabenverzinsung an Kunden zahlt. Da muss ich kein BWL studiert haben, um zu merken, dass das nicht gut gehen kann. Das ist nur dadurch darstellbar, dass man staatliche Hilfen bekommen hat. Wettbewerbsverzerrungen zeigen sich auch bei der Commerzbank, die es ja eigentlich gar nicht mehr geben dürfte. Institutionelle Anleger stellen den Privatbanken kein Geld mehr zur Verfügung. Jetzt versuchen genau diese Institute den Privatkunden wieder zu entdecken und zahlen Aufschläge, die nur dadurch darzustellen sind, weil sie staatliche Hilfen in Anspruch genommen haben. Das bedeutet, dass den Sparkassen Einlagen fehlen, die sie aber dringend benötigen, um das Kreditgeschäft darstellen zu können. Da muss ich sagen, dass ich große Zweifel daran habe, ob das richtig ist, dass der Staat den privaten Banken hilft. Ich möchte hier noch einmal klarstellen, dass die Sparkassen keine staatlichen Banken sind, sondern kommunale Institute mit lokalem Bezug. Das wird häufig vergessen.

3.3 Macht es Ihrer Meinung nach einen Unterschied, ob eine Privatbank oder eine Landesbank staatliche Hilfen des SoFFin in Anspruch nimmt?

Eigentlich nicht. Die Landesbanken haben es versäumt, in guten Zeiten eine Radikalkur hinter sich zu bringen. Man hat das Ganze ja versucht, indem die Sparkassen und Landesbanken in einen gemeinsamen Haftungsverbund gegangen sind. Dort haben die Landesbanken damals schon gesagt, sie wollen sich aus bestimmten Geschäftsfeldern zurückziehen. Das Gegenteil ist allerdings passiert. Die Sparkassen sind in den letzten zehn Jahren kaum noch gewachsen. Die Landesbanken haben - glaube ich - ihre Bilanzsumme mehr als verdoppelt. Allein dieses Verhältnis passt überhaupt nicht. Das Geld, das den Landesbanken zur Verfügung gestellt worden ist, haben sie für eine brutale Expansion verwendet. Die HSH Nordbank und z.B. die NordLB rühmen sich, die weltweit größten Schiffsfinanzierer zu sein. Ob das heute ein Ruhmesblatt ist, das mag ich bezweifeln. Auf jeden Fall passt es nicht zu dem Geschäft der Sparkassen und passt nicht in einen gemeinsamen Haftungsverbund. Somit sehe ich in einer staatlichen Unterstützung einer Privatbank oder einer Landesbank keinen großen Unterschied.

Wie stehen Sie zu dem Thema Bad Bank für Landesbanken?

Ich weiß nicht, ob es dazu eine Alternative gibt. Fakt ist, dass geklärt werden muss, wer für die toxischen Wertpapiere in dieser Bad Bank haftet. Wenn es die Sparkassen sein sollen, dann gibt es hier die nächste Ungleichbehandlung. Die Eigentümer werden hier nochmals gefordert; zusätzlich zu den Aufgaben für die Region, die ich vorhin beschrieben habe. Die Sparkassen sind nun mal die Eigentümer der Landesbanken. Wir werden aber völlig anders behandelt als z.B. die Aktionäre der Commerzbank. Diese haften nur mit ihrer Einlage. Die Sparkassen müssen ihren Anteil an den Landesbanken ohnehin schon in der Bilanz bewerten. Sie können es bei der WestLB oder an der Landesbank Berlin genauso sehen. Die Unterstützung der Landesbank Berlin ist jetzt drei Jahre her, und die Sparkassen haben noch keine Dividende gesehen. Da werden die Sparkassen Abschreibungen auf ihren Anteil vornehmen müssen. Das sieht bei den Privatbanken allerdings etwas anders aus, die 20 Jahre Zeit haben, diese Beteiligungen zu bewerten. Wenn die Sparkassen neben diesen Bewertungsmaßnahmen auch noch für die toxischen Wertpapiere der Landesbanken haften sollen oder für die Verluste daraus, dann haben wir die nächste Ungleichbehandlung. Man kann die Sparkassen und Volksbanken, die sich als absolut stabilisierend in der Krise gezeigt haben, jetzt nicht in den Bankrott führen. Ich hoffe nicht, dass die Sparkassen nochmals zur Kasse geben werden. In den vergangenen Jahren sind ja bereits Milliarden zu den Landesbanken geflossen, die die Sparkassen erheblich belastet haben.

3.4 Sollten Ihrer Meinung nach alle Banken, Sparkassen und Genossenschaftsbanken staatliche Hilfe erhalten und welche Auswirkungen würden sich daraus ergeben?

Das hätte dazu geführt, dass sich keiner aus der Deckung wagen muss und an den Pranger gestellt wird. Auf der anderen Seite wüsste ich nicht, was wir mit staatlicher Hilfe gemacht hätten. Eine solche Maßnahme hätte wahrscheinlich zu einer schnelleren Beruhigung der Märkte geführt. Heute würde man das wahrscheinlich etwas anders machen. Ich glaube, das wäre ein richtigerer Weg gewesen. Ob wir die staatlichen Garantien dann genutzt hätten, – man muss die ja auch bezahlen – das weiß ich nicht. Ich weiß, wie viel die Commerzbank pro Jahr für die staatlichen Hilfen bezahlen muss. Die zahlen meines Wissens nach auf die staatlichen Unterstützungsmaßnahmen 9 %. Das finde ich nicht realistisch. So viel hat die Bank noch nicht verdient, auch nicht in guten Zeiten. Diese Zinszahlungen finde ich völlig utopisch. Man muss auch sehen, dass da mit Steuergeldern nicht kaufmännisch gewirtschaftet wird. Das ist ja schon abzusehen, dass die Hilfen oder die Zinszahlungen nicht zurückkommen. Ich bin gespannt. Das wird die Zukunft zeigen.

3.5 Früher haben die Privatbanken die Gewährträgerhaftung der Sparkassen kritisiert und sahen darin Wettbewerbsverzerrungen zum Nachteil der Privatbanken. Sehen Sie Parallelen zwischen der Gewährträgerhaftung und den jetzigen staatlichen Eingriffen?

Ja, ich denke schon. Ich drehe es mal um. Wo ist da der Unterschied, wenn Frau Merkel sagt: „Die Einlagen sind sicher" und völlig undifferenziert vorgeht, dann hat das – nicht mit der Anstaltslast – aber mit der Gewährträgerhaftung eine ganze Menge zu tun. Letztlich ist es dem Kunden ja egal, ob die Zahlung des Staates auf Grund einer Gewährträgerhaftung oder auf Grund einer staatlichen Garantie kommt. Das hat für den Kunden die gleiche Wirkung. Die Gewährträgerhaftung hatte allerdings nicht die Auswirkungen auf unsere Mittelzu- und –abflüsse wie die heutigen staatlichen Eingriffe. Ich denke, dass die Sparkassen durch die Gewährträgerhaftung in der Vergangenheit sehr stark geworden sind. Aber, dass Kunden wegen der Gewährträgerhaftung ihr Geld bei einer Sparkasse angelegt haben, das glaube ich nicht. Ich meine, dass die Gewährträgerhaftung noch nie zum Tragen gekommen ist. Das haben die Sparkassen immer unter sich ausgemacht. Die Sparkassen haben den Ruf einer sehr stabilen Bankengruppe.

Gab es durch die Gewährträgerhaftung eine engere Bindung zu den Kommunen?

Hier muss man sich auch vor Augen führen, dass die Kommunen unsere Eigentümer sind. Wir schütten an die Kommunen aus und die Kommunen sitzen in unseren Aufsichtsgremien. Genau das macht eine Eigentümerposition aus. Trotzdem sehen wir uns gerade bei den Kommunen in einem ziemlich starken Wettbewerb. Die Kommunen schreiben bundesweit aus. Wir haben es erreicht, dass wir mit Landkreisen oder mit der Stadt zumindest das letzte Wort haben. Da gibt es ein Gentlemen-Agreement. Aber das war es dann auch. Auf der anderen Seite macht die Sparkasse in der Region sehr sehr viel und ich scheue mich nicht, das auch zu sagen. Tue Gutes und rede darüber. Wir haben ein sehr großes Spendenvolumen und eine eigene Stiftung, die ausschließlich die Region fördert. Aber wir müssen absolut wettbewerbsfähig, insbesondere bei den Konditionen sein; da gibt es für uns nichts geschenkt.

3.6 Verursachen die Auflagen des Finanzmarktstabilisierungsgesetzes (FMStG) (zusätzliche) Wettbewerbsverzerrungen? (z.B. durch die Begrenzung der Vorstandsgehälter, Überprüfung der Geschäftspolitik etc.)

Ganz grundsätzlich möchte ich sagen, dass derjenige, der Geld für Stützungsmaßnahmen zur Verfügung stellt, auch ein entsprechendes Mitspracherecht haben
darf. Ich für mich wäre froh, wenn man mein Gehalt auf 500.000 EUR begrenzen
würde. Ich finde es geradezu unerträglich, dass heute Bankmanager, die gerade den
Karren an die Wand gefahren haben, ihre Boni einklagen. Solche Dinge sind dem
Normalbürger gar nicht zu vermitteln. Dadurch wird eine ganze Branche in Verruf
gebracht. Ich bin eindeutig dafür, dass spätestens dann, wenn der Staat mit Geldern
einspringt, auch die Kontrollen schärfer werden. Ich glaube schon, dass der Staat
diese Kontrollen durchführen kann und das auch machen wird. Der Staat hat mit dem
BaFin und der Bundesbank Institutionen, die solche Dinge stemmen können. Vielleicht
muss noch weiteres Know-how aufgebaut werden. Aber viele Dinge kann man mit den
vorhandenen Instrumenten schon ganz gut durchdringen und kontrollieren. Jetzt kann
man sagen, der Staat hat ja bisher auch nicht aufgepasst. Aus diesen Fehlern muss
man lernen. Man ist immer davon ausgegangen, dass es so weitergeht. Niemand hat
diese Blase vorausgesehen. Die Kontrollinstrumente müssen sicherlich an der einen
oder anderen Stelle überdacht werden. Auch die Eigenkapitalrichtlinien, wie z.B. die
erste Säule von Basel II müssen überdacht werden. Da ist es z.B. so, dass das
Eigenkapital wächst, wenn z.B. die Börsenkurse steigen. Das ist doch widersinnig.
Wenn es zu einer Krisensituation kommt, dann fällt nicht nur das Kreditgeschäft in sich
zusammen, sondern auch das Eigenkapital. Diese Regelung durch Basel II wirkt pro-
zyklisch. Das muss man überdenken. Aber ich denke schon, dass man zukünftig hier
eine gute Regelung herbeiführen kann. Es haben ja auch andere Leute gepennt. Bei
den Landesbanken haben ja auch Sparkassen und Politiker mit im Aufsichtsrat
gesessen. Das hat ja auch jahrelang gut funktioniert und man hat auch jahrelang gut
von den Ausschüttungen gelebt. Das kann man nicht anders sagen. Stichwort
SachsenLB. Das ist viele Jahre traumhaft gewesen. Ja, und nun stellt man fest, dass
der Vorstand sich verzockt hat. Aber der war es letztendlich auch nicht alleine. Da
haben viele Leute mitgewirkt.

3.7 Welche Maßnahmen müssten von der Bundesregierung unternommen werden, um Wettbewerbsverzerrungen möglichst zu vermeiden?

Es muss zu Kontrollen führen, das ist ganz eindeutig. Fakt ist, dass sich die
unterschiedlichen Banken wieder in einen vernünftigen Wettbewerb begeben müssen.
Vielleicht ist hier eine Zinsobergrenze sinnvoll und richtig, z.B. bis zum
Interbankensatz; wo immer der dann auch liegt. Da muss auf jeden Fall irgendeine
Grenze eingezogen werden, wie das Herr Haasis auch bereits vorgeschlagen hat.
Wenn der Staat eingreift, gibt es immer das Problem, dass es dann zu

Ungleichgewichten führt. Dieses Ungleichgewicht muss man möglichst gering halten. Aber Ideen für Instrumente und Maßnahmen habe ich auch nicht. Das ist auch nicht mein Job.

3.8 „Einige der so begünstigten Unternehmen begreifen die Staatshilfen offensichtlich als Grundlage, um nicht marktgerechte Einlagenkonditionen zu bieten und damit sogar zu werben", sagte Sparkassenpräsident Heinrich Haasis. Herr Haasis regte an, die Zinsangebote von Banken mit staatlicher Unterstützung gesetzlich zu begrenzen. "Wenn der Staat schon mit öffentlichen Geldern in den Wettbewerb eingreift, ist auch eine Preisregulierung für die begünstigten Unternehmen gerechtfertigt". Wie ist Ihre Meinung dazu?

Zuerst muss man die Frage stellen, wer überhaupt Staatshilfe erhält und ob z.B. eine VW-Bank wirklich systemrelevant ist. Das würde ich mit einem großen Fragezeichen versehen. Und so sehr ich auch unseren Ministerpräsidenten schätze, da hat er aus meiner Sicht eindeutig Unrecht, indem er das System von VW und der VW-Bank über den grünen Klee lobt. Es würde nämlich sehr wohl zu einem vernünftigen Wettbewerb passen, wenn man auch VW mit seiner VW-Bank mal vor die Wand laufen lässt und die VW-Bank beispielsweise nicht unterstützt. Es kann nicht sein, dass VW unglaubliche Subventionen erhält und gleichzeitig die VW-Bank mit Staatsgeldern gestützt wird. Dadurch werden den Sparkassen und auch den Volksbanken die Einlagen abgeworben und auch das Kreditgeschäft vor Ort noch unglaublich erschwert. Ich glaube nicht, dass das Aufgabe einer Bundesregierung ist, hier zu unterstützen. Wenn man an der Basis anfangen würde, dann würden sich Wettbewerbsverzerrungen in Grenzen halten. Ich fände es interessant, wenn man eine Autobank - das ist ja ein Vertriebszweig - mal wirklich auflaufen lassen würde. Ich bin gespannt, was dann passieren würde. Ich glaube nicht, dass es zu dramatischen Veränderungen kommen würde. Die Frage bleibt immer noch, was bedeutet systemrelevant. Ich hätte große Sympathien dafür, wenn man nicht jedem helfen würde. Es muss auch mal ein Institut Pleite gehen. Das geht nicht anders, sonst werden wir das nicht mehr bezahlen können. Das ist genauso wie mit dem Rentensystem. Es ist völlig utopisch zu glauben, dass wir das System so aufrechterhalten können. Das geht einfach nicht. Es müssen Rentenkürzungen her und das Eintrittsalter muss erhöht werden. Die bisherigen Veränderungen reichen einfach noch nicht aus. Aber das ist ein anderes Thema.

4. Auswirkungen der Finanzmarktkrise auf das Kreditinstitut 4?

4.1 Ergeben sich durch die Finanzmarktkrise Auswirkungen für Ihr Kreditinstitut hier vor Ort? Sie haben es vorhin bereits angesprochen, dass es Auswirkungen auf die Kundeneinlagen gab.

Ja, wir hatten sehr hohe Mittelzuflüsse von anderen Kreditinstituten. Davon haben wir auch einige behalten, aber eben nicht mehr alle. Die Kunden warten seit mehreren Monaten schon auf steigende Zinsen. Deswegen unterhalten die Kunden enorme Beträge im Tages- und Termingeldbereich. Jetzt ist die Zinskurve ja schon etwas steiler geworden, aber das Zinsniveau an sich ist sehr niedrig.

Hatte die Finanzmarktkrise auch Auswirkungen auf die Eigenanlagen des Kreditinstitutes 4?

Beim Thema Eigenanlagen versuchen wir unter Abwägung diverser Risiken die steilere Zinskurve zu nutzen. Wir versuchen auch den Spread zu nutzen, den es zurzeit bei Corporates gibt. Der ist ja schon etwas zusammengelaufen, aber da haben wir uns positioniert. Wir haben unsere Eigenanlagen strategisch in einen so genannten Sicherheitsblock und einen Risikoblock aufgeteilt. Der Sicherheitsblock beträgt 75 % unserer Eigenanlagen. Bezeichnend ist, dass dem Risikoblock auch langfristige Anlagen bei Landesbanken zugeordnet werden. Neben Aktien, die wir natürlich haben und neben Corporates haben wir auch langfristige Anlagen bei Landesbanken. Im Moment ist dieser Risikoblock nur zu ca. 12 % ausgenutzt.

Hatte die Finanzmarktkrise Ihre Strategie im Depot A beeinflusst?

Unsere Strategie hat sich geändert. Es ist so, dass wir geschaut haben, wo wir unser Geld anlegen. Wir haben uns früher nie darüber Gedanken gemacht, ob wir unsere Einlagen von Landesbanken zurückbekommen. Wir haben immer geschaut, dass wir einen möglichst hohen Zins bekommen haben. Daher sind wir auch teilweise von unserer Landesbank weg und haben auch bei anderen Landesbanken oder der DekaBank Gelder angelegt. Mit wem wir zusammenarbeiten, das überlegen wir uns heute zweimal. Wir nehmen schon einen Renditeverzicht in Kauf, wenn wir dadurch eine höhere Sicherheit bekommen.

Gab es in Ihrem Haus Auswirkungen auf das Depot B?

Also das Geschäft mit Zertifikaten war eine ganze Zeit lang völlig tot. Ich meine hier jetzt Wertpapierzertifikate und keine Sparkassenzertifikate. Bei Wertpapierzertifikaten haben kaum noch Umsätze stattgefunden. Es sind ja auch einige Zertifikate davon geplatzt, bei denen die Anlagestrategie nicht aufgegangen ist. Wir haben interessanterweise in dem Bereich kaum Kundenbeschwerden wegen Falschberatung. Von daher scheinen unsere Aufklärungssysteme und Beratungssysteme unterstützend zu funktionieren. Wir haben eine eigene Vermögensverwaltung bei uns im Haus. Da sind frühzeitig Umschichtungen in Richtung Rohstoffe, in Richtung Gold erfolgt. Wir haben intensiv mit den Kunden gesprochen und haben dort ein absolut positives Feedback erhalten. Es hat sich auch gezeigt, dass wir die Aktienpositionen zum richtigen Zeitpunkt entweder ab- oder aufgebaut hatten. Somit konnten wir mit unserer Vermögensverwaltung eine sehr schöne Performance erreichen. Somit gab es schon Kundenreaktionen, aber nicht unbedingt negative. Teilweise hat es bei Kunden auch Reaktionen gegeben, dass diese panikartig aus dem Wertpapierbereich ausgestiegen sind. Denen haben wir ganz deutlich gesagt: „Wenn Sie mit der Anlage nicht mehr ruhig schlafen können, dann sollten Sie aus der Anlageform rausgehen." Wir hatten - meine ich - nur einen einzigen Fall, dass ein Kunde sein ganzes Geld sehen und abheben wollte.

4.2 Viele Privatbanken haben angekündigt, sich auf ihr Kerngeschäft, d.h. auf das Privatkundengeschäft und Mittelstandskundengeschäft zu fokussieren. Ergibt sich dadurch eine veränderte Situation im Wettbewerb für Sparkassen und Genossenschaftsbanken?

Mal wieder. Ich sehe das völlig gelassen. Ich verstehe auch nicht, wie lange sich das die Kunden noch gefallen lassen wollen. Ich erinnere nur an die Deutsche Bank 24. Ich weiß nicht, wie leidensfähig man als Kunde sein muss, um sich das dauerhaft gefallen zu lassen. Ich sehe diese Ankündigung völlig gelassen, denn wir sind gut aufgestellt. Wir haben eine sehr kontinuierliche Geschäftspolitik. Mit dem Wettbewerb habe ich kein Problem. Ich glaube schon, dass die Kunden ganz genau beobachten, was da mit ihnen gemacht wird und wann sie als Kunde wieder für Privatbanken interessant werden. Wir hatten viele Kundenreaktionen, die genau das berichteten und die Bankverbindung daraufhin bei Privatbanken beendeten. Durch die Gestaltung der Konditionen wird der ein oder andere Kunde auf jeden Fall zu diesen Banken hinlaufen. Das ist mir auch klar und das ist auch okay. Die Privatbanken müssen jetzt erstmal sehen, dass sie wieder Geld verdienen. Das wird man dann früher oder später auch an den Konditionen merken müssen. Das wird gar nicht anders gehen. Wir haben die Maxime ausgegeben, wenn der Kunde etwas braucht, dass wir ihn dann so eng wie möglich begleiten und dass der Kunde die Dienstleistung bei uns in Anspruch nimmt. Wir müssen auch Vertrieb machen, aber das auf eine faire Art und Weise.

5. Abschlussfrage und Dank

Möchten Sie noch wichtige Aspekte dieses Themas nennen, die durch das Interview Ihrer Meinung nach zu wenig berücksichtigt wurden?

Nein, es wurden alle betroffenen Bereiche angesprochen.

Anhang 8: Interviewbericht 5

Transkription des Interviews vom 07.07.2009

Dauer des Interviews: 11.00 – 12.15 Uhr

Ort des Interviews: Büro des Vorstandes im Kreditinstitut 5

Gespräch vor Einschalten des Aufnahmegerätes:

Ich stellte mich kurz vor und beschrieb die Inhalte meiner Untersuchung und die Zielsetzung der Experteninterviews.

Interviewdurchführung:

Das Interview fand in einer angenehmen Gesprächsatmosphäre statt, und das Vorstandsmitglied antwortete bereitwillig und ausführlich auf meine Fragen. Während des Interviews gab es keine Störungen.

1. Fragen zu Person und Aufgabengebiet

1.1 Seit wann sind Sie Mitglied des Vorstands des Kreditinstitutes 5?

Ich bin seit acht Jahren Vorstandsmitglied beim Kreditinstitut 5.

1.2 Welche Bereiche verantworten Sie?

Ich bin für den Marktbereich zuständig. Das bedeutet, dass ich für das Privat- und Firmenkundengeschäft, das Wertpapiergeschäft und Treasury verantwortlich bin.

2. Kundenreaktionen

2.1 Am 15. September 2008 meldete die amerikanische Investmentbank Lehman Brothers Insolvenz an. Beschreiben Sie bitte die Reaktion Ihrer Kunden auf dieses Ereignis.

Wir sind Gott sei Dank von der Insolvenz von Lehman Brothers nur indirekt betroffen. Von insgesamt 20.000 Kunden hatten sieben Kunden Wertpapierzertifikate, in denen Lehman Brothers im Basket mit drin war. Das waren alles Anlagesummen zwischen fünf und fünfzehntausend Euro. Ein normaler Privatkunde kennt Lehman Brothers eigentlich nicht. In der Finanzwelt ist das aber eine namhafte Investmentbank gewesen. Im Endeffekt hat man eine Bank fallen lassen, die man im Nachhinein vielleicht nicht mehr hätte fallen lassen.

2.2 Am 5. Oktober 2008 sprach die Bundesregierung eine staatliche Garantie für alle Spareinlagen aus. Veränderte sich dadurch das Verhalten Ihrer Kunden?

Ja, das hat bewirkt, dass die Kunden gefragt haben, ob die Einlagen vorher nicht sicher waren. Mich hat an dem Statement „die Einlagen sind sicher" sehr gestört, dass nicht gesagt wurde welche Einlagen. Ist es wirklich richtig, die Einlagen, die Kunden nach Island transferiert haben, abzusichern? Ich hätte die Aussage schöner gefunden wie: „Die Zinsen sind nicht abgesichert." Jemand, der Risikogeschäfte eingegangen ist, die eigentlich jedem bekannt waren, hat dann auch noch auf die staatliche Unterstützung einen Zinsertrag erhalten. Es steht überall in dem Kleingedruckten, dass die Einlagensicherung nur bis 10.000 Euro oder bis 20.000 Euro reicht. Ich fand den Ausspruch der Bundesregierung wenig durchdacht, da dadurch die Menschen noch stärker verunsichert wurden, als dies vorher schon der Fall war. Der Kunde von Sparkassen oder von Volksbanken war immer der Meinung, dass das Geld bei den Banken sicher ist. Und dann stellt sich eine Bundeskanzlerin hin und sagt: „Die Einlagen sind jetzt erst sicher", dadurch kommt die Verunsicherung bei den Kunden, die fragten: „War das vorher nicht der Fall?"

Wie haben Ihre Kunden dann genau reagiert?

Die Mitarbeiter waren schon sehr stark belastet. Es hat massiv Anfragen gegeben. Die Kunden haben gefragt: „Was ist da passiert? Bin ich da betroffen?" Es hat unzählige Beratungsgespräche und Anrufe bei unseren Beratern zu diesem Thema gegeben. Die Aktienmärkte haben zu der Zeit ja auch extrem reagiert. Da kam alles zusammen. Lehman war sicherlich die Wasserscheide des Wirtschaftsjahres 2008. Lehman war der größte Auslöser, aber grundsätzlich kam im letzten Quartal 2008 alles zusammen, was hätte zusammen kommen können. Die Verunsicherung der Kunden war groß. Da muss man sich mal das Kundenklientel von Volksbanken und Sparkassen ansehen, was ich schon als sehr ähnlich einschätze, das sind Normalkunden, die sich nicht jeden Tag mit einer Wirtschaftszeitung auseinander setzen. Diese Verunsicherung galt es zu heilen und wieder Vertrauen in unsere Bank zu gewinnen. Wir haben im letzten Quartal 7 % bis 8 % Einlagenzuflüsse gehabt. Das ist aber nicht unbedingt neues Geld von anderen Banken gewesen, sondern es gab viele Umschichtungen aus Investmentfonds. Auch konservative Anlagen wie Geldmarktfonds sind in Tages-, Festgelder und anderen Anlagen bei uns im Haus umgeschichtet worden. Die Leute haben auch irrational gehandelt. Ich glaube die Kunden haben dabei gedacht: „Ich will was machen. Ich will was tun. Ich habe jetzt gehandelt. Können Sie mir sagen, das da auch nicht 1 % verloren geht?" Wir hatten allerdings auch Mittelzuflüsse von anderen Banken. Da sind auch große Volumina geflossen. Das Geld ist aber auch teilweise schon wieder weg geflossen. Zu der Zeit gab es bei uns im Haus relativ wenige Bargeldabhebungen. Wir hatten einen Fall, da hatte der Kunde Geld von einer

Direktbank zu uns überwiesen, dies dann in bar abgeholt und in sein Schließfach gelegt. Das war aber wirklich die Ausnahme. Darüber hinaus gab es schon eine größere Nachfrage nach Gold. Diese aber auch auf einem niedrigen Niveau. Ich kann es in Prozent gar nicht beziffern. Teilweise haben die Kunden physisches Gold gekauft. Das waren vielleicht 20 bis 30 Kunden, die dann wirklich Gold gekauft haben. Allerdings war es mehr als das Tagesgeschäft.

2.3 Am 17. Oktober 2008 wurde das Finanzmarktstabilisierungsgesetz (FMStG) verabschiedet. Ziel ist die Stabilisierung des deutschen Finanzmarktes. Gab es durch dieses neue Gesetz Auswirkungen auf Ihr Haus?

Bei den Kunden war es schon ein Thema. Diskussionen darüber gab es. Wir hatten im November 2008 zwei Kundenveranstaltungen mit jeweils 500 Teilnehmern durchgeführt. Obwohl das die Leute nicht realisieren und nicht verstehen, was das nun wirklich bedeutet. Die Presse ist mit dem Thema auch nicht so gut umgegangen. In der Öffentlichkeit wird gesagt: „Ihre Steuergelder stehen dafür gerade, dass…" Das aber letztendlich fast 90 % der Summen nur Garantien waren und keine netto fließende Beträge. Das hat man den Bürgern verschwiegen. Da hat die Presse mit dem Nichtwissen der Bürger gespielt und es wird noch mehr Panik verbreitet. Ich persönlich muss Ihnen sagen, ich fand das System der Amerikaner besser und klarer. Es gab drei verschiedene Wege, über die man sich Kapital holen oder Geld leihen konnte. Wenn das Geld bis zu dem Zeitpunkt zurückgezahlt wurde, dann muss ein Institut den Zins XY zahlen und wenn es länger dafür brauchen sollte, dann wird es teurer. Das hat mir in Deutschland ein wenig gefehlt. In Deutschland war es so, dass nach und nach ein Institut nach dem andren um die Ecke kam. Zuerst sagten alle: „Wir sind gut. Wir brauchen nichts." Und nachher brauchten sie dann doch staatliche Unterstützung. In Frankreich ist das anders. In Frankreich gehen alle Bankenvertreter in ein Zimmer und kommen dann raus und sagen: „Wir brauchen alle staatliche Unterstützung." In Frankreich und Amerika gab es das eben nicht, was es hier in Deutschland gab. Das hätte man in Deutschland auch viel einfacher haben können, wenn man sich an einen Tisch gesetzt hätte und wäre sich einig geworden. So hätte sich kein Institut profilieren können. Mich haben Kunden angerufen und gefragt: „Was ist das eigentlich, was die da gemacht haben?" In vielen Beratungsgesprächen hörten die Berater auch: „ Wenn man sich das so anhört, 300 Milliarden Euro. Braucht ihr denn auch was davon? Wofür ist das Geld denn?" Mit dem Begriff SoFFin kann auch kaum einer was anfangen. Fragen Sie auf der Straße doch mal, was der Begriff SoFFin bedeutet.

2.4 Wie verhalten sich Ihre Kunden heute? Ergaben sich in der Zwischenzeit (Oktober 2008 bis Juni 2009) andere Verhaltensweisen?

Ja, es gab eine Veränderung des Kundenverhaltens. Das Geld von Kunden ist sehr kurzfristig angelegt. Die Kunden haben sich meiner Meinung auch schon an den niedrigen Zinssatz gewöhnt. Wir haben vorher versucht, als die Zinssätze noch höher waren, die Kunden in längerfristige Anlagen zu beraten. Die Kunden sagten aber: „ Nein, nein. Bloß nicht. Das Geld soll verfügbar gehalten werden." Jetzt leiden diese Kunden beim Zinsertrag darunter, dass sie es nicht so gemacht hatten. In den Gesprächen ist die Finanzmarktkrise heute deutlich weniger ein Thema. Das Sicherheitsbedürfnis der Anleger ist allerdings deutlich gestiegen. Das Vertrauen in die Aktienmärkte hält sich weiter in Grenzen. Es gibt einige weinige Kunden, die wieder in den Aktienmarkt einsteigen. Die hohen Mittelzuflüsse, die wir hatten, sind teilweise wieder zu anderen Banken geflossen. Weil dann wieder Zinssätze ins Spiel kamen, die jenseits von Gut und Böse lagen. Wenn Sie den GKM-Satz unterstellen und wir bei der Zentralbank 1 % für Anlagen erhalten und der Kunde erwartet 2 %, dann ist das nicht mehr tragbar. Selbst wenn Sie über Strukturbeiträge versuchen dies auszugleichen und versuchen große Volumina zu halten, das halten Sie eine zeitlang durch, aber lange nicht. Der Kunde an sich, verhält sich deutlich ruhiger, als es vorher der Fall war.

Wie sieht das mit dem Wertpapierbereich aus?

Wir stellen fest, dass es wieder mehr Vertrauen in Wertpapierprodukte gibt. Wir haben dieses Jahr auch schon Kundenveranstaltungen zu diesem Thema durchgeführt, um den Kunden die Angst davor zu nehmen. Wir hatten in der Stadthalle u.a. einen Fachreferenten von Union Investment dabei gehabt, der geschildert hat: „Wo stehen wir eigentlich heute? Was ist in der Vergangenheit nach Krisen passiert? Was passiert jetzt?" Wir versuchen die Kunden davon zu überzeugen, auf Struktur zu achten. Die Struktur der Anlagen ist nun mal wichtig für den Erfolg. Wir haben auch versucht über Garantieprodukte nach vorne zu kommen. Wir haben eigentlich kein schlechtes Wertpapiergeschäft. Wobei die meisten anderen Vorstandskollegen von anderen Instituten berichten, dass das Wertpapiergeschäft nicht so gut läuft. Bei uns läuft es nicht schlecht, aber auch mehr über das Thema Garantieprodukte. Selbst Wertpapierzertifikate und Coboldanleihen z.B. auf Porsche werden nachgefragt. Wenn man diese Produkte dem Kunden richtig erklärt, dann entscheidet der Kunde, ob er das Risiko tragen möchte oder nicht.

Wir haben im Passivbereich ein Produkt, das Wachstumszertifikat heißt. Da wurde hier im Haus diskutiert, ob wir dies umbenennen sollten. Wir haben uns dann aber dagegen entschieden. Unsere Kunden sollen wissen, dass das nichts mit Derivaten zu tun hat, sondern dass es ein Produkt ihrer Volksbank ist. Wir haben aber auch bewusst keine Werbung mit dem Begriff Zertifikat gemacht. In den Beratungsgesprächen haben wir dann oft Wachstumssparen gesagt, weil das Wort Zertifikat einfach negativ belastet ist.

Wie hoch ist heute die Nachfrage nach Gold?

Fast gar nicht mehr. Gold ist ja auch sehr teuer im Moment. Das haben auch viele Kunden verstanden, dass der Preis für den Einstieg im Moment nicht so günstig ist.

2.5 Wenn eine Privatbank eine Anleihe mit Staatsgarantie begibt (wie z.B. die Commerzbank), ergeben sich dadurch Auswirkungen auf Sparkassen und Genossenschaftsbanken? Wie reagieren die Kunden auf solche Angebote?

Also unsere Kunden haben diese Produkte nicht nachgefragt. Wir hatten keine Gespräche, wo die Kunden ein vom SoFFin garantiertes Produkt haben wollten. Ganz vereinzelt war z.B. die garantierte Commerzbankanleihe bezüglich des Zinssatzes ein Thema. Jemand, der bei uns Kunde ist und uns verbunden ist, der schaut doch nicht jeden Tag in die Zeitung und sucht sich die höchsten Angebote raus und schaut, was die Konkurrenz macht. Es gibt sicherlich ein paar preisinteressierte Kunden, die schauen, was da passiert.

Ich fand die garantierte Anleihe der Commerzbank eine große Sauerei. So was darf einfach nicht sein. Ein vom Staat garantiertes Produkt raus zu geben, das über dem Geld- und Kapitalmarktsatz liegt. Aber das ist ein anderes Thema. Ein deutlich stärkeres Thema sind bei unseren Kunden die Tages- und Festgeldangebote von Autobanken oder Privatbanken. Wir haben teilweise Kunden, die uns am Telefon sagen: „Bei der VW-Bank bekomme ich XY %." Wenn man sich die Autobanken genauer anschaut, dann stellt man fest, dass die VW-Bank am Anfang sogar damit geworben hat, dass sie Garantien von SoFFin erhalten hat. Dann fragt man sich schon, was da genau passiert. Ich konnte das nicht nachvollziehen. Ich würde mich schämen so Werbung zu machen. Das kann nicht sein. Ich war persönlich froh, dass die Mercedes-Benz-Bank einen Annahmestopp von neuen Konten hatte. Wir hatten einzelne Kunden, die das Geld wieder an uns zurück überwiesen hatten, weil das Geld fünf Wochen ohne Verzinsung da lag und nicht bearbeitet werden konnte. Das fand ich z.B. super. Auf der anderen Seite ist das Thema Autobanken für mich ein gesondertes Thema. Für mich ist von den Autobanken die Funktion nicht klar. Eine Autobank ist im Endeffekt dafür da, die Geldversorgung der Händler zu sichern. Aber eine Autobank, die versucht, Kredite für ihre Autohändler im Kontokorrentbereich zu 7 % auszugeben, um das Geld für Einlagenkunden dann damit zu subventionieren. Das kann nicht sein.

3. Wettbewerbsverzerrungen

3.1 Was verstehen Sie unter Wettbewerbsverzerrungen?

Wettbewerbsverzerrungen entstehen im Endeffekt, wenn mit staatlicher Unterstützung der Wettbewerb verzerrt wird. Ein Haus wie die VW-Bank, die eine bessere Eigenkapitalrendite und bessere Kapitalausstattung als eine Sparkasse oder als eine Volksbank hat, die geht zum SoFFin und erhält Garantien. Es ist inzwischen so, dass der SoFFin einen weiteren Antrag der VW-Bank abgelehnt hat. Genau aus dem Grund, weil die Eigenkapitalausstattung besser war, als bei anderen Instituten. Ich verstehe unter Wettbewerbsverzerrungen, dass Banken mit staatlichen Hilfen auf Kundenfang gehen. Das ist nicht richtig. Es kann nicht sein, dass uns durch Steuergelder Kunden weggekauft werden.

3.2 Wie zeigen sich die genannten Wettbewerbsverzerrungen auf dem Bankenmarkt?

Die zeigen sich über die Konditionen. Im Endeffekt ist es so, dass z.B. die Autobanken über die Konditionen versuchen Neukunden zu gewinnen. Inzwischen ist es so, dass alle Mitarbeiter der Dresdner Bank Sonderkonditionsverbot haben. Die Commerzbank ist schriftlich vom SoFFin aufgefordert worden, nicht die Zinsführerschaft zu übernehmen. Was immer das auch heißen mag. Das ist ein sehr weicher Begriff. Das ist ein weiteres Problem, dass die Auflagen des SoFFin so weich formuliert sind. Im Grunde genommen gibt es keine vernünftigen Auflagen. Darüber hinaus hat sich der SoFFin von den Instituten gar kein Sanierungskonzept vorlegen lassen. Das muss jeder kleine Gewerbetreibende seiner Bank vorlegen, wenn er einen Kredit haben möchte. Die Commerzbank schafft es ja noch nicht einmal die Zinslast für die Garantien zu zahlen. Wenn wir die letzten zehn Jahre unterstellen, dann hätte es die Commerzbank in nur einem Jahr geschafft, die Zinslast zu bezahlen. Das ist für mich kein Konzept und das sind für mich auch keine Auflagen. Das ist mir ein Rätsel, das solche Milliarden Summen ohne ein tragfähiges Konzept vom Staat vergeben werden. Was heißt denn genau Zinsführerschaft? Wenn ich im Internet bei den Tagesgeldangeboten schaue, darf die Commerzbank dann auf Platz drei sein, oder auf Platz zwei? Das weiß ich nicht. Es gibt meines Wissens nach eine Aussage, dass die Commerzbank nicht unter den besten zehn Instituten sein soll. Aber ob das stimmt, das weiß ich nicht.

3.3 Macht es Ihrer Meinung nach einen Unterschied, ob eine Privatbank oder eine Landesbank staatliche Hilfen des SoFFin in Anspruch nimmt?

Ich beneide die Sparkassen nicht um das Thema Landesbanken. Für mich ist das Thema Landesbanken der größte Skandal. Die Funktion der Landesbanken ist mir überhaupt nicht klar. Die Zentralbanken der Volks- und Raiffeisenbanken DZ-Bank und WGZ-Bank, die haben insgesamt 5.000 Mitarbeiter. Die WestLB hatte auch 5.000 Mitarbeiter. Das steht doch in keinem Verhältnis. Rechnen Sie mal aus, wie viele Mitarbeiter von Landesbanken es in Deutschland gibt. Ich habe letzte Woche einen Redner auf dem Bundesbanksymposium gehört, der sagte zu der Thematik nur: „Ich möchte darauf hinweisen, dass wir nicht mehr in der Zeit sind und vielleicht sollten wir diese Frage heute nicht diskutieren." So möchte ich das auch halten.

3.4 Sollten Ihrer Meinung nach alle Banken, Sparkassen und Genossenschafts- banken staatliche Hilfe erhalten und welche Auswirkungen würden sich daraus ergeben?

Die Frage kann ich nicht ganz nachvollziehen. Wofür sollten die Sparkassen oder Genossenschaftsbanken staatliche Hilfe erhalten? Wenn Sie keine Not haben, dann brauchen Sie keine Hilfen. Aber, die Sparkassen und auch Volksbanken mussten mit ihren Sicherungssystemen die IKB und auch die Hypo Real Estate mit decken.

Wir formulieren die Frage um. Sollten Ihrer Meinung nach alle Privatbanken insbesondere Großbanken staatliche Hilfen erhalten und welche Auswirkungen würden sich daraus ergeben?

Ein Eingriff vom Staat ist für mich nie gut. Wenn die Staatsquote zu hoch ist, dann passt in der Demokratie was nicht. Von meinem Staatsverständnis passt das da nicht rein. Wie sich die Deutsche Bank verhalten hat, die als einzige Großbank keine staatlichen Hilfen in Anspruch genommen hat, fand ich übermäßig arrogant. Das hätte man viel besser lösen können. Dafür gibt es eigentlich einen Bundesverband deutscher Banken.

3.5 Früher haben die Privatbanken die Gewährträgerhaftung der Sparkassen kritisiert und sahen darin Wettbewerbsverzerrungen zum Nachteil der Privatbanken. Sehen Sie Parallelen zwischen der Gewährträgerhaftung und den jetzigen staatlichen Eingriffen?

Meiner Meinung nach nicht. Die jetzigen staatlichen Eingriffe waren so ähnlich wie eine Feuerwehr gewesen. Da sind bei den Banken Fehlinvestitionen gemacht worden, die nicht mit Kundengeschäften in Verbindung gestanden haben. Da sind Scheingeschäfte außerhalb der Bilanz gemacht worden. Grundsätzlich glaube ich, dass die Gewährträgerhaftung gar nicht so schlecht war. Die Sparkassen haben jedes Jahr Geld an die öffentliche Hand ausgeschüttet. Da kann ich dann nicht 50 Jahre die Hand aufmachen und kassieren und dann sagen, mit den anderen Sachen haben wir nichts zu tun. Für mich ist das schon ein Thema. Das sollte ein Art Geben und Nehmen sein. Die Sparkassen werden was die Geschäftspolitik angeht über die Verwaltungsräte öffentlich-rechtlich kontrolliert und diktiert. Man kann diese beiden staatlichen Garantien nicht miteinander vergleichen. Das eine war eine dauerhafte Einrichtung und das andere ist eine Art Feuerwehr. Der SoFFin ist ja z.b. eingerichtet worden, um eine Katastrophe zu verhindern.

3.6 Verursachen die Auflagen des Finanzmarktstabilisierungsgesetzes (FMStG) (zusätzliche) Wettbewerbsverzerrungen (z.B. durch die Begrenzung der Vorstandsgehälter, Überprüfung der Geschäftspolitik etc.)?

Die Auflagen des SoFFin sind meiner Meinung viel zu weich formuliert. Hier vor Ort gibt es keine Commerzbank und keine Deutsche Bank. Hier vor Ort gibt es nur die Volksbank und die Sparkasse. Die Bedeutung der Commerzbank in unserer Region ist verschwindend gering. Klar, kommt da mal ein Kunde und sagt: „Die Commerzbank wirbt mit 50 Euro für eine Kontoeröffnung." Der SoFFin hat gesagt, dass es diese 50 Euro Aktion schon vor der Finanzmarktkrise gab und darf deshalb von der Commerzbank weitergeführt werden. Das fand ich auch interessant. Diese Auflagen verstärkten für mich nicht die Konkurrenzsituation für unser Haus. Das Thema Wettbewerbskonditionen ist auch schon weniger geworden. Unsere Berater haben nicht mehr jeden Tag damit zu kämpfen. Die DiBa z.B. hat deutlich die Zinsen gesenkt und auch die Autobanken sind deutlich runter gekommen. Die Sparda-Bank macht uns im Moment schon etwas Sorgen mit ihren Konditionen.

3.7 Welche Maßnahmen müssten von der Bundesregierung unternommen werden, um Wettbewerbsverzerrungen möglichst zu vermeiden?

Unser System, das bzgl. der Hilfen eingeführt wurde, ist einfach viel zu weich. Es gab keine konkreten Auflagen, sondern nur weiche Formulierungen. Es gab Garantien, um den Markt zu schützen. Jede Handlung der Bundesregierung war darauf ausgelegt, die Außenwelt zu beruhigen. Es wurde aber gar nicht hinterfragt, was dann der nächste Schritt ist. Normalerweise muss ich mich fragen: „Was kann denn da passieren? Was ist gut und was ist schlecht daran? Was sind die Chancen und was sind die Risiken? Und wie kann es in drei Jahren aussehen? Wenn ich mir das mal ausmale, dann ist mir das in Deutschland nicht klar. Jeder kleine Firmenkunde muss darlegen, wie er zukünftig in drei Jahren Geld verdienen möchte. Das hätte bei den Auflagen für Banken viel deutlicher heraus kommen müssen. Die Institute hätten ein Sanierungskonzept ggf. auch durch einen externen Berater vorlegen müssen. Der Staat hätte sagen müssen: „Wir geben euch die erforderlichen Milliarden, aber wir erwarten innerhalb von drei Monaten von einer Beratungsgesellschaft ein Konzept mit welchen Kernkompetenzen ihr das Geld zurück zahlen wollt. In welchen Bereichen wollt ihr wieder Geld verdienen und wie genau wollt ihr das machen?" Das hat mir vollständig gefehlt. Jedes Gesetz, selbst zur Einfuhr von Kaugummi, ist 50 Seiten lang, aber bei einem Thema, wo Milliarden zur Verfügung gestellt werden, da gibt es keine genauen Definitionen oder Auflagen.

3.8 „Einige der so begünstigten Unternehmen begreifen die Staatshilfen offensichtlich als Grundlage, um nicht marktgerechte Einlagenkonditionen zu bieten und damit sogar zu werben", sagte Sparkassenpräsident Heinrich Haasis. Herr Haasis regte an, die Zinsangebote von Banken mit staatlicher Unterstützung gesetzlich zu begrenzen. "Wenn der Staat schon mit öffentlichen Geldern in den Wettbewerb eingreift, ist auch eine Preisregulierung für die begünstigten Unternehmen gerechtfertigt". Wie ist Ihre Meinung dazu?

Ich unterstütze Herrn Haasis bei diesem Thema. Er hat ja Recht. Wenn Sie ein Geschäftsmodell wie die VW-Bank hätten, dann würden Sie vielleicht genauso handeln. Letztendlich haben die ja kein traditionelles Mittelstandskreditgeschäft, wie wir es haben, und rechnen auch nicht mit Geld- und Kapitalmarktsätzen. Die denken nur: „Hier finanziere ich einen Autohändler und da hole ich mir Geld." Die gehen natürlich auch Risiken ein. Die VW-Bank nehmen von Kunden Einlagen rein, meist recht kurzfristig wie z.B. Tagesgeld und geben Kontokorrentlinien an die Autohändler raus. Mir stellt sich dabei die Frage: „Was für Risiken stecken dazwischen und wie werden diese abgesichert?" Bei steigenden Zinsen haben die dann nämlich ein enormes Problem. Ähnlich wie es die DiBa früher hatte. Das ist ja auch der Grund, warum die ING in Holland staatliche Unterstützung benötigt hat. Die haben ja mit den Tagesgeldeinlagen zehn- bis fünfzehnjährige Baufinanzierungen finanziert. Diese Aktivüberhänge hatte die ING völlig offen gehalten. Mit diesen Positionen verdienen die in Zeiten mit einer normal steilen Zinsstrukturkurve viel Geld. In Zeiten von steigenden Zinsen haben die dann ein großes Problem.

4. Auswirkungen der Finanzmarktkrise auf Ihr Kreditinstitut?
4.1 Ergeben sich durch die Finanzmarktkrise Auswirkungen für Ihr Kreditinstitut im Bereich der Kundeneinlagen, der Eigenanlagen und auf das Depot B?

Ja. Unsere Kundeneinlagen sind um ca. 8 % gewachsen. Aber auch fast nur im kurzfristigen Bereich wie Tagesgeld oder Termingeld. Die Sparbriefe sind zurückgegangen, da die Kunden lieber ihr Geld flexibel anlegen. Die Kunden verhalten sich in diesem Punkt nicht so rational. Der Wertpapierbereich unserer Kunden ist zurückgegangen. Wir haben im letzten Quartal 2008 Bestände verloren und der Umsatz ist zurückgegangen. Das hat sich jetzt wieder stabilisiert. Wir sind noch nicht ganz da, wo wir hin wollen, aber wir sind ganz zufrieden. Wir hatten insbesondere bei Investmentfonds deutliche Abflüsse zu verzeichnen. Aktuell kann man in diesem Bereich nicht mehr von Abflüssen sprechen. Eher vielleicht von verhaltener Nachfrage.

Welche Auswirkungen hatte die Finanzmarktkrise auf die Eigenanlagen?
Unsere Strategie wurde situativ geändert und angepasst. Wir haben eigentlich immer minimale, kleine Aktienpositionen. Ende letzten Jahres hatten wir in Zeiten der Finanzmarktkrise keinen Bestand in Aktien. Wir haben auch unsere Limite reduziert, einfach nur, damit man nach außen zeigt, dass wir die Marktbedingungen registriert haben. Das heißt, dass wir Händlerlimite reduziert, dass wir Einzelrisiken abgebaut und dass wir teilweise 40 % im Wertpapierbestand zu Gunsten von Bankentermineinlagen abgebaut haben. Wir sind aber inzwischen wieder im Markt investiert. Anfang des Jahres haben wir gesagt, dass der Zinssatz noch weiter runtergeht und wir wieder kaufen können. Wir achten auf eine breitere Streuung bei unseren Anlagen, wenn es denn möglich ist und kaufen mehrere Positionen. So viele Schuldner gibt es ja momentan gar nicht zu kaufen. Das ist im Moment das Problem.

4.2 Viele Privatbanken haben angekündigt, sich auf ihr Kerngeschäft, d.h. auf das Privatkundengeschäft und Mittelstandskundengeschäft, zu fokussieren. Ergibt sich dadurch eine veränderte Situation im Wettbewerb für Sparkassen und Genossenschaftsbanken?
Regional sehe ich das nicht, überregional kann das schon sein. Zumindest so lange die staatlichen Garantien noch dahinter stecken. Das ist ja das Problem, dass die Refinanzierung der Commerzbank billiger ist, als die von einer örtlichen Sparkasse. Das ist schizophren, ist aber so. Wenn die Commerzbank jetzt bei der Deutschen Bank anruft und sagt: „ Wir brauchen mal 50 Millionen für drei Monate." Dann bekommt die Commerzbank das Geld mit einem kleineren Aufschlag, als eine örtliche Sparkasse. Für unser Geschäftsgebiet sehe ich dadurch allerdings kein Problem.

5. Abschlussfrage und Dank

Möchten Sie noch wichtige Aspekte dieses Themas nennen, die durch das Interview Ihrer Meinung nach zu wenig berücksichtigt wurden?

Ich habe im Vorfeld auf dieses Gespräch ein paar Artikel gesammelt und festgestellt, dass die eigentlich immer das Gleiche schreiben. Die Umfrage, die „Bank intern" durchgeführt hatte, fand ich ganz interessant. Jeder Verband, ob von den Sparkassen oder Genossenschaftsbanken, sagt das Gleiche.

Anhang 9: Giroguthaben der Banken über Mindesreserve-Soll

Grafik: Über das Mindestreserve-Soll hinausgehende Giroguthaben der Banken beim Eurosystem[398]

---

[398] Vgl. o.V. [Monatsbericht EZB] (2009aag), S. 38.

Anhang 10: Zusammenfassung der Interviewberichte

1. Fragen zu Person und Aufgabengebiet

1.1 Seit wann sind Sie Mitglied des Vorstands?

KI 1: Seit dreieinhalb Jahren Vorstand beim Kreditinstitut 1.

KI 2, V 1: Seit dem 01.09.1987 Vorstand beim Kreditinstitut 2.

KI 2, V 2: Seit über 18 Jahren Vorstand beim Kreditinstitut 2.

KI 3: Seit 1996 Vorstand beim Kreditinstitut 3.

KI 4: Seit dem 01.01.2006 Mitglied des Vorstands und seit dem 01.07.2008 Vorstandsvorsitzender beim Kreditinstitut 4.

KI 5: Seit acht Jahren Vorstandsmitglied beim Kreditinstitut 5.

1.2 Welche Bereiche verantworten Sie?

KI 1: Privatkundengeschäft und Eigenanlagemanagement.

KI 2, V 1: Strategie, Services, Personal, Revision und Marketing.

KI 2, V: Privatkunden, Private Banking, Immobilien, Treasury und Kommunalkunden.

KI 3: Filialen, Private Banking, Vertriebssteuerung, Wertpapiere, Versicherungen etc.

KI 4: Revision, Orga, Rechnungswesen, Bereich Personal etc.

KI 5: Privat- und Firmenkundengeschäft, Wertpapiergeschäft und Treasury.

2. Kundenreaktionen

2.1 Am 15. September 2008 meldete die amerikanische Investmentbank Lehman Brothers Insolvenz an. Beschreiben Sie bitte die Reaktion von Ihren Kunden auf dieses Ereignis.

KI 1: Es gab zu der Zeit vermehrt Kundenanfragen zum Thema Sicherheit der Einlagen (ca. 70 % bis 80 % der Kundenanfragen). Darüber hinaus gab es diverse Anfragen zu dem Passivprodukt „Zertifikat". Hierbei wollten die Kunden wissen, ob dies ein ähnliches Produkt wie Lehman Zertifikate sei.

→ Großer Informationsbedarf bei den Kunden zum Thema Sicherheit der Einlagen

KI 2, V 1: Bei den Kunden gab es einen stärkeren Informationsbedarf und Verunsicherung. Es ging bis in den Oktober 2008 hinein, dass es gewisse Panik-reaktionen und irrationale Reaktionen bei manchen Kunden gegeben hat. Diese äußerten sich in der Form, dass Kunden ihr Geld sehen oder mitnehmen wollten.

KI 2, V 2: Die Tendenz der Kunden zu sicheren Anlageformen wurde in diesen Wochen deutlich verstärkt. Es gab vermehrt Goldkäufe. Ab September 2008 hat es bei Goldkäufen eine Vervielfachung der durchschnittlichen Absatzzahlen gegeben. Nach dem 15. September 2008 und vor dem 06. Oktober 2008 spielte die Zinsfrage eine relativ geringe Rolle. Es ging nur darum, das Geld bei der Sparkasse unterbringen zu können. Ende September / Anfang Oktober 2008 gab es erhebliche Mittelzuflüsse.

→ höherer Informationsbedarf, zahlreiche Anfragen von Kunden, Tendenz zu sicheren Anlageformen, geringe Zinssensibilität im Markt, hohe Mittelzuflüsse

KI 3: Kundenreaktionen gab es zu dem Zeitpunkt eigentlich überhaupt nicht. Reaktionen gab es bei dem befragten Vorstandsmitglied. Es hat keine Überlegungen von Kunden gegeben, dass die Insolvenz von Lehman Auswirkungen auf Deutschland haben könnte. Der 15. September hatte überhaupt keine Auswirkungen gehabt, aber in der Folge hat sich sehr langsam, aber dann mit immer größeren Schritten aufbauend, Angst bei den Kunden breit gemacht. Lehman sagte 99 von 100 Personen in Deutschland gar nichts. Hier ist etwas geschehen, das nachhaltig Auswirkungen auf die Solidität des Geldes haben kann. Und dadurch ist dann - völlig unabhängig von dem Namen Lehman, sondern ausgelöst von der Komplexität der Verwerfungen, die sichtbar wurden -, eine mit den Händen greifbare Angst um den Wert des Geldes entstanden.

→ Die Insolvenz von Lehman Brothers hatte keine Auswirkungen auf die Kunden. In der Folge gab es eine sehr große Verunsicherung bei den Kunden, Lehman Brothers war bei Privatkunden weniger bekannt

KI 4: Es gab sogar sehr heftige Kundenreaktionen. Nicht nur von Kunden, die von Lehman betroffen waren, sondern auch von Kunden, die wissen wollten, wie es weitergeht, wie viele Banken noch Pleite gehen und ob das Kreditinstitut 4 auch betroffen ist. Es gab eine große Besorgnis in der Kundschaft und viele Kundengespräche. Die Berater hatten in den Gesprächen versucht, die Ängste der Kunden zu reduzieren oder ganz zu nehmen und wollten ganz dicht bei den Kunden sein.

→ Höherer Informationsbedarf der Kunden, Besorgnis von Kunden, auch das Kreditinstitut 4 könnte von der Krise betroffen sein

KI 5: Das KI 5 war von der Insolvenz von Lehman Brothers nur indirekt betroffen. Von insgesamt 20.000 Kunden hatten sieben Kunden Wertpapierzertifikate, in denen Lehman Brothers mit drin war. Es handelte sich um Anlagesummen zwischen fünf und fünfzehntausend Euro. Ein normaler Privatkunde kennt Lehman Brothers eigentlich nicht.

→ KI 5 war nur indirekt betroffen, Lehman Brothers ist bei Privatkunden weniger bekannt

2.2 Am 5. Oktober 2008 sprach die Bundesregierung eine staatliche Garantie für alle Spareinlagen aus. Veränderte sich dadurch das Verhalten Ihrer Kunden?

KI 1: Durch die Garantie für Spareinlagen haben die Kundenanfragen abgenommen. Für alle Kunden war zu diesem Zeitpunkt klar, dass die Bankeinlagen sicher sind. Es gab aber auch Kunden, die ganz gezielt ihr Geld auf andere Kreditinstitute verteilt haben. Dadurch hatte das Kreditinstitut 1 Privat- sowie Firmenkunden und Einlagen hinzugewinnen können. Die Konditionen auf der Einlagenseite waren den Kunden relativ egal. Bei den Kunden stand das Thema Sicherheit im Vordergrund und nicht der Zinssatz. Noch stärker war das Sicherheitsbedürfnis der Kunden vor Garantieerklärung der Bundesregierung beim Kreditinstitut 1 ausgeprägt. Insbesondere die Firmenkunden haben ihren Bankwechsel damit begründet, dass sie mit der Geschäftspolitik z.B. der Commerzbank nicht mehr einverstanden waren. Zusätzlich dazu wurden erhöhte Bargeldverfügungen insbesondere von älteren Kunden wahrgenommen, die ihr Geld lieber zu Hause verwahren wollten. Darüber hinaus konnte ab September 2008 eine erhöhte Nachfrage nach physischem Gold festgestellt werden. Die Käufe blieben allerdings auf einem niedrigen Niveau.

→ Hohes Sicherheitsbedürfnis der Kunden, wenig Zinssensibilität im Markt, Gewinnung von Neukunden

KI 2, V 1: Das Verhalten hat sich insofern geändert, dass die Risikobereitschaft und die Preissensibilität einiger Kundengruppen zugenommen haben. Die Garantie war richtig und wichtig in dieser Situation, hatte aber den Effekt, dass es wieder zu Preisverhandlungen mit Kunden kam.

KI 2, V 2: Insbesondere im Bereich Private Banking kam es ab dem 06. Oktober 2008 wieder zu harten Preisverhandlungen. Es kam den Kunden nicht mehr auf die Sicherheit an, denn die war durch Frau Merkels Garantie gegeben. Die Preise standen wieder ganz klar im Vordergrund. Nach der zweiten Septemberhälfte und in der ersten Oktoberhälfte 2008 gab es Zu- und Abflüsse auf hohem Niveau. Goldkäufe gab es auch nach der Garantie auf hohem Niveau. Es gab nicht mehr so viele Bargeldabhebungen. Nach der Garantieerklärung gab es im Wertpapierbereich die größten Abflüsse. Gerade die Investmentprodukte litten darunter, weil von Frau Merkel ausdrücklich darauf hingewiesen wurde, dass diese nicht der staatlichen Garantie unterliegen. Ende September / Anfang Oktober 2008 spielten die Medien auch eine große Rolle, die das Kundenverhalten spürbar beeinflussten.

→ Risikobereitschaft und Preissensibilität der Kunden haben zugenommen, Zu- und Abflüsse auf hohem Niveau, weiterhin Goldkäufe, weniger Bargeldabhebungen, Größte Abflüsse erfolgten im Wertpapierbereich, Medien beeinflussten das Kundenverhalten

KI 3: Die Garantie durch Frau Merkel und Herr Steinbrück war eine richtige Maßnahme und hatte Deutschland vor einem großen Chaos gerettet. Der Satz ist ja überaus simpel, den Frau Merkel ausgesprochen hat. Dieser Satz war niemals einzuhalten. Aber jeder hat ihn geglaubt. Wenn das nicht geschehen wäre, dann wäre es innerhalb kürzester Zeit zu dramatischen Situationen gekommen. Nach dem 05. Oktober 2008 gab es ein enormes Informationsbedürfnis bei den Kunden. Bei den Beraterinnen und Beratern gab es einen erheblichen Arbeitsanfall durch eingehende Kundenanrufe und Kundentermine. Vom Kreditinstitut 3 wurden daraufhin Anzeigen in Tageszeitungen geschaltet, die die Frage der Kunden beantwortete: „Wie sicher ist mein Geld?"

In dieser Zeit hat ein extremer Zufluss von Geldern, die bei anderen Instituten waren, stattgefunden. Bargeldabhebungen gab es nur ganz wenige Fälle. Investmentfonds haben aus zwei Gründen sehr gelitten. Das eine ist, dass das Wertpapier an sich von einem Tag zum anderen zu einem unkalkulierbaren Risikoobjekt erklärt wurde. Und Punkt zwei war die Staatsgarantie von Spareinlagen. Die Nachfrage nach Gold hatte sich deutlich erhöht. Aber nicht so, dass das ganze Vermögen umgeschichtet wurde.

→ Die Garantie der Spareinlagen erfolgte zum richtigen Zeitpunkt und war eine richtige Maßnahme der Bundesregierung, großer Informationsbedarf bei den Kunden, über die Sicherheit der angelegten Gelder, hohes Sicherheitsbedürfnis der Kunden, hohe Mittelzuflüsse von anderen Instituten, durch die Garantie für Spareinlagen bedingte Mittelabflüsse aus Investmentfonds

KI 4: Die Garantie wurde von Kunden wahrgenommen. Diese hat aber nicht unbedingt zur Beruhigung beigetragen. Sondern im Gegenteil dadurch wurde die Verunsicherung der Kunden noch richtig geschürt. Die Garantie hat aber auch dazu geführt, dass Kunden ihre Gelder wieder bei anderen Banken insbesondere bei Großbanken angelegt haben. Denn die Kanzlerin hat ja gesagt, dass die Einlagen bei allen Instituten gleich sicher sind. Von den Mittelzuflüssen, die nach den Tagen der Pleite von Lehman zum Kreditinstitut 4 bekommen waren, ist nur ein Teil geblieben. Kunden hatten Investmentfondsanteile, insbesondere Geldmarktfonds, verkauft. Dies führte zu Mittelzuflüssen zum Kreditinstitut 4.

→ Die Garantie hat die Kunden eher beunruhigt, erst hohe Mittelzuflüsse durch Verunsicherung der Kunden, dann hohe Mittelabflüsse u.a. auch durch Garantie der Spareinlagen

KI 5: Die Garantie hat bewirkt, dass die Kunden gefragt haben, ob die Einlagen vorher nicht sicher waren. Die Menschen wurden dadurch noch stärker verunsichert, als dies vorher schon der Fall war. Der Kunde von Sparkassen oder von Volksbanken war immer der Meinung, dass das Geld bei den Banken sicher ist. Und dann stellt sich eine Bundeskanzlerin hin und sagt: „Die Einlagen sind jetzt erst sicher", dadurch kommt die Verunsicherung bei den Kunden, die fragten: „War das vorher nicht der Fall?" Die Mitarbeiter waren schon sehr stark belastet. Es hat massiv Anfragen und unzählige Beratungsgespräche und Anrufe bei unseren Beratern zu diesem Thema gegeben. Die Verunsicherung der Kunden war groß. Das Kundenklientel von Volksbanken und Sparkassen sind Normalkunden, die sich nicht jeden Tag mit einer Wirtschaftszeitung auseinander setzen. Diese Verunsicherung galt es zu heilen und wieder Vertrauen in das Kreditinstitut 5 zu gewinnen. Im letzten Quartal 2008 erfolgten ca. 8 % Einlagenzuflüsse. Das ist aber nicht unbedingt neues Geld von anderen Banken gewesen, sondern es gab viele Umschichtungen aus Investmentfonds. Auch konservative Anlagen wie Geldmarktfonds sind in Tages-, Festgelder und anderen Anlagen beim Kreditinstitut 5 umgeschichtet worden. Die Leute haben auch irrational gehandelt. Es gab auch Mittelzuflüsse von anderen Banken. Darüber hinaus gab es schon eine größere Nachfrage nach Gold. Diese aber auf einem niedrigen Niveau.

→ Die Garantie hat die Kunden eher verunsichert, viele Kundenanfragen zum Thema Sicherheit der Einlagen, hohe Mittelzuflüsse aus Investmentfonds und von anderen KIs, höhere Nachfrage nach physischem Gold

2.3 Am 17. Oktober 2008 wurde das Finanzmarktstabilisierungsgesetz (FMStG) verabschiedet. Ziel ist die Stabilisierung des deutschen Finanzmarktes. Gab es durch dieses neue Gesetz Auswirkungen auf Ihr Haus?

KI 1: Auf die Kunden hatte das Gesetz wenig Auswirkungen gezeigt. Die Garantieerklärung hatte eine stabilisierendere Wirkung auf die Kunden gehabt. Das Gesetz spielte erst dann eine größere Rolle, als die Bundesregierung bei der Commerzbank eingestiegen ist. Das hat die Kunden weiter beruhigt.

→ FMStG hatte kaum Auswirkungen auf Kunden

KI 2, V 2: Damals gab es schon Kundengespräche zu der Qualität von Konkurrenzangeboten. Es kam die Frage auf, welche Bank, z.B. die Commerzbank, die Deutsche Bank oder die Autobanken die sicherste sei. Es war viel Unruhe im Markt und es gab vor allem einen hohen Gesprächsbedarf bei den Kunden. Gesprächsbedarf, der sehr viel Zeit gebunden aber der sehr zur Beruhigung der Kunden beigetragen hat. Es gab unzählige Gespräche, die mit einer sehr hohen Arbeitsbelastung der Mitarbeiter verbunden waren.

→ Mehr Kundenanfragen und -gespräche zum Thema Sicherheit der Einlagen

KI 3: Das ist ein reines Expertenthema. Privatkunden haben nur wahrgenommen, dass die KI vom Insolvenzrisiko durch den Staat befreit worden sind. Bei Firmenkunden haben wir allerdings ganz deutlich festgestellt, dass sie bewusst geschaut haben, mit welchen Kreditinstituten sie zusammenarbeiten.

→ Keine Reaktion bei Privatkunden. Es gab Reaktionen bei Firmenkunden

KI 4: Meiner Meinung nach ist das mehr ein Expertenthema. Das Gesetz hat gravierende Auswirkungen in Bezug auf Wettbewerbsverzerrungen insbesondere bei den Großbanken gehabt. Das Kreditinstitut 4 von vielen Firmenkunden gebeten, Linien, die bisher bei anderen Banken waren, aufzunehmen. Das Kreditinstitut 4 ist an der

Stelle dreimal gefordert: Erstens brauchen die Firmenkunden in der Krise Liquidität. Zweitens muss das Kreditinstitut 4 daneben noch teilweise Linien von anderen Häusern mit aufnehmen, die das Geld für etwas anderes gebrauchen oder die restriktiv eigenkapitalschonend vorgehen, da sie kein Eigenkapital mehr haben. Und das Dritte ist, dass das Kreditinstitut 4 hier vor Ort ist und sieben von zehn bis zu acht von zehn Menschen Kunden beim Kreditinstitut 4 sind. Bei den Kreditlinien, die von den Firmenkunden nun beim Kreditinstitut 4 benötigt werden, geht es ausschließlich um Kreditlinien bei Privatbanken, in wenigen Fällen um Linien bei Landesbanken. Das Gesetz hat bei den Kunden wenig zur Beruhigung beigetragen. Viele Menschen sind verunsichert, was die ausufernde Helferei letztlich für den Steuerzahler bedeutet.

→ Übernahme von Kreditlinien von Firmenkunden insbesondere von Privatbanken, Kunden sind allgemein verunsichert

KI 5: Bei den Kunden war es schon ein Thema. Obwohl das die Leute nicht realisieren und nicht verstehen, was das nun wirklich bedeutet. Die Presse ist mit dem Thema auch nicht so gut umgegangen. Das aber letztendlich fast 90 % der Summen nur Garantien waren und keine netto fließende Beträge. Das hat man den Bürgern verschwiegen. Da hat die Presse mit dem Nichtwissen der Bürger gespielt und es wird noch mehr Panik verbreitet.

→ Presse hat Bürger verunsichert und Panik verbreitet, Kunden sind allgemein verunsichert

2.4 Wie verhalten sich Ihre Kunden heute? Ergaben sich in der Zwischenzeit (Oktober 2008 bis Mai/Juni 2009) andere Verhaltensweisen?

KI 1: Die Nachfrage nach Gold hat weiter abgenommen. Die Zinssensibilität der Kunden hat dagegen stark zugenommen. Insbesondere im ersten Quartal 2009 wurden die hohen Zinsangebote der Commerzbank von den Kunden vermehrt wahrgenommen. In Beratungsgesprächen wurde es zunehmend schwieriger Argumente zu finden und den Kunden davon zu überzeugen für einen weit niedrigeren Zinssatz das Geld beim Kreditinstitut 1 zu belassen. Für die Kunden waren die Einlagen bei der Commerzbank auch durch die Garantieerklärung der Bundesregierung genauso sicher wie bei anderen KIs auch. Die höheren Zinssätze waren für die Kunden sehr interessant.

→ Höhere Zinssensibilität im Markt bei immer noch hohem Sicherheitsbedürfnis, weniger Nachfrage nach Gold

KI 2, V 1: Die Nachfrage nach Gold hat ihren Höhepunkt überschritten. Sie mag noch über dem langjährigen Durchschnitt liegen, aber es gibt keine Lieferprobleme mehr.

KI 2, V 2: Der Wettbewerb hat sich etwas reduziert, da die Exremangebote von Direktbanken ausgelaufen sind. Es gibt aber immer noch Angebote von Autobanken und von Spezialbanken, bei denen in der Spitze noch eine fünf geboten wird. In der Breite hat sich der Wettbewerb etwas beruhigt.

→ Verringerter Wettbewerb, Nachfrage nach Gold zurückgegangen

KI 3: Bereits im Januar 2009 hatte jeder verstanden, was eine Bestandsgarantie für KIs bedeutet. Der Zins stand bei den Kunden wieder im Vordergrund. Das Geld, das in Massen zum Kreditinstitut 3 rein geflossen ist, das ist auch so wieder raus geflossen. Ein Teil ist geblieben, aber ein Großteil ist auch wieder gegangen. Das Wertpapiergeschäft von Oktober bis Dezember 2008 hat eigentlich gar nicht stattgefunden. Ab Januar 2009 kann wieder eine Normalisierung festgestellt werden. Die Nachfrage nach Gold hat sich deutlich reduziert.

→ Hohe Zinssensibilität im Markt, hohe Mittelabflüsse, Normalisierung im Wertpapiergeschäft, deutliche Reduzierung der Nachfrage nach Gold

KI 4: Das Kundenverhalten hat sich etwas beruhigt. Was immer noch zu Kundenreaktionen führt, das ist die ausufernde Helferei des Staates. Die Kunden sind wieder sehr zinssensibel. Die Mittelzuflüsse sind zum Teil wieder abgeflossen. Die Nachfrage nach Gold ist deutlich zurückgegangen.

→ Kundenverhalten hat sich weiter beruhigt, hohe Zinssensibilität im Markt, hohe Mittelabflüsse, deutliche Reduzierung der Nachfrage nach Gold

KI 5: In den Gesprächen ist die Finanzmarktkrise heute deutlich weniger ein Thema. Das Sicherheitsbedürfnis der Anleger ist allerdings deutlich gestiegen. Die hohen Mittelzuflüsse, sind teilweise wieder zu anderen Banken geflossen. Weil dann wieder Zinssätze ins Spiel kamen, die jenseits von Gut und Böse lagen. Es gibt wieder mehr Vertrauen in Wertpapierprodukte. Beim Kreditinstitut 5 gibt es ein Produkt im Passivbereich, das Wachstumszertifikat heißt. Das Produkt wurde nicht umbenannt. Es wurde aber bewusst keine Werbung mit dem Begriff Zertifikat gemacht. In den Beratungsgesprächen wurde dann oft Wachstumssparen gesagt, weil das Wort Zertifikat negativ belastet ist. Die Nachfrage nach Gold ist zurückgegangen.

→ Kundenverhalten hat sich beruhigt, höhere Zinssensibilität im Markt bei immer noch hohem Sicherheitsbedürfnis, Normalisierung im Wertpapiergeschäft, deutliche Reduzierung der Nachfrage nach Gold

2.5 Wenn eine Privatbank eine Anleihe mit Staatsgarantie begibt (wie z.B. die Commerzbank), ergeben sich dadurch Auswirkungen auf Sparkassen und Genossenschaftsbanken? Wie reagieren die Kunden auf solche Angebote?

KI 1: Bei den Kunden ging es weniger um die garantierte Anleihe, sondern vielmehr um die höheren Zinssätze von Passivanlagen z.B. bei der Commerzbank. Die Kunden hatten eher Unternehmensanleihen von z.B. VW oder BMW nachgefragt.

→ So gut wie keine Nachfrage nach staatlich garantierten Anleihen, hohe Zinssensibilität

KI 2, V 2: Die Angebote spielen schon eine Rolle. Die Zinssätze haben bei vielen Kunden zu Preisverhandlungen geführt. Die Besonderheit war, dass die Zu- und Abflüsse auf einem hohen Niveau stattfanden, das bedeutet, es gab Kunden, die weiterhin verunsichert waren und lieber das Geld bei einer Sparkasse anlegten, auch wenn sie wussten, dass sie woanders 1 % mehr bekommen konnten. Die exakte Art der Besicherung ist bei den Kunden nicht so genau angekommen. Es spielte keine Rolle, dass da nun eine vom SoFFin garantierte Anleihe der Commerzbank auf dem Markt war. Der Anlagehorizont der Kunden hat sich gedreht. Im Januar und Februar 2009 dominierten noch sehr deutlich die kurzfristigen Anlagemöglichkeiten oder kurzfristig verfügbaren Angebote. Seit März 2009 sind mittelfristige Anlagen deutlich in den Vordergrund getreten.

→ Zinssätze standen im Vordergrund, weiterhin hohes Sicherheitsbedürfnis der Kunden, Garantie vom SoFFin wurde nicht wahrgenommen, Kunden legen ihr Geld mittelfristig an

KI 3: Die Anleihe an sich war nicht interessant für unsere Kunden, sondern der Zins und die Sicherheit.

→ Hohe Zinssensibilität im Markt bei hohem Sicherheitsbedürfnis der Kunden

KI 4: Die Kunden reagieren durchaus auf solche Angebote. Allerdings gab es keine Nachfrage nach der Anleihe, die die Commerzbank ausgegeben hat, sondern nach Anleihen von Landesbanken mit Garantie. Das Kreditinstitut 4 versucht mit den Zinssätzen mitzuhalten, um die Einlagen im Haus zu behalten. Das ist den Kunden durchaus einen Renditeabschlag wert. Das Thema Sicherheit steht weiterhin bei den Kunden im Vordergrund. Aber die Menschen versuchen wieder mehr Rendite zu erzielen und gehen wieder ein bisschen Risiko ein. Die Kunden fragen eher die Passivanlagen der Commerzbank mit den attraktiven Zinssätzen nach.

→ Hohe Zinssensibilität im Markt, Nachfrage nach garantierten Landesbankanleihen, Sicherheit steht weiter bei einer Geldanlage im Vordergrund, erste kleine Risiken werden bereits wieder von Kunden eingegangen

KI 5: Die Kunden haben diese Produkte nicht nachgefragt. Es gab keine Gespräche, bei denen die Kunden ein vom SoFFin garantiertes Produkt haben wollten. Ganz vereinzelt war z.B. die garantierte Commerzbankanleihe bezüglich des Zinssatzes ein Thema. Ein deutlich stärkeres Thema sind bei den Kunden die Tages- und Festgeldangebote von Autobanken oder Privatbanken.

→ Zinssätze standen im Vordergrund, Garantie vom SoFFin wurde nicht wahrgenommen

3. Wettbewerbsverzerrungen

3.1 Was verstehen Sie unter Wettbewerbsverzerrungen?

KI 1: Unter Wettbewerbsverzerrung wird vom Kreditinstitut 1 eine nicht-marktgerechte Konditionsgestaltung von staatlich gestützten KIs verstanden. Dem Kreditinstitut 1 wird mit staatlicher Unterstützung das Leben doppelt schwer gemacht.

→ nicht-marktgerechte Konditionsgestaltung von staatlich gestützten KIs

KI 2, V 1: Wettbewerbsverzerrungen sind ein Kampf mit ungleichen Bedingungen. Das heißt, es gibt Wettbewerber, die über ungerechtfertigte Vorteile verfügen, die sie zulasten ihrer Konkurrenten im Markt einsetzen. Beispiele dafür sind Autobanken oder die Commerzbank, die die Konditionen auch für Sparkassen hochtreiben, ohne dass sie selbst ein unternehmerisches und betriebswirtschaftliches Risiko eingehen.

KI 2, V 2: Beispiele sind z.B. die VW-Bank und die GM-Bank, die im Zweifel ohne echte Notlage Garantien genommen haben, um damit dann im Wettbewerb weiter die Sicherheit herausstellen zu können.

→ Kampf mit ungleichen Bedingungen, Wettbewerber verfügen über ungerechtfertigte Vorteile,

KI 3: Wettbewerbsverzerrungen sind keine gleichen Bedingungen auf dem Markt. Die Staatsgarantie hat mit fairem Wettbewerb nichts mehr zu tun.

→ keine gleichen Bedingungen für alle KIs

KI 4: Wettbewerb unter Gleichen wird dann nicht mehr stattfinden können, wenn ein Teilnehmer vom Staat mehr Unterstützung erhält als ein anderer.

→ Ungleiche Bedingungen auf dem Markt durch staatliche Unterstützung

KI 5: Wettbewerbsverzerrungen entstehen, wenn mit staatlicher Unterstützung der Wettbewerb verzerrt wird. Wettbewerbsverzerrungen entstehen, wenn Banken mit staatlichen Hilfen auf Kundenfang gehen. Es kann nicht sein, dass dem Kreditinstitut 5 durch Steuergelder Kunden weggekauft werden.

→ KIs gehen mit staatlicher Hilfe auf Kundenfang, staatliche Eingriffe verzerren Wettbewerb

3.2 Wie zeigen sich die genannten Wettbewerbsverzerrungen auf dem Bankenmarkt?

KI 1: Die Wettbewerbsverzerrungen zeigen sich dadurch, dass die Kundengespräche für das Kreditinstitut 1 schwieriger werden. Die unterstützten Banken können keine nicht-markgerechten Konditionen zulasten der anderen KIs anbieten.

→ schwierigere Beratungsgespräche durch nicht-marktgerechte Konditionen

KI 2, V 2: Diese zeigen sich zum einen durch hohe Konditionen, die nicht marktgerecht sind und zum anderen darin, dass die gestützten Banken kein wirtschaftliches Risiko tragen. Ein Beispiel ist die Commerzbank. Sie verlagern die Fristentransformation aus der Gesamtbanksteuerung in das Kundengeschäft. Sie kaufen Einlagen für z.B. 4,5 % ein und geben 10-Jahresgeld zu 3,95 % wieder aus. In einem normalen Geschäftsmodell kann das nicht funktionieren. Das sind Wettbewerbsverzerrungen.

KI 2, V 1: Sie kaufen teuer ein und leihen günstig wieder aus. Und das alles geschieht mit Staatsgarantie.

→ Wettbewerbsverzerrungen zeigen sich durch nicht-marktgerechte Konditionen

KI 3: Die Wettbewerbsverzerrungen zeigen sich z.B. in der Konditionsgestaltung der Autobanken, die dem Kreditinstitut 3 die Beratungsgespräche erscheren und dadurch, dass Banken, wie z.B. die Hypo Real Estate, am Leben erhalten werden, die eigentlich pleite sind.

→ schwierigere Beratungsgespräche durch Konditionen von z.b. Autobanken, Banken werden am Leben erhalten, die insolvent sind

KI 4: Die Wettbewerbsverzerrungen zeigen sich in der Verzinsung bei Autobanken oder gestützten Großbanken. Das bedeutet, dass den Sparkassen Einlagen fehlen, die sie aber dringend benötigen, um das Kreditgeschäft darstellen zu können.

→ Konditionsgestaltung von Autobanken und Großbanken, Sparkassen fehlen Einlagen, um Kreditgeschäft darstellen zu können

KI 5: Die zeigen sich über die Konditionen. Die Autobanken versuchen über die Konditionen Neukunden zu gewinnen.

→ Konditionsgestaltung, Versuch mit Konditionen Neukunden zu gewinnen

3.3 Macht es Ihrer Meinung nach einen Unterschied, ob eine Privatbank oder eine Landesbank staatliche Hilfen des SoFFin in Anspruch nimmt?

KI 1: Grundsätzlich gesehen kann es da keinen Unterschied geben.

→ Kein Unterschied

KI 2, V 1: Von der Sache her ist die Systemrelevanz entscheidend. So macht das auf den ersten Blick keinen Unterschied. Wenn man aber genauer hinschaut, dann gibt es schon Unterschiede.

KI 2, V 2: Es müsste im Grunde genommen zu gleichen Bedingungen jede Bank, die systemrelevant ist und deren Instabilität ein Problem für den Finanzmarkt darstellt, Mittel vom SoFFin bekommen müssen.

→ Systemrelevanz ist entscheidend, Jedes KIs sollte zu gleichen Bedingungen staatliche Hilfen in Anspruch nehmen können

KI 3: Im Kern nicht. Grundsätzlich macht es keinen Unterschied, aber von der Bundesregierung wird ein Unterschied gemacht. Landesbanken sollten zu gleichen Bedingungen staatliche Hilfen wie Privatbanken in Anspruch nehmen können. Die SoFFin-Tür darf nicht für einen Teil des Bankensektors verschlossen sein.

→ Es macht keinen Unterschied, aber von der Bundesregierung wird eine Unterscheidung zwischen Privat- und Landesbanken vorgenommen.

KI 4: Eigentlich nicht. Die Landesbankthematik ist eine ähnliche wie der der Großbanken. Somit sehe ich in einer staatlichen Unterstützung einer Privatbank oder einer Landesbank keinen großen Unterschied. Die Sparkassen sind nun mal die Eigentümer der Landesbanken. Die Sparkassen werden aber völlig anders behandelt als z.B. die Aktionäre der Commerzbank. Diese haften nur mit ihrer Einlage. Man kann die Sparkassen und Volksbanken, die sich als absolut stabilisierend in der Krise gezeigt haben, jetzt nicht in den Bankrott führen.

→ Kein Unterschied erkennbar, es wird aber von der Bundesregierung eine Unterscheidung zwischen Privat- und Landesbanken vorgenommen.

KI 5:
→ Keine Beantwortung der Frage

3.4 Sollten Ihrer Meinung nach alle Banken, Sparkassen und Genossenschaftsbanken staatliche Hilfe erhalten und welche Auswirkungen würden sich daraus ergeben?

KI 1: Wir leben in einer freien Marktwirtschaft. Das heißt, die Entscheidungen, die ich heute treffe, die habe ich ergebnistechnisch früher oder später zu verantworten. Und wenn ich mit meinen Entscheidungen falsch gelegen habe, dann muss ich auch die Konsequenzen daraus tragen. Und von daher würde ich den Vorschlag ablehnen, dass alle systemrelevanten Banken staatliche Hilfe in Anspruch nehmen müssen. Ich bin eher ein Freund davon, zu sagen, dann muss auch mal ein großes Institut abgewickelt werden. Mit allen Konsequenzen, die dahinter stehen. Aber dann wissen die Verbraucher oder die Firmenkunden, woran sie wirklich sind. Heute interessiert den Kunden nur noch der Preis, da durch die Garantie für Spareinlagen alle Banken gleich sicher sind. Der Markt kann so nicht funktionieren. Weil dadurch die guten Kreditinstitute langfristig aus dem Markt rausgekegelt werden, wenn andere gestützte KIs weiterhin solche nicht-marktgerechten Konditionen anbieten.

→ Keine pauschale Hilfe für alle KIs, Entscheidungen, die ich heute treffe, die habe ich ergebnistechnisch zu verantworten

KI 2, V 1: Ich wäre strikt dagegen gewesen. Es gibt grundsätzlich Unterschiede zwischen den drei genannten Gruppen. Die Sparkassen und Genobanken haben eigene Sicherungssysteme. Man kann darüber diskutieren, ob alle Privatbanken hätten verpflichtet werden können oder sollen. Das mag sinnvoll erscheinen, aber ist jetzt eine akademische Diskussion. Die Gruppe der Sparkassen einschließlich der

Landesbanken ist als Ganzes zu sehen, und sie ist zweifelsohne systemrelevant. Aber diese Systemrelevanz musste bisher nicht dazu führen, dass wir unter diesen Schirm müssen. Unter den Schirm muss der Teil, der dringend Hilfe benötigt; das sind die Landesbanken.

KI 2, V 2: Der entscheidende Aspekt ist die Systemrelevanz. An der Stelle ist es in den USA genauso gewesen. Die amerikanische Regierung hat 22 Institute zwangsbeglückt; aber einige tausend eben nicht, weil deren Systemrelevanz nicht gegeben war. Wenn man diesen Maßstab in Deutschland ebenfalls angelegt hätte, dann hätte man diese Filter für staatliche Hilfen nehmen können.

→ Keine pauschale Hilfe für alle KIs, Systemrelevanz ist entscheidend, die drei Bankengruppen müssen gesondert betrachtet werden

KI 3: Nein. Ich finde es völlig in Ordnung, nicht sofort über alles einen staatlichen Schirm zu spannen, sondern zu schauen, wie der Staat den Steuerzahler von diesem Ereignis entlasten kann. Man hat in Deutschland auch nicht alle KIs mit staatlicher Hilfe versorgen müssen.

→ keine pauschale Hilfe für alle, nicht alle KIs haben staatliche Hilfen benötigt

KI 4: Das hätte dazu geführt, dass sich keiner aus der Deckung wagen muss und an den Pranger gestellt wird. Auf der anderen Seite wüsste ich nicht, was wir mit staatlicher Hilfe gemacht hätten. Eine solche Maßnahme hätte wahrscheinlich zu einer schnelleren Beruhigung der Märkte geführt. Ich glaube, das wäre ein richtigerer Weg gewesen. Ob wir die staatlichen Garantien dann genutzt hätten, – man muss die ja auch bezahlen – das weiß ich nicht.

→ Es wäre eine Lösung gewesen, ggf. hätte diese Maßnahme zu einer schnelleren Beruhigung der Märkte geführt.

KI 5: Wofür sollten die Sparkassen oder Genobanken staatliche Hilfe erhalten? Wenn Sie keine Not haben, dann brauchen Sie keine Hilfen.

→ Keine pauschale Hilfe für alle KIs

3.5 Früher haben die Privatbanken die Gewährträgerhaftung der Sparkassen kritisiert und sahen darin Wettbewerbsverzerrungen zum Nachteil der Privatbanken. Sehen Sie Parallelen zwischen der Gewährträgerhaftung und den jetzigen staatlichen Eingriffen?

KI 1: Das würde ich durchaus so sehen. Jetzt nicht juristisch gesehen. Aber emotional gesehen gibt es durchaus Parallelen. Durch die Gewährträgerhaftung gab es eher gefühlte Wettbewerbsverzerrungen in der Zusammenarbeit der Kommunen und der Sparkassen. Die Gewährträgerhaftung spielte im Privatkundenbereich überhaupt keine Rolle; eher im Firmenkundenbereich bei der Kreditaufnahme von Kommunen. Da gab es eine sehr enge Bindung zwischen Sparkasse und Kommune. Das würde ich eher unter dem Aspekt der Wettbewerbsverzerrung sehen.

→ Es gibt Parallelen. Wettbewerbsverzerrungen gab es durch die Gewähr-trägerhaftung im Privatkundenbereich nicht.

KI 2, V 1: Rein technisch ist es natürlich nicht das gleiche. Aber in gewisser Weise kann man schon einen Vergleich ziehen. Die Umstände haben sich in sehr kurzer Zeit verkehrt. Die Sparkassen und Genossenschaftsbanken sind ja die einzigen wirklich privaten Banken noch, die ohne Staatshaftung arbeiten. Wohingegen die großen systemrelevanten Privatbanken mehr oder weniger alle verstaatlicht sind. Die Landesbanken lasse ich jetzt mal außen vor.

KI 2, V 2: Also ich kann sagen, dass die Gewährträgerhaftung aktiv von der Kundenseite aus bis zum Beschluss von Brüssel im Jahr 2001 nie eine Rolle spielte. Danach hatte ich zwei bis drei Einzelfälle. Das waren Großanleger, die sich danach erkundigt haben. Das ist im Grunde genommen die gleiche Kundenreaktion wie auf die SoFFin- garantierten Anleihen. So explizit fragen die Kunden nicht. Es ist eine gefühlte Wahrnehmung. Umfragen, die in den letzten Monaten durchgeführt wurden, bestätigen zum einen, dass die Sparkassen als die sicherste Gruppe angesehen werden und zum anderen, dass sie mit ihrer Kommunikation am besten durch die Kapitalmarktkrise gekommen sind.

→ Es gibt Parallelen. Gewährträgerhaftung hat bei den Kunden keine Rolle gespielt

KI 3: Ja, natürlich ist das absolut das Gleiche. Mich wundert diese Wendefreudigkeit, insbesondere die der Herren von der Commerzbank. Die Gewährträgerhaftung hatte keine Auswirkungen auf unsere Kunden. Wir hatten allerdings zur Zeiten der Gewährträgerhaftung keine Finanzkrise. Insofern vergleichen wir jetzt zwei Dinge, die so nicht miteinander zu vergleichen sind.

→ Grundsätzlich ist es das Gleiche, zur Zeiten der Gewährträgerhaftung gab es keine Finanzkrise

KI 4: Ja, ich denke schon. Wo ist da der Unterschied, wenn Frau Merkel sagt: „Die Einlagen sind sicher" und völlig undifferenziert vorgeht, dann hat das mit der Gewährträgerhaftung eine ganze Menge zu tun. Letztlich ist es dem Kunden ja egal, ob die Zahlung des Staates auf Grund einer Gewährträgerhaftung oder auf Grund einer staatlichen Garantie kommt. Das hat für den Kunden die gleiche Wirkung. Die Gewährträgerhaftung hatte allerdings nicht die Auswirkungen auf die Mittelzu- und Mittelabflüsse wie die heutigen staatlichen Eingriffe.

→ Es gibt Parallelen. Die Gewährträgerhaftung hatte allerdings nicht die Auswirkungen auf die Mittelzu- und -abflüsse wie die staatlichen Eingriffe während der Finanzmarktkrise.

KI 5: Man kann diese beiden staatlichen Garantien nicht miteinander vergleichen. Das eine war eine dauerhafte Einrichtung und das andere ist eine Art Feuerwehr. Der SoFFin ist eingerichtet worden, um eine Katastrophe zu verhindern.

→ Kein Vergleich möglich

3.6 Verursachen die Auflagen des Finanzmarktstabilisierungsgesetzes (FMStG) (zusätzliche) Wettbewerbsverzerrungen?

KI 1: Die Frage dabei ist, ob die Geschäftspolitik der gestützten KIs wirklich beeinflusst wird oder ob nicht nur Vertreter hingeschickt werden, die im Grunde genommen alles abnicken. Es ist schwer zu sagen, ob es dadurch zusätzliche Wettbewerbs-verzerrungen gibt.

→ Es ist schwer zu sagen, ob die Auflagen zusätzliche Wettbewerbsverzerrungen verursachen, Verbindlichkeit der Auflagen wird in Frage gestellt

KI 2, V 1: Gerade in Sanierungsfragen braucht man ein sehr qualifiziertes Management. Wenn man das Management austauschen möchte und neues Personal sucht, wird es mit den staatlichen Vorgaben schwierig gute Leute zu finden. Bei der Frage der Überprüfung der Geschäftspolitik ist es schwierig, marktgerechte Konditionen zu bewerten. Wie soll man das kontrollieren? An welchen Maßstäben soll man das festmachen? Und darüber hinaus gib es die Vorgabe, sich insbesondere auf den Mittelstand zu konzentrieren. Solche Vorgaben sind eigentlich nur populistisch. Es kommt auch noch hinzu, dass diese gestützten Banken eine zusätzliche Konkurrenz zu nicht fairen Bedingungen hervorrufen. Diese Art von staatlichen Eingriffen sind Musterbeispiele für negative Maßnahmen, durch die Märkte in Unordnung gebracht werden können und die zu Marktstörungen führen.

KI 2, V 2: Wenn man die Marktanteile sieht, die im klassischen Mittelstandsgeschäft auf der Kreditseite getätigt werden, dann spielen Großbanken keine so große Rolle.

→ Kontrolle der Auflagen insb. bei marktgerechten Konditionen wird in Frage gestellt, Auflagen sind populistisch, gestützte Banken rufen Wettbewerbsverzerrungen hervor

KI 3: Diese Frage kann nicht wirklich beantwortet werden. Ich halte es für eine Illusion zu glauben, dass ein deutscher Beamter, der bei der Bankenaufsicht beschäftigt ist, in der Lage ist, ein Geschäftsmodell zu überprüfen. Eine Bankenaufsicht sollte das auch nicht tun. Die Bankenaufsicht bekommt sonst in eine derart qualitativ, operative Verantwortung rein, die sie niemals wirklich ausfüllen könnte.

→ Diese Frage kann nicht wirklich beantwortet werden, Verbindlichkeit der Auflagen wird in Frage gestellt

KI 4: Derjenige, der Geld für Stützungsmaßnahmen zur Verfügung stellt, der darf auch ein entsprechendes Mitspracherecht haben. Der Staat kann diese Kontrollen durchführen und wird das auch machen.

→ Auflagen bzw. Kontrollen sind richtig, es wird schärfere Kontrollen geben

KI 5: Die Auflagen des SoFFin sind viel zu weich formuliert. Diese Auflagen verstärkten nicht die Konkurrenzsituation für unser Haus.

→ Verbindlichkeit der Auflagen wird in Frage gestellt, Wettbewerbssituation für KI 5 wird nicht beeinflusst

3.7 Welche Maßnahmen müssten von der Bundesregierung unternommen werden, um Wettbewerbsverzerrungen möglichst zu vermeiden?

KI 1: Das geht nur über die Vertreter, die in die Aufsichtsräte geschickt werden, um bzgl. der Preisgestaltung zu intervenieren. Ansonsten hätte man das im Vorfeld in die Verträge mit aufnehmen sollen, wenn ein KI staatliche Hilfen in Anspruch nimmt, dann müssen marktgerechte Konditionen gestellt werden. Den Kunden wird vorgemacht, dass sie einen höheren Zins zu weniger Risiko erhalten können.

→ Das geht nur über die Vertreter, die in die Aufsichtsräte geschickt werden, um bzgl. der Preisgestaltung zu intervenieren

KI 2, V 1: Ganz schnell den Landesbanken eine gleich faire Behandlung anbieten, die auch die Privatbanken bekommen haben. Und für die staatlichen Hilfen eine angemessene Gegenleistung festlegen - soweit dies noch nicht geschehen ist - und dafür sorgen, dass wieder die betriebswirtschaftliche Marktdisziplin in die subventionierten Banken zurückkommt. Das Beispiel Commerzbank zeigt, dass möglicherweise auch die Gesamtkonditionen dieser Staatshilfe noch einmal zu überdenken sind. Das könnte die Banken dazu verleiten, Risiken einzugehen, die erneut destabilisierend wirken.

KI 2, V 2: Wir vermuten, dass hier die Risiken in zwei Richtungen ausgeweitet werden müssen, um das Geld zu verdienen, das benötigt wird; zum einen die Fristentransformation zu erweitern und das Risiko von der Gesamtbank noch stärker in Richtung Kundengeschäft zu verlagern. Und das zweite sind die Bonitätsrisiken, die dann wieder eingegangen werden müssen, um mehr Geld zu verdienen.

→ Landesbanken zu gleichen Bedingungen staatliche Hilfen zur Verfügung stellen, angemessene Gegenleistungen für die Hilfen festlegen, gestützte KIs dürfen nicht dazu verleitet werden, dass sie höhere Risiken eingehen

KI 3: Im Moment sollte die Bundesregierung gar nichts tun. Sie muss dafür sorgen, dass der Markt nicht wirklich eine Kreditklemme bekommt. Außerdem sollte sie für einen Zugang von Landesbanken zum SoFFin sorgen. Das ist ein Punkt, bei dem es momentan Wettbewerbsverzerrungen gibt. Außerdem sollte eine Insolvenzmöglichkeit für Banken geschaffen werden.

→ Zugang von Landesbanken zum SoFFin, Schaffung einer Insolvenzmöglichkeit für Banken

KI 4: Es muss zu Kontrollen führen. Fakt ist, dass sich die unterschiedlichen Banken wieder in einen vernünftigen Wettbewerb begeben müssen. Vielleicht ist hier eine Zinsobergrenze sinnvoll und richtig, z.B. bis zum Interbankensatz.

→Mehr Kontrollen, marktgerechte Konditionen

KI 5: Die Auflagen für staatliche Hilfen sind viel zu weich. Es gab keine konkreten Auflagen, sondern nur weiche Formulierungen. Die Institute hätten ein Sanierungskonzept ggf. auch durch einen externen Berater vorlegen müssen. Der Staat hätte sagen müssen: „Wir geben euch die erforderlichen Milliarden, aber wir erwarten innerhalb von drei Monaten von einer Beratungsgesellschaft ein Konzept mit welchen Kernkompetenzen ihr das Geld zurück zahlen wollt. In welchen Bereichen wollt ihr wieder Geld verdienen und wie genau wollt ihr das machen?" Das hat vollständig gefehlt.

→ Auflagen sind zu weich formuliert, gestützte KIs sollten ein Sanierungskonzept vorlegen müssen

3.8 „Einige der so begünstigten Unternehmen begreifen die Staatshilfen offensichtlich als Grundlage, um nicht marktgerechte Einlagenkonditionen zu bieten und damit sogar zu werben", sagte Sparkassenpräsident Heinrich Haasis. Herr Haasis regte an, die Zinsangebote von Banken mit staatlicher Unterstützung gesetzlich zu begrenzen. "Wenn der Staat schon mit öffentlichen Geldern in den Wettbewerb eingreift, ist auch eine Preisregulierung für die begünstigten Unternehmen gerechtfertigt". Wie ist Ihre Meinung dazu?

KI 1: Ich sehe das genauso. Ich kann allerdings noch nicht absehen, dass sich etwas getan hat. Das kostenfreie Girokonto gibt es nach wie vor.

→ eine Preisregulierung für die gestützten KIs ist gerechtfertigt

KI 2, V 1: Je länger der Staat drin bleibt, desto mehr wird er gezwungen sein, immer weiter zu regulieren und immer neue Maßnahmen zu schaffen. Die Bundesregierung musste in diesem Fall handeln, um einen Zusammenbruch des Finanzmarktes zu verhindern. Der Staat sollte so schnell wie möglich wieder herausgehen.

KI 2, V 2: Eine Regulierung mit staatlich angeordneten Preisen, das kann nicht sein. Der Markt muss sich selber regulieren.

→ Keine Preisregulierung durch den Staat, der Staat sollte sich so schnell wie möglich aus dem Markt wieder zurückziehen

KI 3: Der Vorschlag von Herrn Haasis ist gerechtfertigt. Der Staat sollte allerdings nicht dafür sorgen, dass es marktgerechte Konditionen am Markt gibt, sondern diejenigen Institute, die vom Staat gestützt werden, sollten nicht die Möglichkeit haben, betriebswirtschaftlich alles machen zu können, was keinen Sinn hat. Der Staat soll nicht für eine Wettbewerbskontrolle sorgen, sondern nur, dass diejenigen, die vom Staat letztendlich in ihrer Existenz abhängig sind, nicht denjenigen, die nicht vom Staat abhängig sind, durch völlig irreale Zinsen das Wasser abgraben.

→ keine Preisregulierung durch den Staat, staatlich gestützte KIs dürfen den Wettbewerb für die anderen Institute nicht erschweren

KI 4: Es kann nicht sein, dass VW unglaubliche Subventionen erhält und gleichzeitig die VW-Bank mit Staatsgeldern gestützt wird. Dadurch werden den Sparkassen und auch den Volksbanken die Einlagen abgeworben und auch das Kreditgeschäft vor Ort noch unglaublich erschwert. Wenn man an der Basis anfangen würde, dann würden sich Wettbewerbsverzerrungen in Grenzen halten. Die Frage bleibt immer noch, was bedeutet systemrelevant. Ich hätte große Sympathien dafür, wenn man nicht jedem helfen würde. Es muss auch mal ein Institut Pleite gehen. Sonst werden wir das nicht mehr bezahlen können.

→ Wettbewerb wird schwieriger, Schaffung einer Insolvenzmöglichkeit für Banken

KI 5: Ich unterstütze Herrn Haasis bei diesem Thema. Er hat Recht.

→ eine Preisregulierung für die gestützten KIs ist gerechtfertigt

4. Auswirkungen der Finanzmarktkrise auf Ihr Kreditinstitut?

4.1 Ergeben sich durch die Finanzmarktkrise Auswirkungen für Ihr Kreditinstitut?

KI 1: **Auswirkungen auf die Kundeneinlagen:** Es gab insbesondere im vierten Quartal 2008 massive Umschichtungen. Große Volumina gingen aus dem Investmentbereich raus und flossen in Passivanlagen. Darunter waren auch sehr sichere Fondsanlagen. Die Kunden wollten teilweise einfach nur aus dem Wertpapierbereich aussteigen. Das Geld wurde in Tagesgelder, Festgelder oder Jahresanlagen umgeschichtet. Darüber hinaus wurde auch Bargeld verfügt. Manche Kunden sind auch ganz aus Passivanlagen raus gegangen oder haben in physisches Gold investiert. Das Passivprodukt mit dem Namen „Einlagenzertifikat" wurde in „Sparkapital" umbenannt, um das Thema Zertifikate im Neugeschäft zu vermeiden. Es konnten auch neue Kundenverbindungen hinzugewonnen werden.

→ hohe Mittelzuflüsse aus Investmentfondsanteilen sowie von anderen KIs in Passivanlagen

Auswirkungen auf die Eigenanlagen: Das Kreditinstitut 1 ist konservativ aufgestellt Es wurde eine andere Strategie im Depot A angewendet. Zunächst wurde das Corporate Bond Portfolio auf Null zurückgefahren. Dann wurde dieses ab Oktober 2008 nach und nach wieder aufgebaut. Es wurde in Financials und Industrieanleihen investiert. Bankschuldverschreibungen außerhalb des Verbundes wurden mehr oder weniger auf Null zurückgefahren. In diesem Bereich wurden dann wieder Bestände aufgebaut. Zur Zeit erfolgt keine Anlage in Aktien. Es gibt Überlegungen im Aktienbereich wieder Bestände aufzubauen (ggf. über Zertifikate oder Indexfonds).

→ Finanzmarktkrise bewirkte Strategieänderung im Depot A

Auswirkungen auf das Depot B: Der Trend der Umschichtung durch die Kunden ist momentan nicht mehr gegeben. Aber die Kunden bleiben immer noch auf der

Einlagenseite. Die Umsätze in Aktien, Aktienfonds und Rentenfonds sind zurzeit im Gesamtportfolio eher unbedeutend. Die Umschichtungen aus dem vierten Quartal 2008 aus dem Wertpapierbereich können durch die heutigen Umsätze nicht kompensiert werden.

→ Im vierten Quartal 2008 diverse Wertpapierverkäufe durch Kunden. Momentan wieder moderate Umsätze im Wertpapierbereich

KI 2, V 2: **Auswirkungen auf die Kundeneinlagen:** Es gab auf der Kundenseite starke Zuflüsse. Die bilanzwirksamen Einlagenzuflüsse kommen zur einen Hälfte aus verkauften Wertpapieren und zur anderen Hälfte aus Zuflüssen von verunsicherten Kunden, die ihr Geld bei einer Sparkasse anlegen wollten. Es gab Einzelfälle, die im ein- und zweistelligen Millionenbereich zum Kreditinstitut 2 gekommen sind, während auch Millionenbeträge abgeflossen sind – etwa zur Commerzbank oder zu andern Banken, weil gesagt wurde: „Da kann schon nichts passieren. Die sind ja staatlich gesichert."

→ Hohe Mittelzuflüsse aus verkauften Wertpapieren und von anderen KIs, hohe Mittelabflüsse

KI 2, V 2: **Auswirkungen auf die Eigenanlagen:** Auf jeden Fall. Das Kreditinstitut 2 ist noch vorsichtiger geworden als es sich bislang im Rahmen einer konservativen Anlagepolitik bewegt hat. Es wurden Adressrisiken noch bewusster betrachtet und kein Geld ungedeckt im Kapitalmarkt bei Privatbanken angelegt. Wenn Gelder im Rentenbereich angelegt wurden, dann in Pfandbriefen. Die Aktienquote, die ohnehin relativ klein gewesen war, wurde von der Spitze Mitte 2007 durch Reduzierung von Aktienbeständen heruntergefahren.

→ Finanzmarktkrise bewirkte Strategieänderung im Depot A

KI 2, V 2: **Auswirkungen auf das Depot B:** Ja, es gab schon Veränderungen. Speziell waren es die vorhin erwähnten großen Positionen, die aus der Verunsicherung der Anleger heraus im Oktober 2008 verkauft wurden. Geldmarktfonds haben massiv an Volumen verloren.

→ Mittelabflüsse aus dem Wertpapierbereich

KI 3: **Auswirkungen auf die Kundeneinlagen:** Im Zeitraum Oktober bis Dezember 2008 sind dem KI 3 Geld in ungekannten Maße zugeflossen. Durch Konditionen, die über den Marktkonditionen lagen und durch die staatlichen Eingriffe ist ein großer Teil der Mittelzuflüsse wieder abgeflossen. Das Passivprodukt „Sparkassenzertifikat" wurde in „Zuwachssparen" umbenannt.

→ Hohe Mittelzuflüsse im Zeitraum Oktober bis Dezember 2008. Danach hohe Mittelabflüsse

Auswirkungen auf die Eigenanlagen: Ein großer Teil der Verwerfungen des Marktes ist am KI 3 vorbeigegangen und hatte keine Auswirkungen auf das Depot A.

→ Es gab keine Strategieänderung im Depot A.

Auswirkungen auf das Depot B: Viele Kunden haben Wertpapiere auf Inhaberschuldverschreibungen der Sparkasse und Rentenpapiere beschränkt. Aber am liebsten waren viele Kunden gar nicht in Wertpapiere investiert. Aktienanlagen werden sehr verhalten getätigt. Auf der anderen Seite haben Private Banking Kunden teilweise wieder in Aktien investiert. Investmentfonds hatten hohe Mittelabflüsse zu verzeichnen. Es gab keine Panikverkäufe durch die Kunden.

→ Viele Kunden sind am liebsten gar nicht in Wertpapieren investiert, ein verhaltener Einstieg in Aktien ist zu beobachten

KI 4: **Auswirkungen auf die Kundeneinlagen:** Es gab sehr hohe Mittelzuflüsse von anderen KIs. Davon hat das Kreditinstitut 4 auch einige behalten, aber eben nicht mehr alle. Die Kunden unterhalten große Bestände im kurzfristigen Bereich z.B. Tages- und Termingeldbereich.

→ zunächst hohe Mittelzuflüsse, dann Mittelabflüsse. Kunden halten hohe Bestände im kurzfristigen Bereich.

Auswirkungen auf die Eigenanlagen: Die Strategie hat sich geändert. Die Emittenten, bei denen das Kreditinstitut 4 das Geld anlegt, werden vorher auf ihr Risiko bewertet. Das Geld wird auf mehrere Emittenten verteilt, um so das Einzelrisiko zu streuen. Es wir ein Renditeverzicht in Kauf genommen, wenn das Kreditinstitut 4 dadurch eine höhere Sicherheit bekommen kann.

→ Es gab eine Strategieänderung im Depot A. Emittenten werden stärker auf Risiko hin bewertet

Auswirkungen auf das Depot B: Das Geschäft mit Wertpapierzertifikaten war eine ganze Zeit völlig tot. Teilweise sind Kunden panikartig aus dem Wertpapierbereich ausgestiegen. Es gab einen Fall, dass ein Kunde sein ganzes Geld sehen und abheben wollte.

→ Kaum Neugeschäft in Wertpapierzertifikaten, teilweise sind Kunden panikartig aus dem Wertpapierbereich ausgestiegen

KI 5: **Auswirkungen auf die Kundeneinlagen:** Die Kundeneinlagen sind um ca. 8 % gewachsen. Aber auch fast nur im kurzfristigen Bereich wie Tages- oder Termingeld. Die Sparbriefe sind zurückgegangen, da die Kunden lieber ihr Geld flexibel anlegen.
→ Mittelzuflüsse bei Kundeneinlagen

Auswirkungen auf die Eigenanlagen: Die Strategie wurde situativ geändert und angepasst. Das Kreditinstitut 5 hat immer minimale, kleine Aktienpositionen. Ende letzten Jahres hatte das Kreditinstitut 4 in Zeiten der Finanzmarktkrise keinen Bestand in Aktien. Die Limite wurden reduziert. Es wurden Einzelrisiken abgebaut und teilweise 40 % im Wertpapierbestand zu Gunsten von Banktermineinlagen abgebaut. Das Kreditinstitut 5 ist inzwischen wieder im Markt investiert. Es wird auf eine breitere Streuung bei den Anlagen geachtet, wenn es denn möglich ist und es werden mehrere Positionen gekauft. Viele gute Schuldner gibt es momentan nicht zu kaufen.
→ Finanzmarktkrise bewirkte Strategieänderung im Depot A

Auswirkungen auf das Depot B: Der Wertpapierbestand der Kunden ist zurückgegangen. Das Kreditinstitut 5 hatte im letzten Quartal 2008 Bestände verloren und der Umsatz ist zurückgegangen. Das hat sich jetzt wieder stabilisiert. Das Kreditinstitut 5 ist noch nicht ganz da, wo es hin will. Es gab insbesondere bei Investmentfonds deutliche Abflüsse. Aktuell gibt es in diesem Bereich eine verhaltene Nachfrage.
→ Abflüsse aus Wertpapieren

4.2 Viele Privatbanken haben angekündigt, sich auf ihr Kerngeschäft, d.h. auf das Privatkunden- und Mittelstandskundengeschäft, zu fokussieren. Ergibt sich dadurch eine veränderte Situation im Wettbewerb für Sparkassen und Genossenschaftsbanken?

KI 1: Änderungen bei großen Kreditinstituten dauern immer etwas länger. Mittelfristig wird der Wettbewerb dadurch sicherlich aber noch stärker werden. Wichtig ist, dass dieser Wettbewerb zu marktgerechten Preisen stattfindet.
→ Wettbewerb wird noch stärker werden

KI 2, V 2: Das ist keine Neuankündigung. Zum Mittelstandskundengeschäft konnte eher im Gegenteil etwas anderes beobachtet werden. Die Tatsache der Fusion von Commerzbank und Dresdner Bank führte dazu, dass sich eine ganze Reihe von Kunden im Vorfeld von möglichen weiteren Kreditverhandlungen mit der neuen Gruppe Commerzbank und Dresdner Bank, sich stärker auf die Sparkasse zubewegt haben. Mit der Frage: „Könnt ihr uns unsere Linie erweitern? Könnt ihr uns zusätzliche Linien einräumen? Wir sehen, dass wir mit unserer Zweit- und Drittbankverbindung bei der Commerzbank und Dresdner Bank, nun befürchten müssen, dass auf Grund der Signale, die von dort ausgesendet werden, dass eins und eins nicht zwei sind, sondern nur 1,5 oder 1,2 ergibt." Das Mittelstandsgeschäft, das eine Sparkasse betreibt, dass kann eine Großbank nicht leisten. Und das Problem einer Großbank ist ihre Zentralisierung. Bei der Einlagenseite hat sich der extreme Wettbewerb, wie bereits erwähnt, beruhigt.

→ Firmenkunden bauen Geschäftsbeziehung mit Sparkassen aus, der extreme Wettbewerb um Kundeneinlagen hat sich beruhigt

KI 3: Das tun die Privatbanken bereits seit zehn Jahren. Es gibt bereits genug Banken. Der Wettbewerb vor Ort ist schon ein reiner Verdrängungswettbewerb. Das ist von den Privatbanken eine bloße Ankündigung. Die Beratungen werden allerdings schwieriger. Noch vor ein paar Monaten konnte man argumentieren, dass ein höherer Zins auch immer ein höheres Risiko beinhaltet. Durch die Staatsgarantie für Spareinlagen sind alle Kreditinstitute gleich sicher. Die wenigsten der Kunden wechseln dann auch tatsächlich zu einem anderen Institut. Wenn sie dann ein bisschen was rausgehandelt haben, dann wirkt die Kundenbindung.

→ Beratungsgespräche werden schwieriger, die wenigsten Kunden wechseln tatsächlich zu einem anderen KI

KI 4: Mal wieder. Ich sehe das völlig gelassen. Ich verstehe auch nicht, wie lange sich das die Kunden noch gefallen lassen wollen. Ich glaube schon, dass die Kunden ganz genau beobachten, was da mit ihnen gemacht wird und wann sie als Kunde wieder für Privatbanken interessant werden. Es gab viele Kundenreaktionen, die genau das berichteten und die Bankverbindung daraufhin bei Privatbanken beendeten. Durch die Konditionsgestaltung werden sicherlich auch Kunden zu Privatbanken wechseln. Die Privatbanken müssen jetzt erstmal sehen, dass sie wieder Geld verdienen. Das wird man dann früher oder später auch an den Konditionen merken müssen.

→ Ankündigung ist nichts Neues, manche Kunden werden auf diese Angeboten reagieren, Privatbanken müssen Konditionen senken, um Geld zu verdienen

KI 5: Regional sehe ich das nicht, überregional kann das schon sein. Für unser Geschäftsgebiet sehe ich kein Problem.

→ Regional kein stärkerer Wettbewerb

5. Abschlussfrage und Dank

Möchten Sie noch wichtige Aspekte dieses Themas nennen, die durch das Interview Ihrer Meinung nach zu wenig berücksichtigt wurden?

KI 1: Nein. Meiner Meinung nach wurde alles berücksichtigt.

KI 2: Ich denke, dass wir das Thema umfassend behandelt haben.

KI 3: Alles andere steht in dem Zeitungsartikel, den ich Ihnen am Anfang gegeben habe.

KI 4: Nein, es wurden alle betroffenen Bereiche angesprochen.

KI 5: Ich habe im Vorfeld auf dieses Gespräch ein paar Artikel gesammelt und festgestellt, dass die eigentlich immer das Gleiche schreiben.